하루 만에 문리나기

한문 해석의 비밀

대학大學편

우승하 저

하루 만에 문리나기

한문 해석의 비밀

대학大學편

우승하 저

도서출판 디자인21

꼭 읽어봐야 할 글

"한문해석법에 관한 책은 무수히 많지만 나에게 이 책만큼 와 닿는 책은 이제껏 없었다. 학습자의 수준에 따라 수준에 맞는 책이 다양하겠지만, 이 책은 한문해석의 근본을 서술형식으로 자세히 풀어주기 때문에 한문을 처음 접하는 독자도 어렵지 않게 읽을 수 있다. 좋은 책 집필해주셔서 감사드립니다."

교보문고 | ry*******| 2021-04-12

"유익합니다. 조금 더 깊은 내용을 다루는 개정판 기대합니다."

교보문고 | ho*****| 2023-04-14

필자는 지난 2021년 3월 '학예연구사가 알려 주는 한문 해석의 비밀: 중용(中庸)'을 출간했다. 이 책에서는 한문(漢文)의 문장구조와 한문을 국문으로 직역(直譯)하는 방법을 기술했는데, 유교(儒教) 경전이자 사서(四書)의 하나인 중용(中庸)을 대상으로 했다. 졸작(拙作)임에도 독자의 많은 관심과 격려를 받았다. 그런데 한편으로 한문을 번역 혹은 해석하는 것은 여전히 난해하다는 의견도 있었다. 한문을 해석 혹은 번역한다는 것은 어려운 일이 아니다. 다만, 필자가 독자의 다양한 입장을 고려하지 않고, 글을 다소 어렵게 풀어낸 탓일 것이다. 즉, 중용에서는 해석하는 방법을 기술한 후, 원문과 직역, 그리고 직역에 필요한 단서만을 제공했다. 이는 독자 스스로 단서와 직역을 보고 해석하고, 그 과정에서 독자 스스로 제시된 단서를 적용하도록 의도했기 때문이다. 그리고 초고(草稿)가 강의용으로 만들어져서 실제 문어(文語)로 적용하는 데 한계가 있었던 탓이기도 하다. 길게 늘어 놓았으나, 결국 변명에 불과하다. 따라서 대학(大學)으로 한문 번역 혹은 해석에 관한 두 번째 교양서를 준비했다.

한문 번역에 관한 책을 집필하게 된 계기는 두 가지 궁금증에서 시작했다. 첫째는 '왜 우리나라 사람들은 어려운 한자(漢字)도 척척 읽고 쓰면서, 스스로 한문을 번역하지 못할까?'라는 점이었다. 좀 더 직설적으로 말하면, 대부분 우리나라 사람은 한자를 많이 알고 있음에도 스스로 한문을 번역하려는 시도조차 못 하고 있기 때문이다. 둘째는 '왜 한문은 다른 글과 달리 해석 혹은 번역하는 방법이 체계화되어 있지 않을까?'라는 점이었다. 과연 한문을 해석 혹은 번역한다는 것은 어려운 것일까? 이 물음에 대한 답은 지극히 단순하다. 한문은 옛사람들이 서로 간에 의사를 소통하기 위한 하나의 수단으로써 채택한 문자이다. 의사소통이라는 점은 우리가 한문에 접근하는 데 유용한 단서이다. 즉, 소통의 수단이었다면, 그 문자를 사용하는 집단 내에서 문자를 통용하기 위한 공통된 규칙이 있어야 한다. 이것은 글의 구성 및 운용의 규칙이라는 의미로, 우리가 흔히 '문법(文法)'이라 부르는 영역이다. 한자는 표어문자이자 뜻글자이기 때문에 표음문자와 달기 문자의 수가 상대적으로 많다. 그런데, 문장을 만드는 규칙 또는 단어가 결합하는 방식은 놀라울 정도로 단순하다. 인문학은 수치로써 그 결과를 증명하기 어려운 영역이나, 한문 문법은 영어 문법의 10% 정도에 불과하다. 이를 달리 생각해 보면, 조금의 노력만으로도 어느 정도 수준의 한문을 번역하고 해석할 수 있다는 의미이다. 한자(漢字) 즉 글자는 일상생활에서 사용하는 교양 수준의 글자만으로 충분하다. 독자가 교양 수준의 한자(뜻과 독음)를 이해한다면, 하루 혹은 이틀이면, 문리(文理)를 깨칠 수 있다. 한자검정능력시험 2급 이상에서 제시되는 한자는 이름이나 지역과 같은 고유명사 혹은 전문 분야에서만 쓰일 뿐, 의사소통에 필요한 문장에서는 거의 쓰이지 않는다. 그리고 만약 난해한 글자를 접하게 되더라도, 자전(字典) 혹은 스마트폰 등을 이용하면 쉽게 확인할 수 있다. 번역 혹은 해석에서 중요한 것은 문장은 어떻게 구성되고, 단어는 어떻게 결합하는지 등이다. 단언컨대, 한문에 적용된 글의 구성이나 규칙은 매우 단순하다.

기억에 왜곡이 있을 수도 있으나 필자가 한문에 관심을 두게 된 계기를 소개하면 다음과 같다. 괴산군(槐山郡) 청천면에 있는 화양구곡(華陽九曲)은 속리산(俗離山)에서 발원한 계곡물이 주변 절경과 어우러진 곳으로 피서지 명소 중 하나이다. 이곳 중 한 절벽에 송시열(宋時烈, 1607-1689)이 새겨놓은 것으로 알려진 '비례부동(非禮不動)'이라는 네 글자가 있다. 이 글은 명(明)나라 마지막 황제인 의종(毅宗)의 친필로 알려져 있다. 한문에 조예가 없더라도 대략 '예(禮)가 아니라면, 움직이지 않는다' 혹은 '예가 아니라면 행동하지 않는다'라는 의미로 이해할 수 있다. 여기서 필자는 송시열의 정치적 입장 혹은 학문적 성과나 의미를 부여하고자 하는 것이 아니다. 90년대 초반 필자는 학부생으로 화양동에서 처음 비례부동(非禮不動)을 접했는데, 당시 한 가지 의문이 있었다. 비례부동 외에도 몇몇 글자가 더 있었던 것으로 기억하지만 정확하지는 않다. 의문은 '非(아닐 비)', '不(아니 부/불)' 두 글자였다. 두 글자는 모두 '아니다'를 뜻한다. 이 역시 대부분의 독자가 이해하는 것과 같을 것이다. 그런데, 왜 같은 뜻(아니다)을 지닌 글자였음에도, 어떤 경우에 '非'를 쓰고, 어떤 경우에 '不'을 썼을까? 혹시 흔히 영문에서 접했던 패러프레이징(paraphrasing)과 같은 의미로 반복되는 단어를 다른 단어로 바꿔서 제시했던 것일까? 아무튼, 한문에 관한 의문을 스스로 던져보던 것이 반복되어 지금에 이른 듯하다.

네 글자에 담긴 한문 번역의 비밀을 보자.

非禮不動(비례부동)

① 의미: 아니다(非) / 예(禮) / 아니다(말라, 不) / 움직이다(動)
② 단서: 非+명사, 不+동사(형용사)
③ 직역: 예(禮, 명사)가 아니(非)면, 움직이지(動, 동사) 않는다(말라, 不)
④ 한 걸음: 非 뒤에 동사(형용사)와 같은 단어가 위치하더라도 명사(구)로 번역하고, 不 뒤에 명사와 같은 단어가 위치하더라도 동사(형용사)로 번역해야 한다.
예) 君不君: 임금이 임금(명사)이 아니다(×). 임금이 임금답지(형용사) 못하다(○).

⑤ 두 걸음: **동사나 형용사는 문장에서 술어(서술어) 역할을 할 수 있다.**[1] 일반적으로 동작이나 작용을 나타내는 동사가 술어 역할을 하는 것은 잘 알려져 있다. 그러나 성질이나 상태를 나타내는 **형용사도 술어 역할을 할 수 있다**는 점을 기억해야 한다.

예) 山高(산고): 산(山)이 높다(형용사, 高)→ 주어(山)+술어(高)

⑥ 세 걸음: 한문은 **술어를 중심**으로, 그 **앞에 오는 명사(구)는 주어**, 그 **뒤에 오는 명사(구)는 목적어** 또는 **보어**의 역할을 한다. 따라서 술어를 찾는 단서로써, '不+동사(형용사)'는 문장구조를 파악하는 데 유용한 단서이다.

☞ **不(부/불)**: 不 뒤에 위치한 글자의 초성 독음이 'ㄷ' 혹은 'ㅈ'으로 시작하면, '부'라고 독음하고, 그 외에는 '불'로 독음한다. 다만, '부실(不實)'은 'ㅅ'으로 시작했으나 '부'로 독음하는 예외이다. 예) 不知: 불지(×) 부지(◯), 不動産: 불동산(×) 부동산(◯).

☞ **사족(蛇足)**: '非+명사, 不+동사(형용사)'의 단서를 알고 있어도, 실제 적용하지 못하면 아무 의미가 없다. 예를 들어, '人而不仁(인이불인)'을 '사람이 되어서도 **어질지(仁, 형용사)** 못하다'라고 번역하지 않고, '사람이면서도 **인(仁, 명사)이** 없다'라 하면 정확하지 않은 번역이다. "대략 의미만 통하면, 되지 않을까?"라고 생각하면, 결코 문장의 정확한 의미와 문리를 파악할 수 없다.

이 책은 다음과 같은 의도로 집필되었다. 1부에서는 언어라는 것은 혼자 만의 것이 아니라, 서로 간에 소통하기 위한 수단이라는 점에서 시작했다. 따라서 번역 혹은 해석도 의사소통이라는 점에서 시작해야 한다는 점을 강조했다. 그리고 그에 따라 문장구조와 단어의 결합, 그리고 독자의 관점에서 해석하는 순서를 제시했다. 2부와 3부에서는

---

1) 명사, 부사처럼 사(詞)로 끝나는 단어를 품사(品詞)라 하고, 주어, 목적어처럼 어(語)로 끝나는 단어를 성분(成分)이라 하는데, 성분은 문장을 구성하는 요소이다.

대학(大學)의 원문과 직역을 제시했다. 중용(中庸, 2021)에서 단서만을 제공했다면, 이 책에서는 직접적인 설명과 직역만으로 행간(行間)을 파악할 수 없는 부분에서는 설명을 추가했다. 그리고 정확한 번역을 위해 필요한 요소와 유용한 실마리 등이 직역에 어떻게 적용되는지 설명했다. 다만, 이 책에서는 번역에 필요한 다양한 원칙을 별도로 다루지는 않았다. 그런데 이 책만으로도 한문의 문리에 큰 도움이 될 것이다. 끝으로, 주희의 대학장구서(大學章句序)를 직역과 함께 부록으로 제시했다. 대학장구서와 직역을 비교하면서 스스로 자신의 수준을 확인할 수 있을 것이다.

이 책은 한문 문리에 관한 저자의 두 번째 교양서이다. 서명은 한문을 국문으로 직역하는 데 방점을 두었기 때문에 해석(解釋)보다는 번역(飜譯)이 더 적합하다. 그러나 일반인을 대상으로 한 점과 번역보다는 해석에 익숙한 점을 고려해서 서명에서는 '해석'을 사용했다. 아무리 많은 단서를 익힌다고 해도 실제 번역에 적용하지 못한다면, 아무 소용이 없다. 논점이 흐려질 수 있기 때문에 한 문장에서도 다양한 번역이 가능하다는 점을 모두 다루지는 않았다. 직역, 단서, 설명 등을 기계적으로 익히기보다는 문장구조와 단어의 결합을 토대로 스스로 질문을 던져보고, 그 답을 스스로 찾다 보면, 어느 순간 한문 문리가 파악될 것이라 소망해 본다.

2023년 8월 어느 날

차례

1부.

한문을 해석하려면, '돌아이'에서 벗어나야 한다.

1장.

같은 말, 다른 뜻:
한글도 고립어(孤立語)? 한문(漢文)도 고립어?

언어(言語)를 분류할 때, 한글도 고립어(孤立語)이고, 한문(漢文)도 고립어이다. 그러나 둘은 그 의미하는 바가 전혀 다르다. 한글이 고립어라고 하는 의미는 비교언어학적인 측면이며, 한문이 고립어라고 하는 의미는 언어형태학적인 측면이다. 한글은 같은 조어(祖語)[2]에서 갈라져 나온 친척의 언어 또는 그 계통을 명확히 밝힐 수 없다는 점에서 고립어이다. 반면, 한문은 말이나 단어의 형태적인 측면에서 어형(語形)이 변하지 않고, 접사(接辭)[3] 등이 발달하지 않아, 위치에 따라 문장에서 단어의 역할이 결정된다는 점에서 고립어이다. 언어의 형태적 측면에서 한문은 고립어이지만, 한글은 교착어(膠着語)이다. 교착어에서 교착은 '아교[4]로 붙인다', '아교처럼 붙인다'는 의미로 무엇인가

2) 비교 방법을 통하여, 친족 관계에 있는 여러 언어가 갈려 나온 것으로 추정되는 언어를 의미한다.

3) 단독으로 쓰이지 아니하고 항상 다른 어근(語根)이나 단어에 붙어 새로운 단어를 구성하는 부분. 접두사(接頭辭)와 접미사(接尾辭)가 있다.

4) 아교(阿膠)는 짐승의 가죽, 힘줄, 뼈 등을 진하게 고아서 굳힌 끈끈한 것으로

단단히 달라붙은 상태를 의미한다. 그래서 교착어는 실질적인 의미를 가진 단어 또는 어간(語幹)에 문법적인 기능을 가진 조사(접사)나 어미가 결합하면서, 문장에서 그 역할이 결정된다. **고립어인 한문에서는 단어가 어느 곳에 놓이느냐에 따라 그 역할이 결정**되지만, **교착어인 한글에서는 단어의 위치가 상대적으로 중요하지 않다.** 그래서 한글에서는 '나는 너를 좋아한다'를 ①'나는 좋아한다, 너를.' ②'너를 좋아한다, 나는.' ③'좋아한다, 나는 너를.'이라고 해도 그 의미가 통한다. 그 이유는 명사에 조사가 붙어서 어느 곳에 놓이더라도 직관적으로 주어(은/는/이/가)와 목적어(을/를) 혹은 보어를 구분할 수 있기 때문이다. 그러나 한문에서는 조사가 제한적으로 쓰인다. 따라서 문장에서 단어의 위치가 달라지면, 그 단어는 다른 역할을 한다. 즉, 한문에서는 단어의 위치가 바뀌면 전혀 다른 역할과 의미가 된다.

형태적인 측면에서 고립어인 한문과 교착어인 한글(국문)의 차이를 접사(조사)로 살펴보자.

- 한문: 余好爾(여호이, 나는 너를 좋아한다.)→ 爾好余(이호여, 너는 나를 좋아한다.)
- 국문: 나는 너를 좋아한다.→ 너는 나를 좋아한다.
  ① 한문: 주어(余)와 목적어(爾)에 접사 '~는'과 '~를'이 붙지 않고, 주어와 목적어가 바뀌어도 접사가 붙지 않는다. 즉, 단어의 위치에 따라 그 의미와 역할이 정해진다.
  → '余好爾'에서 '余'가 주어인 이유는 술어 '好' 앞에 놓여 있기 때

풀로도 쓰이고 지혈제로도 쓰인다.

문이고, '爾'가 목적어인 이유는 술어 '好'의 뒤에 놓여 있기 때문이다.

→ '爾好余'에서 '爾'가 주어인 이유는 술어 '好' 앞에 놓여 있기 때문이고, '余'가 목적어인 이유는 술어 '好'의 뒤에 놓여 있기 때문이다.

② 국문: 주어(나)와 목적어(너)에 접사 '~는'과 '~를'이 붙고, 주어와 목적어가 바뀌면, 바뀐 역할에 따라 접사가 바뀐다. (·나는→ 나를 / ·너를→ 너는)

→ '나는 너를 좋아한다.'에서 '나는'이 주어인 이유는 '나'에 주격 조사인 '~는'이 붙었기 때문이고, '너를'이 목적어인 이유는 '너'에 목적격 조사인 '~를'이 붙었기 때문이다.

→ '너는 나를 좋아한다.'에서 '너는'이 주어인 이유는 '너'에 주격 조사인 '~는'이 붙었기 때문이고, '나를'이 목적어인 이유는 '나'에 목적격 조사인 '~를'이 붙었기 때문이다.

③ 활용: 한문을 한글로 번역할 때, 술어를 중심으로 그 앞에 오는 명사(구)에 주어 역할과 접사(은/는/이/가)를 붙이고, 그 뒤에 오는 명사(구)에 목적어 역할과 접사(을/를) 또는 보어의 역할과 접사(이/에/에게)를 붙인다. '余好爾'에서 술어는 '好'이므로 '나(余)'에 '~는'을 붙이고, '너(爾)'에 '~를'을 붙여서 번역한다.

④ 한 걸음: 술어 뒤에 있는 명사(구)는 목적어 혹은 보어이다. 먼저, 술어 앞에 '~을' 붙여서 뜻이 통하면, 술어 뒤에 있는 명사(구)는 목적어이다. 반면, 술어 앞에 '~을'을 붙였을 때 뜻이 통하지 않으면, '~에(에게)' 혹은 '~이' 등을 붙여 보고, 그 뜻이 통하면 술어 뒤에 있는 명사(구)는 보어이다.

예1) 好: 좋아하다(동사)→ '~을 좋아하다'→ 의미가 통한다→ 好 뒤의 명사(구)는 목적어일 확률이 높다.

예2) 流: 흐르다(동사)→ '~을 흐르다'→ 의미가 통하지 않는다→ 流 뒤의 명사(구)는 보어일 확률이 높다.

* 余(여): 나

* 爾(이): 너

다음으로 형태적인 측면에서 고립어인 한문과 교착어인 한글의 차이를 어형(語形)으로 살펴보자. 고립어인 한문에서는 어형이 변하지 않고, 교착어인 한글에서는 어형이 변한다.

·見: 보다 / 보니 / 보고 / 보며
→ 어간: 보-
→ 어미: -다, -니, -고, -며
·食: 먹다 / 먹니 / 먹고 / 먹으며
→ 어간: 먹-
→ 어미: -다, -니, -고, -으며

한글에서 어형의 변화는 어간(語幹)과 어미(語尾)의 관계에서 확인할 수 있다. 어간은 변하지 않는 부분이다. 즉, '보다, 보고, 보니, 보며'에서 '보-'와 '먹다, 먹니, 먹고, 먹으며'에서 '먹-'이 어간이다. 반면, 어미는 용언 또는 서술격 조사가 활용되어 변하는 부분이다. 즉, '보다, 보고, 보니, 보며' 또는 '먹다, 먹니, 먹고, 먹으며'에서 '-다, -고, -니, (으)며'가 어미이다. 한문에서는 '見', '食'의 형태가 변하지 않으나, 한글에서는 문맥에 따라 어형이 변한다.

그렇다면, 고립어인 한문과 교착어인 한글의 특성이 한문을 해석하는 데 어떠한 의미를 지니는 것일까? 이는 한문에서 단어의 위치가 무엇보다도 중요하다는 점이다. 한문은 한글과 달리 문장 내에서 역할을 규정하는 조사나 접사 혹은 접미사 등의 특징이 두드러지지 않다. 그래서 한문에서는 단어가 문장 내에서 어느 곳에 자리하느냐에 따라 그 역할과 의미가 결정된다. '吾不欲觀之(오불욕관지)'를 통해 한문을 한글로 직역했을 때, 어떠한 차이가 있는지 살펴보자.

① 원문: 吾不欲觀之(오불욕관지). (논어 팔일편)
② 의미: 나(吾) / 아니다(不) / 欲(~하고자) / 보다(觀) / 그것(之)
③ 구조: 주어(吾, 나) / 술어(不欲觀, 보고 싶지 않다) / 목적어(之, 그것)
→ 주어+술어+목적어
④ 직역: 나(吾)는 그것(之)을 보(觀)고 싶지(欲) 않다(不).

'吾不欲觀之'를 국문으로 직역했을 때, 한자가 지닌 뜻에서 한글이 추가된 것은 '나'에 '~는'이, '그것'에서 '~을'이다. 그리고 '보다'가 '보고'로, '~하고자'가 '싶지'로, '아니다'가 '않다'로 변했다. 이는 고립어인 한문을 교착어인 한글로 번역했기 때문이다. 고립어인 한문을 한글로 번역한다는 것은, 단어의 위치에 적합한 역할을 부여하고, 그에 맞는 조사와 어미를 부여하는 과정이다. 그리고 단어의 자리는 술어를 중심으로 그 앞과 뒤, 어느 쪽에 있느냐에 따라 그 역할과 의미를 결정할 수 있다. 그래서 한문을 접하면, 술어가 무엇인지를 찾아내는 것이 관건이다. 이 책에서는 술어를 찾아내는 방법이 기술되어 있다. 이것이 하루 만에 문리나는 핵심 비결이다.

2장.

글은 의사소통이다.
모두가 'Yes'라고 할 때, 'No'라 하지 마라.

언어(言語)는 말과 글을 포함한다. 이는 사전적인 정의에 의해서도 명확하게 확인할 수 있다. 즉, 언어는 생각 또는 느낌 등을 나타내거나 전달하는 데 쓰는 음성이나 문자 등의 수단이다. 다시 말하면, 음성 언어를 '말'이라 하고, 문자 언어를 '글'이라 한다. 이를 우리의 언어에 적용해 보면, 한국어(말)와 한글(글)의 관계라 할 수 있다. 그런데 일부에서는 언어가 말이고, 문자가 글이라는 주장도 있다. 그러나 언어는 말과 글을 포함하는 상위 개념으로, 언어가 말이고, 문자가 글이라는 주장은 적절하지 않다. 아마도 이는 문자가 언어를 적는 데 사용하는 시각적인 기호 체계라는 점에서 비롯된 것으로 추정된다. 언어의 체계로 볼 때, 문자란 언어의 하나로 음성 언어를 적는 데 사용하는 시각적인 기호 체계라는 표현이 더 적합할 것이다. 필자가 이 책에서 언급하는 한문은 중국 고전(古典)의 문장이자 한자(漢字)만으로 쓰인 글로, 결국 언어의 하위 개념 중 하나이다. 굳이 한문 번역과 관련한 글에 언어의 개념을 언급한 이유는 한문도 결국 옛사람들이 의사소통을 하던 방식 중 하나이기 때문이다. 즉, 어떤 사회에서 통용되던 글이라면, 일정한 규칙이 존재할 수밖에 없다. 만약 합의된 공통의 규칙이 없다면, 그 집단에서는 서로 간에 의사소통이 어려웠을 것이다. 특히, 계약과 관련한 문서라면 이는 심각한 문제를 일으킬 수 있다. 따라서 흔히 '한문에 문법은 없다'라는 표현은 적합하지 않다. 의사소통에 방점이 있다면, 한문도 그 구성 방식에 합의된 공통의 규칙이 존재할 수밖에 없다. 다만, 중요한 점은 아는 것을 실제 번역에 적용하는 것이다.

돌아이는 상식에서 벗어난 사고방식과 생활 방식을 가지고 자기 멋대로 하는 사람을 일컫는 말이다. 의사소통이라는 점에서 한문을 해석하고 번역하기 위해서는 돌아이에서 벗어나야 한다. 단적으로 자기만 알고 남이 알지 못하는 글자의 의미로 글을 썼다고 가정해 보자. 이는 자기만을 위한 글이지, 남과 소통하기 위한 글이 아니다. 소통하기 위해서는 서로가 알고 있는 의미로 글을 써야 한다. 한자는 한 글자마다 독음도 여러 가지이고, 뜻도 여러 가지이다. 그러나 남과 소통하기 위해서는 일반적으로 알려진 독음과 뜻으로 작문해야 한다. 예를 들어, '河(하)'를 적어 놓았다면, 대부분은 '물'을 떠올릴 것이다. 조금 더 깊이 이해했다면, '황하' 또는 '은하' 등을 생각할 수 있다. 그런데, 이와는 달리 '河'를 적어놓고, '메다' 혹은 '짊어지다'라는 의미로 썼다면, 그것은 자기만이 아는 것이다. 심지어 '메다' 혹은 '짊어지다'는 일반적으로 통용되는 '負(부)'라는 문자가 있다. 그런데도 글자가 지닌 일반적인 의미가 아닌 특수한 예에 적용된 의미로 글을 쓴다는 것은 소통을 목적으로 한 것이 아니다. 타인과 소통하기 위해서는 글자가 지닌 기본 의미와 품사를 중심으로 사용해야 한다. 이 점은 번역에서 상당히 중요한 의미가 있다.

하나의 예를 들어보면, 시경(詩經) 도요(桃夭)편에, '之子于歸(지자우귀)! 宜其家人(의기가인)'의 구절이 있다. 이는 '이(之) 아가씨(子) 시집가네(于歸)! 그(其) 집안(家) 사람(人)에 마땅하리라(宜)'라는 의미로 번역된다. 그런데 배경 지식이 없다면, 그 누가 '之子于歸(지자우귀)'를 '이(之) 아가씨(子) 시집가네(于歸)!'로 번역할 수 있을까? '之子'를 '이 아가씨'로 번역한 이유는 '전(傳)'에 근거한다. 전에 의하면, '之子, 猶言是子. 此, 指女子之嫁者而言也'이다. 이것은 '지자(之子)는 시자(是子)를 말하는 것과 같다. 이는 여자(女子)가(之) 시집가는(嫁) 것(者)을 가리키는(指而) 것을 말한다(言)'를 의미한다. 이처럼 난해한 글도 있고, 설명이 필요한 글도 있다. 그러나 이러한 구절만 찾아다니는 사람, 예컨대 '之'를 '이(是)'의 의미로 사용하는 사람이 한문에 문리나기는 쉽지 않다. 번역의 출발선은 한자가 지니는 기본의미와 품사이다.

정리해 보면, 필자가 한문을 해석하는 데 강조하는 것은 다음과 같다. 첫째, 한자의 기본 의미와 품사로 시작하라. 둘째, 술어를 찾아서 단어의 결합과 문장의 구조를 파악하라. 셋째, 번역은 술어를 중심으로 그 앞에 오는 명사(구)에 주어 역할과 접사(은/는/이/가)를 붙이고, 그 뒤에 오는 명사(구)에 목적어 역할과 접사(을/를)를 붙이거나 보어의 역할과 접사(에/에게)를 붙여라. 결국, 이를 한 문장으로 더 요약하면, '상식에서 출발해서, 술어를 중심으로 단어의 위치에 따라 번역을 마무리하라'이다. 문장구조와 단어의 결합방식을 그림으로 정리하면 다음과 같다. 이 그림을 이해하고 번역에 적용할 수 있다면, 문리는 저절로 깨치게 될 것이다.

단어의 결합 ➡ **수식어 + 피수식어**

↳ 한글과 동일

▸ 예) 高 山 : 높은 산

▸ 예외) ↳ 한글과 다른 결합
- '所' + 동사(형용사)
- '於', '于', '乎' + 명사
- '可', '能', '得', '足' + 동사
- '不' + 동사(형용사), '非'+명사

(수식어)주어 + (수식어)술어 + (수식어)목적어 + (수식어)보어

문장 구조 — 무조건! 술어부터 찾아라! →

↳ 한글과 다름

- 술어
- 주어 + 술어
  - 주어: 술어 앞에 있는 명사(구)
- 술어 + 목적어
  - 목적어: 술어 뒤에 있는 명사(구), 술어 앞에 '~을', '를' 붙여서 말이 되는 것
- 술어 + 보어
  - 보어: 술어 뒤에 있는 명사(구), 술어 앞에 '~이', '에' 붙여서 말이 되는 것
- 술어 + 목적어 + 보어
- 주어 + 술어 + 목적어
- 주어 + 술어 + 보어
- 주어 + 술어 + 목적어 + 보어

▸ 예외) 도치
- 의문문에서 의문대명사
- 부정문에서 대명사가 목적어(보어)일때
- 之
- 以爲

Point

- **단어의 기본품사** : 동사(형용사)

  ▸ 예) 山 高 ➡ 산(이) 높다.

  '높을 고'→ 너! 술어이구나!

  핵심은 술어!

- **술어를 찾는 단서들...**

  - 대(對)를 이루어 있는 구조에 따라
  - '不', '未', '莫', '勿' + 술어
  - '可(以)', '能(以)', '足(以)', '得(以)' + 술어
  - 술어 + '於'(于, 乎) + 명사(구)
  - '必', '敢', '欲' + 술어
  - '者' + 술어
  - 술어 + '而' + 술어

한문 번역, 특히 직역에 적용하는 순서와 방법은 다음과 같이 진행된다.

첫째, 단어의 기본품사와 술어를 찾는 단서를 활용해서 술어를 찾아라.

둘째, 술어를 중심으로, 술어 앞에 위치한 명사(구)에 주어 역할을 부여하고, 술어 뒤에 위치한 명사(구)에 목적어 혹은 보어의 역할을 부여해서 초벌 번역한다.

셋째, 문맥에 맞게 초벌 번역을 정리한다. 단, 문장에 있는 단어를 빼거나, 문장에 없는 단어를 추가하지 않는다.

이와 같은 원칙에 따라, 한문을 한글로 번역하는 데 적용하면 다음과 같다.

☞ 원문: 溫故而知新(온고이지신), 可以爲師矣(가이위사의). (논어 위정편)

하나, 술어를 찾아라.

① 단어의 기본 품사: 동사(형용사)를 찾아라!

- 溫(따뜻하다) / 知(알다) / 新(새롭다) / 爲(하다)

② 술어를 찾는 단서들: 而 / 可以 / 대(對)를 이루는 구조 등

- 술어+而+술어→ '溫故'와 '知新'에 각각 술어가 있다

· 溫故: 술어 '溫'→ 술어+목적어→ 故를 익히다

- 可以+술어→ 可以爲→ 술어 '爲'→ 될(爲) 수(可以) 있다

- 而를 중심으로 대(對)를 이루는 구조

· 溫故(술어+목적어)→ '知新'도 '술어+목적어'일 확률이 높다

둘, 술어를 중심으로 문장 구조에 따라 순서대로 초벌 직역하라.

① 溫故而知新: 故(고)를 익히다, 그리고(而) 新(신)을 알다→ 술어+목적어+而+술어+목적어

※ 而를 중심으로 대(對)를 이루는 구조에 의하면, 술어의 우선순위는 知이다. 그런데 新(새롭다)도 술어일 가능성을 버려서는 안 되며, 최종 단계에서 결정해야 한다.

② 可以爲師矣: 스승(師)이 될(爲) 수(可以) 있다(矣)→ 술어(可以爲)+보어(師)

셋, 문맥에 맞게 초벌 번역을 정리한다.

① 원문: 溫故而知新, 可以爲師矣.

② 직역: 옛것(故)을 익혀(溫)서(而) 새것(新)을 알(知)면, 스승(師)이 될(爲) 수(可以) 있다(矣).

③ 의역: 옛날 배웠던 것을 잊지 않고, 새로운 것을 안다면 스승이 될 수 있을 것이다.

3장.

대학의 번역에 활용된 유용한 Tips

한자문화권에 속해 있지만, 우리나라 사람이 한문에 문리(文理)나는 것은 쉽지 않다. 한문에 문리나는 방법은 아무래도 한자로 쓰인 많은 글을 읽어보는 것이 좋다. 그러나 문장 구조를 이해하지 못하고, 온종일 한문만을 읽는 것은 효율적이지도 쉽지도 않다. 효율적으로 문리나는 방법은, 단연코 글자가 지니고 있는 기본 의미로 문장구조를 파악하는 것이다. 그런데 경험에 의하면, 이 표현을 생각보다 많은 사람이 이해하지 못한다. 한문의 문장구조는 '(수식어)주어+(수식어)술어+(수식어)목적어+(수식어)보어'이다. 즉, 두 글자로 된 문장뿐만아니라, 세 글자 혹은 그 이상으로 구성된 문장이라도 이 구조를 넘어설 수 없다. 그리고 문장구조를 파악하는 데 핵심이 바로 술어이다. 문장을 접하면, 먼저 문장에서 술어가 무엇인지를 파악해야 한다. 그리고 파악된 술어를 중심으로 기계적으로 술어 앞에 위치한 명사(구)는 주어이고, 그 뒤에 위치한 명사(구)는 목적어 혹은 보어로 간주하여 그 역할에 맞게 직역해야 한다. 이 장에서는 단어가 지닌 기본 의미(품사) 외에 술어를 파악하는 데 유용한 몇 가지를 제시했다. 물론, 이러한 단서를 이용하면 문장구조를 좀 더 빠르게 파악할 수 있다. 다만, 제시된 단서보다 단어가 지닌 기본 의미(품사)로 구조를 파악하는 것이 더 중요하다.

1. 문장 구조 파악의 유용한 Tips

가. 대(對)를 갖춘 형식

한문은 대(對)를 갖춘 일정한 형식을 반복해서 작문하는 특징이 있다. 즉, 작문할 때, 문법적 기능도 같고, 순서도 일치시켜 짝을 이루는 구조를 선호한다. 따라서 대(對)를 이루는 구조는 문장 구조를 파악하는 데 유용한 단서이다. 대학에서도 대(對)를 이루는 구조가 자주 쓰였다. 문장을 접했을 때, 독음하면서 이 구조를 잘 활용하면 더욱 빠르게 문장 구조를 파악할 수 있다.

원문	生而知之者(생이지지자) 上也(상야), 學而知之者(학이지지자) 次也(차야), 困而學之(곤이학지) 又其次也(우기차야), 困而不學(곤이불학), 民斯爲下矣(민사위하의). (논어 계씨편)
단서	~而知之者 ~也, ~而知之者 ~也, ~而~之 ~也.
직역	태어나(生)서(而) 그것(之)을 아는(知) 자(者)는 상(上)이고(也), 배워(學)서(而) 그것(之)을 아는(知) 자(者)는 다음(次)이고(也), 어려움을 겪고(困)서(而) 그것(之)을 배우는(學) 자는 또(又) 그(其) 다음(次)인데(也), 어려움을 겪고(困)도(而) 배우지(學) 않으면(不) 백성(民)이 이에(斯) 아래(下)가 된(爲)다(矣).
기타 단서들	- 술어+而+술어 - 술어+之: 之(대명사) - ~者: 수식어+피수식어(者)→ 주어부(者)+술어 - 不+동사(형용사) ↔ 非+명사

원문	學而不思則罔(학이불사즉망), 思而不學則殆(사이불학즉태). (논어 위정편)
단서	~而不~則~, ~而不~則~.
직역	배우기만하(學)고(而) 생각하지(思) 않으(不)면(則) (얻는 것이) 없고(罔), 생각하기만하(思)고(而) 배우지(學) 않으(不)면(則) 위태롭다(殆).
기타 단서들	·술어+而+술어 ·不+동사(형용사) ↔ 非+명사

나. 술어로 활용된 단어들

1) 有: ①'술어+보어' 구조 혹은 ②'술어+목적어' 구조로 파악하라.

① 有는 '술어+보어' 구조의 술어로 '~이 있다', '~이 존재하다'로 번역된다. 그리고 그 뒤에 보어의 역할을 할 수 있는 명사가 위치한다. 따라서 有가 술어일 때, 그 뒤에 동사(형용사)처럼 보이는 글자가 있더라도 명사로 번역해야 한다. 만약, 有 뒤에 술어가 위치할 경우 '有以' 형태가 나타난다.

원문	父母在(부모재), 不遠遊(불원유), 遊必有方(유필유방). (논어 이인편)
직역	부모(父母)가 계시면(在) 멀리에서(遠) 놀지(遊) 않고(不), 놀더라도(遊) 반드시(必) (일정한) 장소(方)가 있어야(有) 한다.
기타 단서들	·不+술어(동사, 형용사): 不(遠)遊→ 술어가 '遊'이고, '遠'은 술어를 수식하는 부사어이다. ·必+술어: 必有

원문	果有以異於人乎(과유이이어인호)? (맹자 이루하편)
직역	과연(果) 남(人)과(於) 다른(異) 것(以)이 있습니(有)까(乎)?
기타 단서들	·술어+於+명사(구): 有以異於人

② 有가 '술어+보어' 구조가 아닌 경우, '술어+목적어' 구조로 '~을 가지고 있다'로 번역된다.

원문	人皆有不忍人之心(인개유불인인지심). (맹자 공손추상)
직역	사람(人)은 모두(皆) 남(人)에게 차마하지(忍) 못(不)하는(之) 마음(心)을 가지고 있다(有).
기타 단서들	·不+술어(동사, 형용사): 不忍→ 忍을 술어로 번역해야 한다. ·之+명사(구): 之(관형격)→ 之心: ~의 마음, ~하는 마음

③ 有는 '또'라는 접속사로도 쓰인다.

원문	吾十有五(오십유오), 而志于學(이지우학). (논어 위정편)
직역	나(吾)는 열(十)에다가 또(有) 다섯(五)이 되고서(而), 학문(學)에(于) 뜻(志)을 두었다.
기타 단서들	·술어+而+술어: '吾十有五'와 '志于學'에 각각 술어의 의미를 부여해야 한다. ·술어+于+명사(구): 志于學→ 志에 술어의 의미를 부여해야 한다.

④ 有는 '어떤'이라는 관형사로도 쓰인다.

원문	有朋(유붕), 自遠方來(자원방래), 不亦樂乎(불역락호). (논어 학이편)
직역	어떤(有) 벗(朋)이 먼(遠) 곳(方)으로부터(自) 온다(來)면 또한(亦) 즐겁지(樂) 않겠는(不)가(乎).
기타 단서들	·自+명사(구): 自遠方→ 遠方으로부터(自) ·不+술어(동사, 형용사): 不亦樂→ 樂을 술어로 번역해야 한다.

원문	有鄙夫問於我(유비부문어아). (논어 자한편)
직역	어떤(有) 비루한(鄙) 사람(夫)이 나(我)에게(於) 물었다(問).
기타 단서들	·술어+於+명사(구): 夫問於我
기타 관용어	·有以: ~할 방법이 있다, ~할 수가 있다, ~한 것이 있다 / 無以 ~할 방법이 없다, ~할 수가 없다 - 叟不遠千里而來, 亦將有以利吾國乎? (맹자 양혜왕상편)→ 노인장(叟)께서 천 리(千里)를 멀다(遠)고 여기지 않(不)고(而) 오셨으니(來), 또한(亦) 장차(將) 우리(吾) 나라(國)를 이롭게(利) 할 방법(以)이 있겠습니(有)까(乎)? *叟(수): 늙인이, 어른 - 不知禮, 無以立也. (논어 요왈편)→ 예(禮)를 알지(知) 못하면(不) 설(立) 방법(以)이 없다(無). ·有諸(유저): 그런 일이 있습니까? ☞ 더 알아보기. 정확한 번역을 위한 유용한 Tips '諸' ·有A者: A한 자(경우)가 있다 - 未有仁而遺其親者也, 未有義而後其君者也. (맹자 양혜왕상편)→ 어질면(仁)서(而) 그(其) 어버이(親)를 버리는(遺) 자(者)는 아직 있지(有) 않았(未)고(也), 의로우면(義)서(而) 그(其) 임금(君)을 뒤로하는(後) 자(者)는 아직 있지(有) 않았(未)다(也). ·何有?: 무엇이 있겠는가?→ 무슨 어려움이 있겠는가?

2) 在

在의 기본 의미는 '있다, 존재하다, 살피다'이며, 기본 품사는 동사이다. 따라서 '在'는 문장에서 술어 역할을 한다. 문장에서 '在'를 접하면 술어일 가능성을 염두에 두고 번역한다. 단, 문장 전체의 술어를 의미하는 것은 아니다.

원문	父在(부재), 觀其志(관기지), 父沒(부몰), 觀其行(관기행). (논어 학이편)
의미	아비(父) 있다(在) / 보다(觀) 그(其) 뜻(志) / 아비(父) 죽다(沒) / 보다(觀) 그(其) 행동(行)
구조	술어 앞 명사(구)→ 주어 / 술어 뒤 명사(구)→ 목적어 혹은 보어 - 아비(父)가 있다(在)→ 주어(父)+술어(在) - 그(其) 뜻(志)을 보다(觀)→ 술어(觀)+목적어(其志) - 아비(父)가 죽다(沒)→ 주어(父)+술어(沒) - 그(其) 행동(行)을 보다(觀)→ 술어(觀)+목적어(其行) ·직역: 아버지(父)가 계시면(在, 살아계실 때), 그(其) 뜻(志)을 보고(觀, 관찰하고) 아버지(父)가 돌아가시면(沒, 돌아가셨을 때) 그(其) 행동(行)을 본다(觀, 관찰해야 한다). * 沒(몰): 빠지다→ 없다→ 죽다

문장의 술어는 '觀'이다. '觀(~을 보다)' 뒤에 위치한 '其志'과 '其行'은 목적어이다. 그런데, '父在'의 술어는 '在'로 그 의미는 '아버지(父)가 계시다(在)'이다. 그래서 '在' 앞의 '父'는 술어 앞에 위치한 명사로 '~가'를 붙여서 '아비가'로 번역한다. 문장의 술어는 중요하다. 그러나, 정확하게 번역을 위해서는 문장 구조를 세분해서 파악하는 연습이 필요하다.

다. 술어를 찾는 데 활용되는 유용한 단어들

1) '不+술어', '未+술어' 등은 술어를 찾는 유용한 단서이다.

'不', '未' 등은 술어 앞에서 술어를 부정하는 보조사이므로 술어를 찾는 유용한 단서이다. 다만 술어를 수식하는 부사가 그사이에 놓일 수 있다(不(+부사)+술어). 따라서 문장에서 '不', '未' 등을 접하면, 그 뒤에 위치한 단어는 술어(동사, 형용사)로 번역한다.

- 不+술어(동사, 형용사)

원문	不賢者(불현자), 雖有此(수유차), 不樂也(불락야). (맹자 양혜왕상편)
직역	어질지(賢) 못한(不) 자(者)는 비록(雖) 이것(此)을 가지고 있어도(有) 즐기지(樂) 못한다(不).
사족	'者'는 주로 문장에서 주어 역할을 하므로 뒤에 술어가 위치하지 않나요? 맞습니다. 이 문장에서 '雖有此'는 삽입구입니다. '不賢者'가 주어이므로, 술어는 '不樂'이 됩니다. * 樂: 노래(악), 즐기다(락/낙), 좋아하다(요)

- 未+술어(동사, 형용사)

원문	夫二子之勇(부이자지용), 未知其孰賢(미지기숙현). (맹자 공손추상편)
직역	저(夫) 두(二) 사람(子)의(之) 용맹함(勇)은 그(其) 누가(孰) 나은지(賢) 알지(知) 못하겠다(未).
기타 단서들	· 之+명사(구): 之(관형격)→ 之勇: ~의 용맹함

2) '可(以)+술어', '能(以)+술어', '得(以)+술어', '足(以)+술어'

'可(以)', '能(以)', '得(以)', '足(以)'은 그 의미와 문법적 기능이 서로 통용된다. 이들은 명사나 형용사(동사)와 같이 단독으로 쓰이지 않을 때, 의존명사로 술어 앞에서 그 의미를 보조한다. 따라서 술어를 찾는 유용한 단서이다. 다만, '可(以)', '能(以)', '得(以)', '足(以)'과 술어 사이에 부사가 위치하기도 한다(可(+부사)+술어).

한편, '可以', '能以', '得以', '足以'는 '주어+술어' 구조로만 쓰이나, '可', '能', '得', '足'은 '목적어+술어' 구조로도 쓰일 수 있으므로 번역에 유의해야 한다. '可', '能', '得', '足'은 주로 한글의 의존명사이다. 그러나 그 자체로 기본 의미가 있다. 따라서 한글의 의존명사(~수)뿐만 아니라, 실사인 동사일 수도 있다.

· 德, 何如則可以王矣? (맹자 양혜왕상편)→ 可以+王: 王은 술어이다
→ 덕(德)이 무엇(何)과 같으(如)면(則), 왕 노릇 할(王) 수(可以) 있습니까(矣)?

· 徒法, 不能以自行. (맹자 이루상편)→ 能以+부사+술어: 行은 술어이다
→ 단지(徒) 법(法)만으로 저절로(自) 행해질(行) 수(能以) 없다(不).

기타 단서들	· 不+술어(동사, 형용사)

· 欲與之言, 趨而辟之, 不得與之言. (논어 미자편)→ 得+부사+술어: 言이 술어이다
→ 그(之)와(與) 말하고(言)자(欲) 했는데, 달려가(趨)서(而) 그(之)를 피하니(辟) 그(之)와(與) 말할(言) 수(得) 없었다(不).

기타 단서들	· 술어+而+술어 · 不+술어(동사, 형용사)

· 士志於道而恥惡衣惡食者, 未足與議也. (논어 이인편)→ 足+부사+술어: 議가 술어이다

→ 선비(士)가 도(道)에(於) 뜻을 두고(志)도(而) 나쁜(惡) 옷(衣)과 나쁜(惡) 음식(食)을 부끄러워하는(恥) 자(者)는 더불어(與) 의논할(議) 수(足) 없다(未).

기타 단서들	·술어(+목적어)+於+명사(구) ·술어+而+술어 ·수식어+者: 주어부(者)+술어 ·未+술어(동사, 형용사)

3) '欲+술어', '先+술어', '必+술어', '敢+술어'

'欲', '必', '敢', '先' 등 한글의 부사 혹은 보조사는 술어 앞에 위치하므로 술어를 찾는 유용한 단서이다. 부사는 형용사나 동사를 수식하기도 하고 문장 전체를 수식하며, 다른 부사를 수식하기도 한다. 결국, '수식어+피수식어' 구조에 따라 부사는 술어 앞에 위치할 확률이 높다.

- 欲+술어

원문	夫仁者(부인자), 己欲立而立人(기욕립이립인), 己欲達而達人(기욕달이달인). (논어 옹야편)
단서	欲立, 欲達→ 서고(立)자(欲), 통달하고(達)자(欲)→ 술어의 의미 보조
직역	무릇(夫) 어진(仁) 자(者)는 자신(己)이 서고(立)자(欲) 하면(而) 남(人)을 세우고(立), 자신(己)이 통달하고(達)자(欲) 하면(而) 남(人)을 통달하게 한다(達).
기타 단서들	·수식어+者: 주어부+술어 ·술어+而+술어

- 先+술어

원문	先行其言(선행기언), 而後從之(이후종지). (논어 위정편)
단서	先行→ 먼저(先) 행하다(行)→ 부사의 술어 수식
직역	그(其) 말할 것(言)을 먼저(先) 행하(行)고(而) 뒤에(後) 그것(之)을 따른다(從).
기타 단서들	·술어+而+술어 ·술어+之: 之(대명사)→ 從之: 그것을 따른다

- 必+술어

원문	苟有過(구유과), 人必知之(인필지지). (논어 술이편)
단서	必知→ 반드시(必) 안다(知)→ 부사의 술어 수식
직역	만일(苟) 잘못(過)이 있다(有)면 사람들(人)이 반드시(必) 그것(之)을 안다(知).
기타 단서들	·有+보어 ·술어+之: 之(대명사)→ 知之: 그것을 안다
必 관용어	·不必~: 반드시 ~한 것은 아니다 ·必不~: 반드시 ~하지 않는다 ·何必~: 어찌 반드시 ~하는가? / 하필 ~하는가?

- 敢+술어

원문	敢問(감문), 其所以異(기소이이). (맹자 공손추상편)
단서	敢問→ 감히(敢) 묻습니다(問)→ 부사의 술어 수식
직역	감히(敢) 그(其) 다른(異) 것(所以)을 묻습니다(問).
敢 관용어	·不敢~: 감히 ~하지 않는다

4) 者: ~하는 사람, ~하는 것, ~라는 것은, ~은/는→ 뒤에 술어가 위치한다.

'~者'는 명사구로 문장 끝에서 목적어로도 쓰이지만, 기본적으로 주어 역할로 술어 앞에 위치한다. 따라서 '者' 뒤에 술어가 위치하므로 술어를 찾는 유용한 단서이다. 또, 者는 '수식어+피수식어' 구조이므로 수식하는 말이 수식받는 말 앞에 놓인다는 점도 번역에 유용한 단서이다. 한편, '者'는 한글의 의존명사(~것, ~사람)뿐만 아니라 주격조사(~은/는)로도 사용된다.

원문	知之者(지지자), 不如好之者(불여호지자), 好之者(호지자), 不如樂之者(불여락지자). (논어 옹야편)
단서	~者, 不如→ ~라는 사람(者)은, 같지(如) 못하다(不)→ '~者'+술어
직역	그것(之)을 아는(知) 사람(者)은 그것(之)을 좋아하는(好) 사람(者)과 같지(如) 못하고(不), 그것(之)을 좋아하는(好) 사람(者)은 그것(之)을 즐기는(樂) 사람(者)과 같지(如) 못하다(不).
추가	知之→ 知(술어)+之(목적어)→ 知之者: 수식어(知之)+피수식어(者)

원문	知者(지자) 不惑(불혹), 仁者(인자) 不憂(불우), 勇者(용자) 不懼(불구). (논어 자한편)
단서	~者, 不惑, ~不憂, 不懼→ '~者'+술어
직역	지자(知者)는 의혹되지(惑) 않고(不), 인자(仁者)는 근심하지(憂) 않고(不), 용자(勇者)는 두려워하지(懼) 않는다(不).

者 관용어	·也者=焉者=者: ~라는 것은 孝弟也者, 其爲仁之本與. (논어 학이편) → 효제(孝弟)라는 것(也者)은 아마(其) 인(仁)을 하(爲)는(之) 본(本)일 것이다(與). ·古者=昔者: 옛날에 古者, 言之不出, 恥躬之不逮也. (논어 이인편) → 옛날(古)에(者) 말(言)이(之) 나가지(出) 못한(不) 것은 실천(躬)이(之) 미치지(逮) 못할까(不) 부끄러워서였다(恥). ·A之B者: A 중에 B한 것, A의 B한 것 內有以盡其節目之詳者也. (대학장구서) → 안(內)으로 그(其) 절목(節目)의(之) 상세함(詳)을 다한(盡) 것(者)이 있(有以)다(也).

5) 而: 술어+而+술어← '而'의 앞 뒤에 술어가 위치하나, 바로 앞과 뒤를 의미하는 것은 아니다.

'而'는 2인칭 대명사(너, 그대, 당신)나 종결사로 쓰이지만, 기본적으로 술어와 술어를 연결하는 접속사이다. 따라서 '而'의 앞과 뒤에 술어가 있다는 점에서 술어를 찾는 유용한 단서이다. 다만, 지나치게 술어가 반복되면 부사어(~하고서/~서)처럼 번역하기도 한다.

원문	喪致乎哀而止(상치호애이지). (논어 자장편)
단서 확대	'而' 앞과 뒤인 '喪致乎哀'과 '止'에 각각 술어가 있다.
술어 찾기	- 喪致乎哀: '乎' 앞에 술어가 위치할 확률이 높다. 따라서 '致'를 술어로 하면, '주어+술어+목적어' 구조에 따라 '상(喪)은 슬픔(哀)을(乎) 지극히 한다(致)'로 번역된다. - '止'는 '而' 뒤에 위치하므로 술어(그친다)로 번역된다.
직역	상(喪)은 슬픔(哀)을(乎) 지극히 하(致)고(而) 그칠 뿐이다(止).

참고로 명사와 명사를 연결하는 접속사는 '與(여)'와 '及(급)'이다.

한편, '而'가 종결사로 쓰일 때, 단독으로 쓰이기보다는 '已' 혹은 '已矣'와 연결된다. 문장에서 '而已' 혹은 '而已矣'는 '~일 뿐이다'는 의미이다.

· 心之虛靈知覺, 一而已矣. (중용장구서)

→ 마음(心)의(之) 허령(虛靈)과 지각(知覺)은 하나(一)일 뿐이다(而已矣).

6) (문장 중간) '於', '于', '乎'→ 술어(+목적어)+於(于/乎)+명사(구)

'於'는 기본적으로 어조사(개사)로 장소·위치·때(~에/~로부터), 사람·대상(~에/에게/을/과), 비교(~보다)로 쓰이지만, 문장 첫머리에서 감탄사(아!)로도 쓰인다. 다만, 감탄사로 쓰일 때는 '오'로 독음한다. 그런데, 어조사 '於'는 번역과 관련하여 술어를 파악하는 유용한 단서이다. 왜냐하면 '於'는 '於+명사(구)'로 연결되어 문장에서 주로 보어의 역할을 하기 때문이다. 따라서 '於+명사(구)'를 접하면, '술어+보어' 혹은 '술어+목적어+보어' 구조에 따라 그 앞에 술어가 위치할 확률이 높다. 다만, '於+명사(구)'는 비교적 문장 내에서 그 위치가 유연하다. 따라서 이 단서는 술어를 찾는 다른 단서와 연결해서 파악해야 한다. 또한, '于' 혹은 '乎'도 '於'와 같이 의미로 문장 중간에 쓰이면 술어를 찾는 단서이다. 결국, '於', '于', '乎'가 명사(구)와 연결되면 그 앞에 술어가 위치하므로, 문장 구조를 파악하는 데 유용하다.

- 술어(+목적어)+於+명사(구)

원문 君子食無求飽(군자식무구포), 居無求安(거무구안), 敏於事而愼於言(민어사이신어언). (논어 학이편)

직역 군자(君子)는 먹는(食) 것에 배부름(飽)을 구하지(求) 않고(無), 거처하는(居) 것에 편안함(安)을 구하지(求) 않으며(無), 일(事)을(於) 민첩하게하(敏)고(而) 말(言)을(於) 삼간다(愼).

- 술어(+목적어)+于+명사(구)

원문 其爲氣也(기위기야) 至大至剛(지대지강), 以直養而無害(이직양이무해), 則塞于天地之間(즉색우천지간). (맹자 공손추상편)

직역 그(其) 기(氣)가 된(爲) 것이(也), 지극히(至) 크고(大) 지극히(至) 강하니(剛), 정직(直)으로(以) 기르(養)고(而) 해함(害)이 없다(無)면(則) 천지(天地)의(之) 사이(間)에(于) 가득찬다(塞).
*塞: 변방(새), 막히다(색)→ 차다, 채우다.

- 술어(+목적어)+乎+명사(구)

원문 誠身(성신), 有道(유도), 不明乎善(불명호선), 不誠其身矣(불성기신의). (맹자 이루상편)

직역 자신(身)을 성실하게 하는(誠) 데에도 도(道)가 있으니(有), 선(善)에(乎) 밝지(明) 못하면(不) 그(其) 자신(身)을 성실하게 하지(誠) 못한다(不).

2. 정확한 번역을 위한 유용한 Tips

가. 之

'之'는 문장에서 주격(20%, ~은/는/이/가)·목적격(10%, 을/를)·관형격(40%, ~의/하는/~한/ㄴ) 조사로도 쓰이고, 대명사(25%, 그/그것) 또는 동사(2~5%, 가다) 등으로 쓰인다. 다만, 목적격 조사는 도치(목적어+술어)를 의미하지만, 번역은 목적격 조사(~을/를)만을 붙이기도 한다.

문장에서 '之'를 접하면, ①'之' 뒤에 위치한 단어의 품사로 그 역할을 결정하고, ②'之' 뒤에 위치한 단어의 품사가 명확하지 않을 때, '之' 앞에 나오는 단어의 품사로 그 역할을 결정할 수 있다.

1) '之' 뒤에 위치한 단어의 품사로 결정하자.

- 之+명사(구): '之'는 명사(구)를 수식하는 관형격으로 '~의/~하는/~한/~ㄴ'이다.
  · 無惻隱之心(무측은지심), 非人也(비인야), 無羞惡之心(무수오지심), 非人也(비인야), 無辭讓之心(무사양지심), 非人也(비인야), 無是非之心(무시비지심), 非人也(비인야). (맹자 공손추상편)
  → 측은해(惻隱)하는(之) 마음(心)이 없으면(無) 사람(人)이 아니(非)며(也), 부끄러워하고(羞) 미워(惡)하는(之) 마음(心)이 없으면(無) 사람(人)이 아니(非)며(也), 사양(辭讓)하는(之) 마음(心)이 없으면(無) 사람(人)이 아니(非)며(也), 옳고(是) 그름(非)을 따지는(之) 마음(心)이 없으면(無) 사람(人)이 아니(非)다(也).
- 之+동사(형용사): '之'는 주격 조사(은/는, 이/가)이다. 다만 주격

조사로 번역했을 때, 그 의미가 어색하면 '之'는 목적격 조사(~을/를)이다. 목적격 조사는 실제 목적어+술어의 도치이다. 한편, '之+所'인 경우도 주격 조사(은/는, 이/가)이다.

· 德之不修(덕지불수), 學之不講(학지불강), 聞義不能徙(문의불능사), 不善不能改(불선불능개), 是吾憂也(시오우야). (논어 술이편)

→ 덕(德)이(之) 닦아지지(修) 않는(不) 것과 학문(學)이(之) 강습되지(講) 않는(不) 것과 의(義)를 듣고도(聞) 옮겨갈(徙) 수(能) 없는(不) 것과 선(善)하지 못한(不) 것을 고칠(改) 수(能) 없는(不) 것, 이것(是)이 나(吾)의 걱정(憂)이다(也).

· 非身之所能爲也(비신지소능위야), 效死勿去(효사물거). (맹자 양혜왕하편)

→ 자신(身)이(之) 할(爲) 수(能) 있는 것(所)이 아니니(非), 죽음(死)을 바치고(效) 떠나지(去) 말라(勿).

* 效(효): 본받다, 주다, 드리다

2) '之' 뒤에 이어지는 단어의 품사가 명확하지 않을 때, '之' 앞에 나오는 단어의 품사로 결정하자.

- 술어(동사, 형용사)+之: '之'는 대명사로 목적어(그를/그것을) 또는 보어(그에게/그것에)이다.

· 王(왕), 往而征之(왕지정지), 夫誰與王敵(부수여왕적). (맹자 양혜왕상편)

→ 왕(王)이 가(往)서(而) 그들(之)을 바로잡는다(征)면 대저(夫) 누가(誰) 왕(王)과(與) 대적하겠습니까(敵)?

3) '之' 뒤에 위치한 단어로도, 그 앞에 위치한 단어로도 그 의미가 명확하지 않을 때, 즉 주격·목적격(도치)·관형격 조사 또는 대명사도 아니라면, '之'는 실사의 의미인 동사로 '가다/떠나다/버리다'이다. 다만, '之'가 동사로 쓰인 예는 2~5% 미만이다.

· 壯者(장자), 散而之四方者(산이지사방자), 幾千人矣(기천인의). (맹자 양혜왕하편)

→ 장성한(壯) 자(者)가 흩어져(散)서(而) 사방(四方)으로 간(之) 자(者)가 몇천(幾千) 명(人)이다(矣).

4) '之'는 시간을 의미하는 명사 뒤에 쓰여 시간을 나타내는 부사로 쓰이기도 한다. 다만, 이를 관형격 조사로 보기도 한다.

· 今之樂(금지악), 由古之樂也(유고지악야). (맹자 양혜왕하편)

→ 지금(今)의(之) 음악(樂)은 옛날(古)의(之) 음악(樂)과 같습니(由)다(也).

* 樂: 노래(악), 즐기다(락/낙), 좋아하다(요)

* 由(유): 말미암다, 행하다, 같다

나. 以→ 기본형이 중요하다.

1) 기본형: ~으로, ~로써, ~을 가지고→ 사용해서

- 以+명사(구): 명사(구)로써, 명사(구)로, 명사(구)를 가지고 '以+명사(구)'는 '以'의 기본직인 형태이다. 이 때 '以'는 영어의 'with'와 같다.

· 節用而愛人(절용이애인), 使民以時(사민이시). (논어 학이편)

→ 씀씀이(用)를 절약하(節)고(而), 사람(人)을 사랑하며(愛), 백성(民)을 부리되(使) 때(時)로써(以) 한다.

→ 때(時)로써(以): 때에 맞게

· 君子(군자), 以文會友(이문회우), 以友輔仁(이우보인). (논어 안연편)

→ 군자(君子)는 문(文)으로(以) 벗(友)을 모으고(會), 벗(友)으로(以) 인(仁)을 돕는다(輔).

· 以不教民戰(이불교민전), 是謂棄之(시위기지). (논어 자로편)

→ 가르치지(教) 않은(不) 백성(民)으로(以) 전쟁한다면(戰), 이것(是)은 그들(之)을 버리는(棄) 것을 말한다(謂).

→ 以+(不教)民

· 吾何以識其不才而舍之(오하이식기부재이사지). (맹자 양혜왕하편)

→ 내(吾)가 무엇(何)으로(以) 그(其)가 재주가 있지(才) 않은(不) 것을 알아(識)서(而) 그(之)를 버리겠는가(舍)?

※ 주의사항: '何以'는 '以何'의 형태지만, 의문대명사에 따라 도치된 형태이다.

* 識: 알다(식), 적다(지), 깃발(치)

* 舍: 집(사), 버리다(사), 벌여놓다(석)

- 명사(구)+以+동사→ 以+(之)+동사(형용사): 그것(之)으로써(以) ~ 동사(형용사)하다

이 형태는 두 가지로 번역된다. 먼저, '명사(A)로써(以) 동사(B)하다'이다. 다음은 대명사 '之'를 삽입한 'A, 그것(之)으로써(以) B하다'이다. 필자는 주로 'A, 그것(之)으로써(以) B하다'로 번역한다. 그 이유는 '명사(A)+以+동사'는 '以+명사(A)+동사'의 도치이기 때문이다. 도치는 강조하기 위한 것이다. 즉, 명사(구)를 강조하는 것이 저자의 의도를 드러낸 번역이다. 여기서 삽입한 之는 A를 대신하는 명사(구)이다.

· 百工居肆(백공거사) 以成其事(이성기사), 君子學(군자학), 以致其道(이치기도). (논어 자장편)

직역1 백공(百工)은 가게(肆, 공장)에 거함(居)으로써(以) 그(其) 일(事)을 이루고(成), 군자(君子)는 배움(學)으로써(以) 그(其) 도(道)를 지극히 한다(致).

직역2 백공(百工)은 가게(肆, 공장)에 거하면서(居), 그것으로써(以) 그(其) 일(事)을 이루고(成), 군자(君子)는 배워서(學), 그것으로써(以) 그(其) 도(道)를 지극히 한다(致).

· 百世以俟聖人而不惑(백세이사성인이불혹), 知人也(지인야). (중용)

직역1 백세(百世)로(以) 성인(聖人)을 기다리더라(俟)도(而) 의심하지(惑) 않는다(不)는 것은 사람(人)을 안다는(知) 것이다(也).

직역2 백세(百世), 그것으로(以) 성인(聖人)을 기다리더라(俟)도(而) 의심하지(惑) 않는다(不)는 것은 사람(人)을 안다는(知) 것이다(也).
*俟: 기다리다(사), 성씨(기)

2) 以爲~ = A以爲B, 以A爲B, 以爲(A)B: A를(以) B로 삼다(爲, 여기다)

· 仁以爲己任(인이위기임), 不亦重乎(불역중호), 死而後已(사이후이), 不亦遠乎(不亦遠乎). (논어 태백편)

→ 인(仁)을(以) 자기(己)의 임무(任)로 여기니(爲) 또한(亦) 중하지(重) 아니한(不)가(乎)? 죽어(死)서(而) 뒤(後)에 그치니(已) 또한(亦) 멀지(遠) 아니한(不)가(乎)?

* 已(이): 이미, 매우, 그치다, 끝나다.

· 吾以女爲死矣(오이여위사의). 曰(왈), 子在(자재), 回何敢死(회하감사). (논어 선진편)

→ 나(吾)는 너(女)를(以) 죽었다(死)고 여겼(爲)다(矣). (안연이) 말하길(曰), "선생(子)께서 계시는데(在), 회(回, 안연)가 어찌(何) 감히(敢) 죽겠습니까(死)?"라고 했다.

* 女: 汝(여)

* 子: 스승, 선생

* 回: 공자의 제자 안회(顏回)

※ 주의사항. 문장에서 '以爲'는 관용구로 '~삼다, ~여기다'의 의미이다. 그러나 때로는 '~삼다, ~여기다'의 의미로 번역되지 않는 경우가 있다. 이때는 관용구가 아니라 以의 기본형이다. 또한 A를(以) B로 삼다(爲, 여기다)는 문장구조의 예외이기도 하다. 한문은 '술어+목적어+보어' 구조인데, 以爲는 '목적어+술어+보어' 구조이다. 다만, 이는 以爲(~으로 삼다)의 관용구

로 사용되어 문장구조의 예외라는 점이 잘 인식되지 않는다. '以爲'가 숙어가 아닌 예는 다음과 같다.

· 君子一言(군자일언) 以爲知(이위지), 一言(일언) 以爲不知(이위부지), 言不可不愼也(언불가불신야). (논어 자장편)

→ 군자(君子)는 한마디(一) 말(言), 그것으로써(以) 지혜롭게(知) 되고(爲), 한마디(一) 말(言), 그것으로써(以) 지혜롭지(知) 못하게(不) 되니(爲), 말(言)은 삼가지(愼) 않을(不) 수(可) 없다(不).

· 不知命(부지명), 無以爲君子也(무이위군자야), 不知禮(부지예), 無以立也(무이입야), 不知言(부지언), 無以知人也(무이지인야). (논어 요왈편)

→ 천명(命)을 알지(知) 못하면(不) 군자(君子)가 될(爲) 수 없고(無以), 예(禮)를 알지(知) 못하면(不) 설(立) 수 없고(無以), 말(言)을 알지(知) 못하면(不) 사람(人)을 알(知) 수 없(無以)다(也).

→ '천명을 알지 못하면, 군자로 여길 수 없다'로 번역하면 오역이다.

3) (所)以: 이유(理由), 까닭, 것(점), 방법. ※ 是以=此以. 이 때문에

· 以吾從大夫之後(이오종대부지후), 不敢不告也(불감불고야). (논어 헌문편)

→ 내(吾)가 대부(大夫)의(之) 뒤(後)를 따르기(從) 때문에(以) 감히(敢) 고하지(告) 않을(不) 수 없었다(不).

· 博厚(박후) 所以載物也(소이재물야), 高明(고명) 所以覆物也(소이

부물야), 悠久(유구) 所以成物也(소이성물야). (중용)

→ 넓음(博)과 두터움(厚)은 만물(物)을 실어 주는(載) 것(所以)이오(也), 높음(高)과 밝음(明)은 만물(物)을 덮어주는(覆) 것(所以)이며(也), 멈(悠)과 오램(久)은 물건(物)을 이루는(成) 것(所以)이다(也).

* 覆: 다시(복), 덮다(부)

· 此天地之所以爲大也(차천지지소이위대야). (중용)

→ 이것(此)이 천지(天地)가(之) 큰 것(大)이 된(爲) 까닭(所以)이다(也).

4) 보조사: (可, 能, 得, 足)以+술어

· 士不可以不弘毅(사불가이불홍의), 任重而道遠(임중이도원). (논어 태백편)

→ 선비(士)는 넓고(弘) 굳세지(毅) 않을(不) 수(可以) 없으니(不), 책임(任)은 무겁(重)고(而) 길(道)은 멀기(遠) 때문이다.

* 毅(의): 굳세다, 강인하다

· 如此然後(여차연후), 可以爲民父母(가이위민부모). (맹자 양혜왕하편)

→ 이(此)처럼(如) 한 연후(然後)에 백성(民)의 부모(父母)가 될(爲) 수(可以) 있다.

5) 기타

- 有以: ~할 방법(것)이 있다, ~할(될) 수가 있다 ↔ 無以: ~할 방법(것)이 없다, ~할(될) 수가 없다
  · 殺人以梃與刃(살인이정여인), 有以異乎(유이이호). 曰(왈), 無以異也(무이이야). (맹자 양혜왕상편)→ 사람(人)을 죽이는데(殺) 몽둥이(梃)와(與) 칼날(刃)로써(以) 하는데, 다른(異) 것(以)이 있습니까(有)? 말하길(曰), 다른(異) 것(以)이 없습니(無)다(也).
  * 梃(정): 막대기, 지팡이
- 自A(以)至B: A로부터 B에 이르기까지
  · 自耕稼陶漁(자경가도어), 以至爲帝(이지위제), 無非取於人者(무비취어인자). (맹자 공손추상편)
  → 밭갈고(耕) 곡식을 심으며(稼) 질그릇 굽고(陶) 고기 잡을(漁) 때부터(自) 황제(帝)가 되는(爲) 것에 이르기까지(以至) 남(人)에게(於) 취한(取) 것(者)이 아닌(非) 것이 없다(無).
  * 稼(가): 심다, 곡식, 농사
  * 陶: 질그릇(도), 사람이름(요)
  * 漁(어): 고기잡다, 고기잡이, 어부

다. 所: ~하는 바, ~한 곳, ~한 것(피수식어+수식어)→ 所+술어

한문은 '주어+술어+목적어(보어)' 구조이고, 한글은 '주어+목적어(보어)+술어' 구조이다. 그러나 단어는 한문과 한글 모두 '수식어+피수식어'로 결합한다. 그래서 한글의 '높은 산'을 한문으로 작문하면, '高(높은) 山(산)'이다. 즉, 형용사가 명사를 수식하고, 부사가 형용사

나 동사를 수식하는 구조는 한문과 한글이 같다. 그러나 '所(~하는 바)'는 '於', '于', '乎'의 조사와 같이 단어가 결합하는 예외이다. 물론, 후대에 오면서 숙소(宿所), 해우소(解憂所) 등 하나의 명사로 굳어진 예도 있다. 그러나 '所'는 기본적으로 '피수식어(所)+수식어' 구조의 명사구이다. 그리고 '所'를 꾸며주는 수식어는 동사나 형용사이다. 따라서 문장에서 '所'를 접하면, 그 뒤에 위치한 단어는 동사 혹은 형용사로 번역해야 한다.

원문	七十而從心所欲(칠십이종심소욕), 不踰矩(불유구). (논어 위정편)
단서	所欲→ 하고자 하는(欲) 바(所)→ 수식어+피수식어
직역	칠십이 되어(七十)서(而) 마음(心)이 하고자 하는(欲) 바(所)를 따라도(從) 법도(矩)를 넘어서지(踰) 않는다(不). * 矩(구): 모나다, 법도(ㄱ자 모양의 자인 곱자에서 유래)

원문	苟患失之(구환실지), 無所不至矣(무소부지의). (논어 양화편)
단서	所不至→ 이르지(至) 않는(不) 바(所)→ 수식어+피수식어
직역	만약(苟) 그것(之)을 잃을까(失) 걱정한다면(患), 이르지(至) 않는(不) 바(所)가 없을(無) 것이다(矣).

한편, '所'와 같이 한글의 의존명사 역할을 하는 '~者'도 있다. 그런데, '者'는 '수식어+피수식어' 구조로 명사화한다는 점에서 '所'와 차이가 있다.

· 有所不行(유소불행)→ 행하지(行) 못할(不) 바(所)가 있다(有)

· 不仁者(불인자)→ 어질지(仁) 않은(不) 자(者)

기타 관용어	· 所謂(소위): 이른바. 所謂大臣者, 以道事君, 不可則止. (논어 선진편) → 이른(謂)바(所) 대신(大臣)은(者) 도(道)로써(以) 임금(君)을 섬기다가(事) 가하지(可) 않으(不)면(則) 그친다(止). · 所以(소이): 까닭, 원인, 조건, 점. 所以然(그렇게 된 까닭) · 在在所所(재재소소): 이곳저곳, 여기저기 · 無所不爲(무소불위): 하지(爲) 않는(不) 바(所)가 없음(無)→ 못 할 일이 없음 ·A之所B: A가(之) B한 것(所)

라. 莫: ·莫+동사: ~한 것(사람)이 없다 / ·莫+형용사: ~보다 ~한 것(사람)은 없다

莫은 그 뒤에 동사가 위치하면 부정의 의미로 쓰이고, 그 뒤에 형용사가 위치하면 최상급의 의미로 쓰인다. 그런데 莫은 일반 부정사와 달리 '대명사'를 포함한다. 따라서 문장에서 莫을 접하면, '~이 없다'로 번역하지 않고, '~한 것(사람)이(은)'이라는 대명사 의미를 추가해서 번역해야 한다.

· 莫我知也夫(막아지야부). (논어 헌문편)

→ 나를 알지 못하는구나.-(×)

→ 나(我)를 알아주는(知) <u>이가 없(莫)</u>구나(也夫).-(○)

☞ '我'가 '知'의 목적어이므로 '莫知我也夫'이나 부정문에서 인칭대명사(我)가 위치하므로 술어 앞으로 도치된 예이다.

· 如恥之(여치지), 莫如爲仁(막여위인). (맹자 공손추상편)

→ 만일(如) 그것(之)을 부끄러워한다면(恥) 인(仁)을 하는(爲) 것만 한 <u>것이 없다(莫)</u>.

· 離則不祥(이즉불상), 莫大焉(막대언). (맹자 이루상편)

→ 멀어지(離)면(則) 상서롭지(祥) 않은(不) 것이 이(焉)보다 큰(大) **것이 없다(莫)**.

마. 焉

焉은 의문대명사, 의문부사, 접속사로도 쓰이고, '也', '矣'와 같이 종결사로도 쓰인다. 그러나 종결사로 쓰일 때, '也', '矣'과 달리 '於是', '於此', '於之'의 준말로, '거기에', '여기에서', '이것에', '그것을' 등의 의미를 포함하고 있다.

- 종결사

원문	吾未嘗無誨焉(오미상무회언). (논어 술이편)
직역	내(吾)가 일찍이(嘗) 그(焉)를 가르치지(誨) 않은(無) 적이 없었다(未).

원문	三人行(삼인행), 必有我師焉(필유아사언). (논어 술이편)
직역	세(三) 사람(人)이 가면(行), 반드시(必) 나(我)의 스승(師)이 거기(焉)에 있다(有).

- 의문대명사

원문	焉用佞(언용녕). (논어 공야장편)
직역	어디(焉)에 말재주(佞)를 쓰겠는가(用)? * 佞(녕/영): 아첨하다, 간사하다, (말을)잘하다

- 의문부사

원문	人焉廋哉(인언수재), 人焉廋哉(인언수재). (논어 위정편)
직역	사람(人)이 어떻게(焉) 숨기겠는(廋)가(哉)? 사람(人)이 어떻게(焉) 숨기겠는(廋)가(哉)? * 廋(수): 숨다, 구하다, 헤아리다

원문	焉知來者之不如今也(언지래자지불여금야). (논어 자한편)
직역	어찌(焉) 미래(來者)가(之) 오늘(今)과 같지(如) 못할(不) 줄 알겠는(知)가(也)?

- 접속사

원문	年四十而見惡焉(연사십이견오언), 其終也已(기종야이). (논어 양화편)
직역	나이(年)가 사십(四十)이 되어서도(而) 미움(惡)을 받는다(見)면(焉) 아마도(其) 그대로 끝날(終) 뿐이다(也已).

바. 諸

'諸'의 기본 의미는 '모두'이다. 그러나 문장 중간에 쓰인 '諸'는 '之於'의 준말로도 쓰이며, 독음도 '제'가 아니라 '저'이다. 문장에서 '諸'를 접하면 '모두' 혹은 '여럿'으로 번역하고, 그 번역이 어색할 경우 '之於'로 바꾸어서 번역하면 된다.

원문	君子(군자), 求諸己(구저기), 小人(소인), 求諸人(구저인). (논어 위령공편)
직역	군자(君子)는 자기(己)에게서 그것(諸)을 구하고(求), 소인(小人)은 남(人)에게서 그것(諸)을 구한다(求).

원문	射有似乎君子(사유사호군자), 失諸正鵠(실저정곡), 反求諸其身(반구저기신). (중용)
직역	활쏘기(射)는 군자(君子)와(乎) 비슷한 점이 있으니(有似), 그것(諸)을 정곡(正鵠)에서 잃으면(失), 돌이켜(反) 그것(諸)을 그(其) 몸(身)에서 구한다(求).

원문	我不欲人之加諸我也(아불욕인지가저아야), 吾亦欲無加諸人(오역욕무가저인). (논어 공야장편)
직역	나(我)는 남(人)이(之) 그것(諸)을 나(我)에게 가(加)하기를 원치(欲) 않는(不) 것은(也) 나(吾) 또한(亦) 그것(諸)을 남(人)에게 가(加)하지 않으(無)려(欲) 한다.

3. 기타 번역을 위한 사족 몇 가지

가. 한문 문장구조는 술어의 위치에 따라 그 형태가 결정된다.

때로는 문장에서 술어가 생략되기도 한다. 술어가 생략되는 경우는 '者'와 같이 주어부가 끝난다는 단서를 주기도 하지만, 생략된 경우도 있다. 이 경우 명사에 '~(이)다'를 붙이거나 명사 앞에 '爲'를 넣어 술어처럼 번역하기도 한다.

나. 爲: 만능→ 하다, 위하다, 다스리다, 생각하다, 삼다, 있다, 가장 하다(꾸미다).

'爲'는 '되다'의 의미로 주로 술어의 역할을 한다. 그러나 영어의 'do(하다)'와 같이 모든 술어를 대신할 수도 있다. 자주 사용되는 표현으로는 '~을 위하다', '~때문에'로 쓰이고, '以'와 연결되어 관용구 '~으로 여긴다(삼는다)'로도 쓰인다. 다만, '爲'가 평서문에서 '~때문에'로 쓰일 때는 종결사 '也'와 함께 쓰인다. 그리고 문장에서 술어가 생략된 경우에도 주어와 술어 사이에 '爲'를 넣어 해석할 수 있다.

다. 其: ①그, 그것, ②곧, ③아마도

'其'는 사람이나 사물을 받는 ①대명사(그, 그것)와 ②시간 부사(곧)의 의미이다. 그런데, '其'는 추측의 의미인 ③'아마도'로 쓰일 때도 있다. 문장에서 '其'를 접하면, 먼저 대명사로 번역하고, 어색할 경우 시간 혹은 추측의 의미로 번역한다.

- 대명사

원문	不在其位(부재기위), 不謀其政(불모기정). (논어 헌문편)
직역	그(其) 자리(位, 지위)에 있지(在) 않으면(不) 그(其) 정사(政)를 도모하지(謀) 않는다(不).

- 부사(시간)

원문	百辟其刑之(백벽기형지). (중용)
직역	여러 제후(百辟)가 곧(其) 그것(之)을 본받는다(刑).

- 부사(추측)

원문	君子之所不可及者(군자지소불가급자), 其唯人之所不見乎(기유인지소불견호). (중용)
직역	군자(君子)가(之) 미칠(及) 수(可) 없는(不) 것(所)은 아마도(其) 오직(唯) 사람(人)들이(之) 보지(見) 못하는(不) 바(所)일 것이다(乎). ※ 별해: 군자(君子)를(之) 따를(及) 수(可) 없는(不) 것(所)은 아마도(其) 오직(唯) 사람(人)들이(之) 보지(見) 못하는(不) 바(所)일 것이다(乎).

라. 自: ①자기, 자신, ②스스로, 저절로, 몸소, ③~로부터, 自~(以)至

1) 자기, 자신

원문	愚而好自用(우이호자용), 賤而好自專(천이호자전), 生乎今之世(생호금지세), 反古之道(반고지도), 如此者(여차자), 烖及其身者也(재급기신자야). (중용)
직역	어리석은데(愚)도(而) 자신(自)이 쓰이기(用)를 좋아하며(好) 천한데(賤)도(而) 자신(自)이 마음대로 하기(專)를 좋아하고(好), 지금(今)의(之) 세상(世)에(乎) 태어나서(生) 옛날(古)의(之) 도(道)를 반복하면(反), 이(此)같은(如) 자(者)는 재앙(烖)이 그(其) 몸(身)에 이르게 되는(及) 것(者)이다(也).

2) 스스로, 저절로, 몸소

원문	是(시), 自求禍也(자구화야). (맹자 공손추상편)
직역	이(是)는 스스로(自) 화(禍)를 구하는(求) 것이다(也).

3) ~로부터: 自A(以)至B, A로부터 B에 이르기까지

원문	辟如行遠必自邇(비여행원필자이), 辟如登高必自卑(비여등고필자비). (중용)
직역	비유하면(辟) 먼 곳(遠)을 가려면(行) 반드시(必) 가까운 곳(邇)에서부터(自) 하는 것과 같으며(如), 비유하면(辟) 높은 곳(高)을 오르려면(登) 반드시(必) 낮은 곳(卑)에서부터(自) 하는 것과 같다(如). * 辟如(비여): 비유하자면 ~과 같다 * 邇(이): 가깝다, 가까이하다

마. 與의 4가지 쓰임

1) 기본형: 與+명사→ ~과, ~과 더불어, ~과 함께

원문	道二(도이), 仁與不仁而已矣(인여불인이이의). (맹자 이루상편)
직역	도(道)는 둘(二)이니, 인(仁)과(與) 인하지(仁) 않은 것(不)일 뿐이다(而已矣).

2) (문장 끝에서) 어조사, 종결사

원문	求之與(구지여)? 抑與之與(억여지여)? (논어 학이편)
직역	그것(之)을 구한(求) 것인가(與)? 아니면(抑) 그것(之)을 준(與) 것인가(與)? → 抑與之與: 앞의 與는 동사(주다), 뒤의 與는 종결사

원문	歸與歸與(귀여귀여). (논어 공야장편)
직역	돌아가리라(歸與)! 돌아가리라(歸與)! * ~(也)與: ~일 것이다. * ~與: ~인가? * A與, 抑B與?: A인가? 아니면, B인가?

3) 주다

원문	與之粟九百(여지속구백). (논어 옹야편)
직역	그(之)에게 곡식(粟) 구백(九百)을 주었다(與).

4) 참여하다

원문	後死者(후사자), 不得與於斯文也(부득여어사문야). (논어 자한편)
직역	뒤(後)에 죽는(死) 자(者)는 이(斯) 문(文)에(於) 참여할(與) 수(得) 없었을(不) 것이다(也).

관용구	· 與其~: ~하는 것은, ~하느니 · 與其A, 寧B: A하느니, 차라리 B하겠다 · 與其A, 不如(若)B: A하는 것은 B하는 것만 못하다

바. 한글과 다르게 결합하는 개사(介詞)

· 大學之道, 在明明德, 在新民, 在止於至善. (대학 경문)

'於至善'과 '지극한 선에'의 차이점을 살펴보자. 한글에서는 '명사구(지극한 선)+조사(~에)'로 결합했으나, 한문에서는 '조사[5](~에)+명사구(지극한 선)'로 결합했다. 한문은 조사(개사)가 발달하지 않은 고립어이다. 다만, '於', '于', '乎' 등이 문장 중간에서 명사(구)와 연결되어 조사로 사용되는데, 이때 한글과 결합하는 방식이 다르다. 그리고 '於', '于', '乎'의 조사는 술어를 찾는 유용한 단서이기도 하다.

원문	獲罪於天(획죄어천), 無所禱也(무소도야). (논어 팔일편)
의미	얻다(獲), 죄(罪), ~에(於), 하늘(天) / 없다(無), 곳(所), 빌다(禱), 다(也)
구조화 1	하늘에(於天) 죄를 얻다(獲罪)→ 술어(獲)+목적어(罪)+보어(於天) 빌 곳(所禱) 없(無)다(也)→ 술어(無)+보어(所禱)
구조화 2	하늘에(於天) 죄를 얻으(獲罪)면, 빌 곳(所禱)이 없(無)다(也).
직역	하늘(天)에(於) 죄(罪)를 얻으(獲)면 빌(禱) 곳(所)이 없(無)다(也). * 禱(도): 빌다, 원하다, 소망하다.

5) 한문에서는 조사보다는 개사(介詞)라고 쓴다. 다만, 일반인의 이해를 돕기 위해 조사라고 쓰기도 했다.

'於天'은 '에(於)+하늘(天)'이나, 번역할 때는 '하늘(天)에(於)'이다. 한편, '於天' 앞에 '술어'가 위치할 확률이 높다. '獲罪'에서 글자의 기본적인 의미에 의하면, 술어가 될 확률이 높은 글자는 '罪(죄, 명사)'보다는 '獲(~을 얻다, 동사)'이다. 따라서 '獲'을 술어로 하면, 그 뒤에 나오는 '罪'는 명사로써 목적어일 확률이 높다. 그래서 罪(죄)에 목적격 조사(~를)를 붙여서 '獲罪'는 '죄(罪)를 얻다(獲)'로 번역된다.

사. 문장의 구조 파악하기

· 大學之道, 在明明德, 在新民, 在止於至善. (대학 경문)

明明德(명명덕)을 번역해 보자. 순서대로 1(明), 2(明), 3(德)으로 숫자를 붙이면, 번역은 '명덕(明德, 2, 3)을 밝히다(明, 1)' 혹은 '밝은(明, 2) 덕(德, 3)을 밝히다(明, 1)'로 번역할 수 있다. 한문은 능동과 피동의 구분이 명확하지 않아 문맥에 따라 능동과 피동을 구분해야 할 때가 있다. 즉, 첫 번째 明은 술어로 쓰였으나, 피동으로 번역되었다. 그리고 두 번째 明은 德을 수식하는 형용사이다. 이는 明의 기본 의미(밝다)가 술어의 역할을 할 수 있기 때문이다. 따라서 술어 뒤에 이어지는 명사(구)는 목적어 혹은 보어의 역할을 한다. 그리고 그 구조는 '술어+목적어', '술어+보어'이거나, '술어+목적어+보어'이다. 그래서 明 뒤에 이어지는 明德은 목적어나 보어의 역할이다. 즉, 명덕(明德)에 목적격 조사인 '~을'이나 '~에'를 붙여서 문맥상 적합한 역할을 부여해야 한다.

한편, 在明明德에서 술어는 在이지만, 明明德에서 술어는 첫 번째 明이다. 在明明德의 구조는 '술어(在, 있다)+보어(明明德, 명덕을 밝히는 데에)'이다. 그리고 明明德의 구조는 '술어(明)+목적어(明德)'이며, 목적어인 明德은 '형용사+명사'의 결합이다. 한문에서는 '주어+술어+목적어+보어'의 구조를 이해하는 것은 중요하다. 그러나 더 중요한 것은 그 구조를 문장 번역에 적용하는 것이고, 적용하는 데에 있어 중요한 것은 '술어'가 무엇인지 찾고, 술어를 중심으로 앞에 오는 단어, 그리고 뒤에 오는 단어에 역할을 부여하는 것이다.

아. 부정문, 의문문에서의 도치

부정문 혹은 의문문에서 대명사나 의문사가 목적어(보어)로 쓰일 때, 목적어(보어)는 술어 뒤에 위치하지 않고, 술어 앞으로 도치된다.

원문	未之有也(미지유야). (논어 맹자, 소학 등)
직역	그러한 사람(之, 경우)은(는) 아직 있지(有) 않았(未)다(也). → 원형은 '未有之也'인데, 목적어 '之'가 술어인 '有'의 앞으로 도치된 형태

원문	不患人之不己知(불환인지불기지), 患不知人也(환부지인야). (논어 학이편, 헌문편)
직역	남(人)이(之) 자기(己)를 알아주지(知) 않는(不) 것을 걱정하지(患) 말고(不), (내가) 남(人)을 알지(知) 못하는(不) 것을 걱정해라(患). → 원형은 '人之不知己'인데, 목적어 '己'가 술어인 '知'의 앞으로 도치된 형태

2부.

대학(大學): 경문(經文)

사서(四書)는 주희(朱熹)에 의해서 성리학의 기본 경전으로 확립된 논어(論語), 맹자(孟子), 대학(大學), 중용(中庸)을 가리키는 용어이다. 그리고 사서집주(四書集註)는 주자(朱子)[6]가 사서를 철학적인 관점에서 주석(註釋)한 경전이다. 그러나 논어와 맹자는 집주(集註)[7] 형식으로 구성했으나, 대학이나 중용은 집주의 형식으로 보이지만, 여러 장(章)으로 세분하고 성리학에 따라서 주석한 장구(章句) 형식이다.

대학(大學)은 사서의 하나로 유가(儒家)의 근본이념을 명확하고 일관된 체계로 정립한 경전이다. 대학의 저자는 공자의 유서(遺書)라는 설(說)과 자사(子思)[8] 또는 증자(曾子)의 저서라는 설, 진한(秦漢) 혹은 전국시대(戰國時代) 어느 사상가의 설 등이 있다. 유학 오경(五經)의 하나인 예기(禮記)의 한 편(篇)이었던 것을 송(宋)나라 사마광(司馬光)이 처음으로 떼어서 대학광의(大學廣義)를 만들고, 그 후 주자의 교정을 거쳐 현재의 형태가 된 것으로 알려져 있다. 3강령(綱領)인 명명덕(明明德)·신민(新民·親民)·지어지선(止於至善)을 세우고, 그에 이르는 8조목(條目)으로 격물(格物)·치지(致知)·성의(誠意)·정심(正心)·수신(修身)·제가(齊家)·치국(治國)·평천하(平天下)를 해설했다.

중국에서 유교가 국교로 채택된 한(漢)나라 이래 시경(詩經)·서경(書

---

6) 주희를 높여 부르는 말이다.

7) 집주(集註)는 여러 사람의 주석을 한데 모으거나 모아 놓은 책이다.

8) 자사(子思, B.C.483?~B.C.402?): 공자의 손자로, 이름은 급(伋)이며, 증자(曾子)의 제자이다. 성(誠)을 천지와 자연의 법칙으로 삼고 천인합일(天人合一)의 철학을 제창했다. 저서에 중용(中庸) 있다. 출처: 국립국어원 우리말샘 참조.

經)·역경(易經)·춘추(春秋)·예기(禮記)의 오경(五經)이 기본 경전으로 전해졌다. 그런데 송(宋)나라 때 주희가 불교와 도교의 발전에 맞서 유교에 철학적 체계를 더해 성리학(性理學)을 세웠다. 이에 예기에서 중용과 대학의 두 편을 떼어내어 논어·맹자와 더불어 사서의 체계를 확립했다. 이후 성리학을 중심으로 하는 신유학에서는 오경을 대신하여 사서가 유학의 기본 경전이 되었다.

예기는 의례의 해설 및 음악 · 정치 · 학문에 걸쳐 예의 근본정신에 대하여 서술한 유교 경전이다. 이 중 제42편이 대학이다. 주희는 대학에 장구(章句)를 짓고 해설을 붙였는데, 경(經) 1장과 전(傳) 10장으로 나누었다. 주희에 의하면, 경(經)은 공자(孔子)의 사상을 제자 증자(曾子)가 기술한 것이고, 전(傳)은 증자의 생각을 그의 문인이 기록한 것이라고 했다.

한문 해석과 관련하여 대학은 난이도도 낮고, 양도 많지 않다. 그러나 한문 문장구조와 특성을 파악하는 데 도움이 된다. 어느 정도 한문에 익숙한 사람이라면, 한 시간 정도면 원문을 1회 읽을 수 있다. 다만, 이 글에서는 앞에서 밝힌 바와 같이 원문과 직역, 단서만 제시한 것이 아니라 직접적인 설명을 추가했다. 아마도 문장 구조에 어느 정도 익숙해지면, 원문을 반복적으로 읽는 것만으로도 문장 구조를 파악하는 데 큰 도움이 될 것이다.

1장.

경문(經文)

1절.

원문 大學之道(대학지도), 在明明德(재명명덕), 在新民(재신민), 在止於至善(재지어지선).

직역 대학(大學)의(之) 도(道)는 밝은(明) 덕(德)을 밝히는(明) 데 있고(在), 백성(民)을 새롭게 하는(新) 데 있고(在), 지극한(至) 선(善)에(於) 머무는(止) 데에 있다(在).

구조 주어(大學之道)+술어(在)+보어(明明德, 新民, 止於至善)→ 술어(明)+목적어(明德)

* 在新民: 원문은 在親民인데, '親'은 '새롭게 하다'라는 뜻으로, '신'으로 독음한다.

※ 親(친)의 세 가지 의미

① 친하다, 가까이하다, 친애하다. 예) 敬其所尊, 愛其所親.[9]

② 어버이, 친척. 예) 無不知愛其親也.[10]

---

9) 그(其)가 존경하는(尊) 바(所)를 공경하고(敬), 그(其)가 친애하는(親) 바(所)를 사랑한다(愛). (중용 19장)

10) 그(其) 어버이(親)를 사랑하는(愛) 것을 알지(知) 못하는(不) 이가 없다(無). (맹

③ 몸소, 친히, 직접. 예) 不疾言, 不親指.[11]

* 至善: 수양을 통해서 이룰 수 있는 최고의 경지
* 대학(大學)의 3강령(綱領): 明明德, 新民, 止於至善
* 한문은 대(對)를 갖춘 일정한 형식을 반복해서 작문하는 특징이 있다. 즉, 작문할 때, 문법적 기능도 같고, 순서도 일치시켜 짝을 이루는 구조를 선호한다. 따라서 대(對)를 이루는 구조는 문장 구조를 파악하는 데 유용하다.

- 在+明明德, 在+新民, 在+止於至善

□ 유용한 Tips: 之, 在, 於

- 之

'之'는 문장에서 주격(20%, ~은/는/이/가)·목적격(10%, 을/를)·관형격(40%, ~의/하는/~한/ㄴ) 조사로도 쓰이고, 대명사(25%, 그/그것) 또는 동사(2~5%, 가다) 등으로 쓰인다. 다만, 목적격 조사는 도치(목적어+술어)를 의미하지만, 번역은 목적격 조사(~을/를)만을 붙이기도 한다.

- 大學之道: 之+명사(구)→ 관형격 조사(~의)→ 대학(大學)의(之) 도(道)

더 알아보기. 정확한 번역을 위한 유용한 Tips
'之': 40쪽

- 在

在의 기본 의미는 '있다, 존재하다, 살피다'이며, 기본 품사는 동사

자 진심상편)

11) 빠르게(疾) 말하지(言) 않았으며(不), 직접(親) 가리키지(指) 않았다(不). (논어 향당편)

이다. 따라서 '在'는 문장에서 술어 역할을 한다. 문장에서 '在'를 접하면 술어일 가능성을 염두에 두고 번역한다. 단, 문장 전체의 술어를 의미하는 것은 아니다.

- 大學之道, 在~: 大學之道는 술어 '在' 앞에 자리하므로 문장에서 주어 역할을 한다.

더 알아보기. 술어로 활용된 단어들
'在': 30쪽

- 於: 어조사(어), 탄식하다(오)

於는 기본적으로 어조사(개사)로 장소·위치·때(~에/~로부터), 사람·대상(~에/에게/을/과), 비교(~보다)로 쓰이지만, 문장 첫머리에서 감탄사(아!)로도 쓰인다. 다만, 감탄사로 쓰일 때는 '오'로 독음한다. 그런데, 어조사 '於'는 번역과 관련하여 술어를 파악하는 유용한 단서이다. 왜냐하면 '於'는 '於+명사(구)'로 연결되어 문장에서 주로 보어의 역할을 하기 때문이다. 따라서 '於+명사(구)'를 접하면, '술어+보어' 혹은 '술어+목적어+보어' 구조에 따라 그 앞에 술어가 위치할 확률이 높다. 다만, '於+명사(구)'는 비교적 문장 내에서 그 위치가 유연하다. 따라서 이 단서는 술어를 찾는 다른 단서와 연결해서 파악해야 한다. 또한, '于' 혹은 '乎'도 '於'와 같이 의미로 문장 중간에 쓰이면 술어를 찾는 단서이다. 결국, '於', '于', '乎'가 명사(구)와 연결되면 그 앞에 술어가 위치하므로, 술어를 찾는 단서라는 점을 기억하고 번역에 적용해야 한다.

이 문장에서 '在於至善'을 보자. '於(~에)+止善(지선/지극한 선)'이 연결되어 그 앞에 있는 '在'가 술어일 확률이 높다. 물론, '在'는 앞에서 살펴본 것과 같이 글자 그 자체로 술어일 확률이 높았다. 이렇게 한 문장 안에서도 몇 가지 단서가 결합하여 술어를 찾는 단서로 활용된다.

- 술어(+목적어)+於+명사(구): 在止於至善→ 在(술어)+보어(止於至善)

더 알아보기. 술어를 찾는 데 활용되는 유용한 단어들. 문장 중간에 쓰인 '於', '于', '乎': 38쪽

2절.

원문 知止而后(지지이후), 有定(유정), 定而后(정이후), 能靜(능정), 靜而后(정이후), 能安(능안), 安而后(안이후), 能慮(능려), 慮而后(여이후), 能得(능득).

직역 머물 곳(止)을 알고(知)서(而) 후(后)에 정함(定)이 있고(有), 정해지고(定)서(而) 후(后)에 고요할(靜) 수(能) 있고, 고요하고(靜)서(而) 후(后)에 편안할(安) 수(能) 있으며, 편안하고(安)서(而) 후(后)에 생각할(慮) 수(能) 있고, 생각하고(慮)서(而) 후(后)에 얻을(得) 수(能) 있다.

구조 ·술어(知)+목적어(止)+而后+술어(有)+보어(定)
·술어(定)+而后+술어(能靜)

* 后: 後와 같은 글자이다. 오후(午後)=오후(午后)
* 慮: 생각하다(려), 걱정하다(려), 조사하다, 있는 그대로 기록하다(녹)
* 본문 '慮而后(여이후), 能得(능득)'에서는 목적어가 생략되어 있다. 한문에서는 한글과 같이 주어와 목적어가 생략되는 경우가 왕왕 있다. 심지어 화자가 바뀌어도 생략하는 경우가 있으며, '술어'가 생략되기도 한다.

□ 유용한 Tips: 而, 有, 能

- 而

'而'는 2인칭 대명사(너, 그대, 당신)나 종결사로 쓰이지만, 기본적으로 술어와 술어를 연결하는 접속사이다. 따라서 '而'의 앞과 뒤에 술어가 있다는 점에서 술어를 찾는 유용한 단서이다. 다만, 지나치게 술어가 반복되면 부사어(~하고서/~서)처럼 번역하기도 한다.

① 원문: 知止而后(지지이후), 有定(유정).

② 단서확대: '而' 앞에 '知止'에 술어가 있다. '而' 뒤에 '后, 有定'에 술어가 있다.

③ 술어찾기

- 知止: 술어 '知'→ 술어+목적어→ 지(止, 머물 곳)를 안다(知)
  술어 '止→ 주어+술어→ 앎(知)이 그치다(止)
- 有定: 술어 '定'→ 주어+술어→ 소유(有)가 정해지다(定)
  술어 '有'→ 술어+보어→ 정함(定)이 있다(有)

※ 이를 토대로 문맥에 맞도록 연결해야 한다.

④ 직역: 머물 곳(止)을 알고(知)서(而) 후(后)에 정해짐(定)이 있다(有).

더 알아보기. 술어를 찾는 데 활용되는 유용한 단어들
'而': 37쪽

- 有

① 有는 '술어+보어' 구조의 술어로 '~이 있다', '~이 존재하다'로 번역된다. 그리고 그 뒤에 보어의 역할을 할 수 있는 명사가 위치한다. 따라서 有가 술어일 때, 그 뒤에 동사(형용사)처럼 보이

는 글자가 있더라도 명사로 번역해야 한다. 만약, 有 뒤에 술어가 위치할 경우 '有以' 형태가 나타난다.

- 有定: 술어+보어→ 정함(定)이 있다(有)

② 有가 '술어+보어' 구조가 아닌 경우, '술어+목적어' 구조로 '~을 가지고 있다'로 번역된다.

더 알아보기. 술어로 활용된 단어들
'有': 28쪽

- 能: '可(以)+술어', '能(以)+술어', '得(以)+술어', '足(以)+술어'

'可(以)', '能(以)', '得(以)', '足(以)'은 그 의미와 문법적 기능이 서로 통용된다. 이들은 명사나 형용사(동사)와 같이 단독으로 쓰이지 않을 때, 의존명사로 술어 앞에서 그 의미를 보조한다. 따라서 술어를 찾는 유용한 단서이다. 다만, '可(以)', '能(以)', '得(以)', '足(以)'과 술어 사이에 부사가 위치하기도 한다(可(+부사)+술어).

한편, '可以', '能以', '得以', '足以'는 '주어+술어' 구조로만 쓰이나, '可', '能', '得', '足'은 '목적어+술어' 구조로도 쓰일 수 있으므로 번역에 유의해야 한다. '能'과 결합한 '靜', '安', '慮', '得'은 모두 술어이다.

- 能靜: 고요할(靜) 수(能) 있다
- 能安: 편안할(安) 수(能) 있다
- 能慮: 생각할(慮) 수(能) 있다
- 能得: 얻을(得) 수(能) 있다

다만, 본문 '能得'의 '得'은 술어(동사)이다. '能靜', '能安', '能慮', '能得'의 대를 이루는 구조에 의하면, '得'은 보조사가 아닌 술어이다. '可', '能', '得', '足'은 주로 한글의 의존명사이나, 실사로 기본 의미도 있다. 따라서 '能得'의 '能'의 한글의 의존명사(~수)이며, '得'은 동사(얻다)이다.

더 알아보기. 술어를 찾는 데 활용되는 유용한 단어들
'可(以)+술어', '能(以)+술어', '得(以)+술어', '足(以)+술어': 32쪽

□ 문장의 구조 파악하기

본문 有定의 '定'과 定而后의 '定'은 그 의미가 같으나, 품사는 각각 명사와 형용사로 다르다. 왜냐하면, 有定의 '定'은 '有+보어(명사)'에 따라 명사(정함)로 해석되야 하고, 定而后의 '定'은 '而' 앞에 위치하므로 술어(정해지다)로 해석되기 때문이다.

- 有定(1), 定(2)而后: 定(1)- 명사(정함) / 定(2)- 동사(정해지다)
- 能靜(1), 靜(2)而后: 靜(1)- 동사(고요하다) / 靜(2)- 동사(고요하다)
- 能安(1), 安(2)而后: 安(1)- 동사(편안하다) / 安(2)- 동사(편안하다)
- 能慮(1), 慮(2)而后: 慮(1)- 동사(생각하다) / 慮(2)- 동사(생각하다)

  → 能+술어(동사, 형용사)

  → 술어+而+술어

3절.

원문 物有本末(물유본말), 事有終始(사유종시), 知所先後(지소선후), 則近道矣(즉근도의).

직역 사물(物)에는 본(本)과 말(末)이 있고(有), 일(事)에는 종(終)과 시(始)가 있으니(有), 먼저하고(先), 나중에 하는(後) 바(所)를 알(知)면(則), 도(道)에 가까울(近) 것이다(矣).

구조 ·술어(有)+보어(本末, 終始)
·술어(知)+목적어(所先後)+則+술어(近)+보어(道)

* '先後'는 명사로 번역해서는 안 된다. 그 앞에 '所'가 위치하므로 동사(형용사)로 번역해야 한다.
→ 知所先後: 먼저하고(先) 나중에 하는(後) 바(所)를 알다(知)
* 전(傳)에 의하면, 본(本)은 명덕(明德)이며, 말(末)은 신민(新民)이다.

□ 유용한 Tips: 有, 所

- 有

① 有는 '술어+보어' 구조의 술어로 '~이 있다', '~이 존재하다'로 번역된다. 그리고 그 뒤에 보어의 역할을 할 수 있는 명사가 위치한다. 따라서 有가 술어일 때, 그 뒤에 동사(형용사)처럼 보이는 글자가 있더라도 명사로 번역해야 한다. 만약, 有 뒤에 술어가 위치할 경우 '有以' 형태가 나타난다.

- 有本末: 술어(有)+보어(本末) → 본(本)과 말(末)이 있다(有)

② 有가 '술어+보어' 구조가 아닌 경우, '술어+목적어' 구조로 '~을 가지고 있다'로 번역된다.

더 알아보기. 술어로 활용된 단어들
'有': 28쪽

- 所: ~하는 바, ~한 곳, ~한 것(피수식어+수식어)

한문은 '주어+술어+목적어(보어)' 구조이고, 한글은 '주어+목적어(보어)+술어' 구조이다. 그러나 단어는 한문과 한글 모두 '수식어+피수식어'로 결합한다. 그래서 '높은 산'은, '高(높은)山(산)'으로 작문된다. 즉, 형용사가 명사를 수식하고, 부사가 형용사나 동사를 수식하는 구조는 한문과 한글이 같다. 그러나 '所(~하는 바)'는 '於', '于', '乎'의 조사(개사)와 같이 단어 결합의 예외 중 하나이다. 물론, 후대에 오면서 숙소(宿所), 해우소(解憂所) 등 하나의 명사로 굳어진 예도 있다. 그러나 '所'는 기본적으로 '피수식어(所)+수식어' 구조의 명사구이다. 그리고 '所'를 꾸며주는 수식어는 동사나 형용사이다. 따라서 문장에서 '所'를 접하면, 그 뒤에 위치한 단어는 동사 혹은 형용사로 번역해야 한다.

- 所+술어(동사, 형용사): 所先後→ 먼저하고(先) 나중에 하는(後) 바(所)

더 알아보기. 술어로 활용된 단어들
'所': 48쪽

4절.

원문 古之欲明明德於天下者(고지욕명명덕어천하자), 先治其國(선치기국), 欲治其國者(욕치기국자), 先齊其家(선제기가), 欲齊其家者(욕제기가자), 先修其身(선수기신), 欲修其身者(욕수기신자), 先正其心(선정기심), 欲正其心者(욕정기심자), 先誠其意(선성기의), 欲誠其意者(욕성기의자), 先致其知(선치기지), 致知(치지), 在格物(재격물).

직역 옛날(古)에(之) 명덕(明德)을 천하(天下)에(於) 밝(明)히고자(欲) 했던 자(者)는 먼저(先) 그(其) 나라(國)를(부터) 다스렸고(治), 그(其) 나라(國)를 다스리(治)고자(欲)했던 자(者)는 먼저(先) 그(其) 집안(家)을 가지런히 했으며(齊), 그(其) 집안(家)을 가지런히(齊) 하고자(欲) 했던 자(者)는 먼저(先) 그(其) 몸(身)을 닦았고(修), 그(其) 몸(身)을 닦으려(修) 하는(欲) 자(者)는 먼저(先) 그(其) 마음(心)을 바르게 했으며(正), 그(其) 마음(心)을 바르게(正)하고자(欲)했던 자(者)는 먼저(先) 그(其) 뜻(意)을 정성스럽게 했으며(誠), 그(其) 뜻(意)을 정성스럽게 하고자(欲) 했던 자(者)는 먼저(先) 그(其) 앎(知)에 이르게 했는데(致), 앎(知)에 이르게 하는(致) 것은 격물(格物, 사물의 이치를 연구)에 있다(在).

구조
· 주어(欲~者)+술어(治, 齊, 修, 正, 誠, 致, 在)+목적어(其國, 其家, 其身, 其心, 其意, 其知)
· 주어(致知)+술어(在)+보어(格物)

* 전(傳)에 의하면, '格至也, 物猶事也'라고 했다. 이는 '격(格)은 이르는(至) 것이요, 물(物)은 일(事)과 같은(猶) 것이다(也)'의 의미이다.

* 대(對)를 이루는 구의 반복을 활용하자. 한문은 유사한 구조를 반복해서 문장을 배열한다. 따라서 앞뒤의 문장과 어구는 술어를 찾는 유용한 단서로 활용될 수 있다. 이는 술어뿐만 아니라 각 단어의 품사와 성분을 빠르게 파악할 수 있는데, 글자의 수와 문장의 형식까지 맞추기 때문이다. 본문에서는 '欲~者, 先~其~'가 반복되어 '~하는 자는 먼저 그 ~을 ~한다'의 형식이다.

□ 유용한 Tips: 之, 欲/先, 於, 者, 其, 在

- 之

古之: 옛날에, 옛날의 → 시간을 의미하는 명사 뒤에 쓰여 시간을 나타내는 부사로 쓰인다. 다만, 이를 관형격 조사로 보기도 한다.

더 알아보기. 정확한 번역을 위한 유용한 Tips
'之': 40쪽

- 欲 / 先: '欲+술어', '先+술어', '必+술어', '敢+술어'

'欲', '必', '敢', '先' 등 한글의 부사 혹은 보조사는 술어 앞에 위치하므로 술어를 찾는 유용한 단서이다. 부사는 형용사나 동사를 수식하기도 하고 문장 전체를 수식하며, 다른 부사를 수식하기도 한다. 결국, '수식어+피수식어' 구조에 따라 부사는 술어 앞에 위치할 확률이 높다. 또 '欲'은 술어(동사, 형용사) 앞에 놓여서 술어를 보조하므로 술어를 찾는 유용한 단서이다.

- 欲+술어: 欲明→ 밝히고(明)자(欲, 려고) 하다

더 알아보기. 술어를 찾는 데 활용되는 유용한 단어들
'欲+술어', '先+술어', '必+술어', '敢+술어': 34쪽

- 於: 어조사(어), 탄식하다(오)

於는 기본적으로 어조사(개사)로 장소·위치·때(~에/~로부터), 사람·대상(~에/에게/을/과), 비교(~보다)로 쓰이지만, 문장 첫머리에서 감탄사(아!)로도 쓰인다. 다만, 감탄사로 쓰일 때는 '오'로 독음한다. 그런데, 어조사 '於'는 번역과 관련하여 술어를 파악하는 유용한 단서이다. 왜냐

하면 '於'는 '於+명사(구)'로 연결되어 문장에서 주로 보어의 역할을 하기 때문이다. 따라서 '於+명사(구)'를 접하면, '술어+보어' 혹은 '술어+목적어+보어' 구조에 따라 그 앞에 술어가 위치할 확률이 높다. 다만, '於+명사(구)'는 비교적 문장 내에서 그 위치가 유연하다. 따라서 이 단서는 술어를 찾는 다른 단서와 연결해서 파악해야 한다. 또한, '于' 혹은 '乎'도 '於'와 같이 의미로 문장 중간에 쓰이면 술어를 찾는 단서이다. 결국, '於', '于', '乎'가 명사(구)와 연결되면 그 앞에 술어가 위치하므로, 술어를 찾는 단서라는 점을 기억하고 번역에 적용해야 한다.

- 술어(+목적어)+於+명사(구): 欲明明德於天下→ 欲明(술어)+明德(목적어)+於天下(보어)→ 천하(天下)에(於) 명덕(明德)을 밝히(明)려고(欲) 하다

더 알아보기. 술어를 찾는 데 활용되는 유용한 단어들. 문장 중간에 쓰인 '於', '于', '乎': 38쪽

- 者: ~하는 사람, ~하는 것, ~라는 것은, ~은/는

'~者'는 명사구로 문장 끝에서 목적어로도 쓰이지만, 기본적으로 주어 역할로 술어 앞에 위치한다. 따라서 '者' 뒤에 술어가 위치하므로 술어를 찾는 유용한 단서이다. 또, 者는 '수식어+피수식어' 구조이므로 수식하는 말이 수식받는 말 앞에 놓인다는 점도 번역에 유용한 단서이다. 한편, '者'는 한글의 의존명사(~것, ~사람)뿐만 아니라 주격조사(~은/는)로도 사용된다.

- 수식어+者: 수식어(欲明明德於天下)+者→ 주어부(者)+술어

문장 전체의 술어뿐만 아니라 어구별로도 다양한 성분을 확인할 수

있다. '欲明明德於天下'에서 술어를 찾는 단서로 '欲'과 '於'도 활용되었다. 여러 가지 단서를 적용할 때, '明'이 술어라는 점을 파악할 수 있다.

더 알아보기. 술어를 찾는 데 활용되는 유용한 단어들

'者': 36쪽

- 其: ①그, 그것, ②곧, ③아마도, 참으로

'其'는 사람이나 사물을 받는 ①대명사(그, 그것)와 ②시간 부사(곧)의 의미이다. 그런데, '其'는 대명사와 시간 부사 이외에 추측의 의미인 ③'아마도'로 쓰일 때도 있다. 문장에서 '其'를 접하면, 먼저 대명사로 번역하고, 어색할 경우 시간 혹은 추측의 의미로 번역한다. 본문에서는 대명사로 사용되었다.

더 알아보기. 기타

'其': 54쪽

- 在

在의 기본 의미는 '있다, 존재하다, 살피다'이며, 기본 품사는 동사이다. 따라서 '在'는 문장에서 술어 역할을 한다. 문장에서 '在'를 접하면 술어일 가능성을 염두에 두고 번역한다. 단, 문장 전체의 술어를 의미하는 것은 아니다.

- 致知在格物: 주어(致知)+술어(在)+보어(格物)→ 致知는 格物에 있다.

더 알아보기. 술어로 활용된 단어들

'在': 30쪽

5절.

원문 物格而后(물격이후), 知至(지지), 知至而后(지지이후), 意誠(의성), 意誠而后(의성이후), 心正(심정), 心正而后(심정이후), 身修(신수), 身修而后(신수이후), 家齊(가제), 家齊而后(가제이후), 國治(국치), 國治而后(국치이후), 天下平(천하평).

직역 사물(物)이 연구되(格)고(而) 후(后)에 앎(知)이 지극해지며(至), 앎(知)이 지극해지(至)고(而) 후(后)에 뜻(意)이 진실해지며(誠), 뜻(意)이 진실해지(誠)고(而) 후(后)에 마음(心)이 바르게 되며(正), 마음(心)이 바르게 되(正)고(而) 후(后)에 몸(身)이 닦여지며(修), 몸(身)이 닦여지(修)고(而) 후(后)에 집안(家)이 가지런해지며(齊), 집안(家)이 가지런해지(齊)고(而) 후(后)에 나라(國)가 다스려지며(治), 나라(國)가 다스려지(治)고(而) 후(后)에 천하(天下)가 평해진다(平).

구조 주어(物)+술어(格)+而后+주어(知)+술어(至)

* 格: 격식, 가지, 인품, 과녁, 연구하다, 감동하다, 궁구하다, 겨루다, 한정하다
* 대(對)를 이루는 구의 반복을 활용하자. 한문은 유사한 구조를 반복해서 문장을 배열한다. 따라서 앞뒤의 문장과 어구는 술어를 찾는 유용한 단서로 활용할 수 있다. 이는 술어뿐만 아니라 각 단어의 품사와 성분을 빠르게 파악할 수 있는데, 글자의 수와 문장의 형식까지 맞추기 때문이다. 본문에서는 '~而后~'를 반복되어 대를 이룬다.

□ 유용한 Tips: 而

- 而

'而'는 2인칭 대명사(너, 그대, 당신)나 종결사로 쓰이지만, 기본적으로 술어와 술어를 연결하는 접속사이다. 따라서 '而'의 앞과 뒤에 술어가 있다는 점에서 술어를 찾는 유용한 단서이다. 다만, 지나치게

술어가 반복되면 부사어(~하고서/~서)처럼 번역하기도 한다.

① 원문: 物格而后(물격이후), 知至(지지).

② 단서확대: '而'앞에 '物格'에 술어가 있다. '而'뒤에 '后, 知至'에 술어가 있다.

③ 술어찾기

- '物格'에서 글자의 기본 의미로 술어를 잡기가 쉽지 않다. 다만, '物'보다는 '格(이르다, 연구하다)'이 술어일 확률이 높다. '格'을 술어로 하면, '物'은 술어 앞에 위치하므로 주어 역할을 한다. 따라서 '주어+술어' 구조에 따라, '物格'은 '사물(物)이 연구되다(格)'로 번역할 수 있다.
- '后, 知至'에서는 '后'은 '뒤' 혹은 '임금'이란 뜻이 있다. 그리고 '知(알다, 앎)'와 '至(이르다, 지극하다)'은 모두 술어가 될 수 있다. 만약 '知(알다)'을 술어로 보면, '술어+목적어' 구조에 따라 술어 앞에 있는 '至'은 목적어가 되어야 한다. 따라서 '知至'는 '지극함(至)을 알다(知)'는 의미가 된다. 반면, '至(이르다, 지극하다)'를 술어로 보면, '주어+술어' 구조에 따라 술어 앞에 있는 '知'는 주어가 되어야 한다. 따라서 '知至'는 '앎(知)이 지극해지다(至)'는 의미가 된다. 이를 토대로 문맥에 맞도록 연결해야 한다.

④ 직역: 사물(物)이 연구되(格)고(而) 후(后)에 앎(知)이 지극해진다(至).

더 알아보기. 술어를 찾는 데 활용되는 유용한 단어들

'而': 37쪽

□ 문장의 구조 파악하기

한문은 사동과 피동을 문맥에 따라 구분하는 경우가 있다. 한문에서는 사동을 도와주는 보조사(使, 教, 令, 遣 등)가 있고, 피동을 도와주는 보조사(見, 爲, 被, 爲~所 등)이 있다. 그러나 보조사 없이 문맥에 따라 사동과 피동을 구분해야 할 때도 있다. 본문에서 '物格'은 '사물(物)이 연구되다(格)'로 번역되었고, '知至'도 '앎(知)이 지극해지다(至)'로 번역했는데, 모두 피동으로 번역한 예이다. '意誠(의성)', '心正(심정)', '身修(신수)', '家齊(가제)', '國治(국치)', '天下平(천하평)' 모두 피동으로 번역된 예이다.

- 物格: 사물(物)이 연구하다(格)(?)→ 사물(物)이 연구되다(格)(○)
- 知至: 앎(知)이 지극하다(至)(?)→ 앎(知)이 지극해지다(至)(○)
- 意誠: 뜻(意)이 진실하다(誠)(?)→ 뜻(意)이 진실해지다(誠)(○)
- 心正: 마음(心)이 바르다(正)(?)→ 마음(心)이 바르게 되다(正)(○)
- 身修: 몸(身)이 닦다(修)(?)→ 몸(身)이 닦여지다(修)(○)
- 家齊: 집안(家)이 가지런하다(齊)(?)→ 집안(家)이 가지런해지다(齊)(○)
- 國治: 나라(國)가 다스리다(治)(?)→ 나라(國)가 다스려지다(治)(○)
- 天下平: 천하(天下)가 평하다(平)(?)→ 천하(天下)가 평해진다(平)(○)

6절.

원문 自天子以至於庶人(자천자이지어서인),
壹是皆以修身爲本(일시개이수신위본).

직역 천자(天子)로부터(自) 서인(庶人)에(於) 이르기까지(以至)
한결같이(壹是) 모두(皆) 몸(身)을 닦는 것(修)을(以) 본(本)으로
삼아야 한다(爲).

구조 목적어(以修身)+술어(爲)+보어(本) ※ 문장 구조의 예외

* 自A(以)至B: A로부터 B에 이르기까지
* 庶人(서인): 서민(庶民), 관직(官職)이 없는 평민(平民)
* 壹是(일시): 일체, 모두, 한결같이(皆). 본문 전(傳)에 의하면, '壹是, 一切也' 라고 했다. 이는 '일시(壹是)가 일체(一切)이다(也)'라는 의미이다.
* 以A爲B: A를(以) B로 삼다(爲, 여기다). 문장구조의 예외이다. 한문은 '술어+목적어+보어' 구조이나 以爲는 '목적어+술어+보어' 구조이다. 다만, 이는 以爲(~으로 삼다)의 숙어처럼 사용되는 표현으로 문장구조의 예외라는 점이 잘 인식되지 않는다.

□ 유용한 Tips: 自, 於, 以

- 自: ①자기, 자신, ②스스로, 저절로, 몸소 ③~로부터, 自~(以)至

- 自A(以)至B: 自天子以至於庶人→ 天子로부터 庶人에 이르기까지

더 알아보기. 기타
'自': 55쪽

- 於: 어조사(어), 탄식하다(오)

於는 기본적으로 어조사(개사)로 장소·위치·때(~에/~로부터), 사람·

대상(~에/에게/을/과), 비교(~보다)로 쓰이지만, 문장 첫머리에서 감탄사(아!)로도 쓰인다. 다만, 감탄사로 쓰일 때는 '오'로 독음한다. 그런데, 어조사 '於'는 번역과 관련하여 술어를 파악하는 유용한 단서이다. 왜냐하면 '於'는 '於+명사(구)'로 연결되어 문장에서 주로 보어의 역할을 하기 때문이다. 따라서 '於+명사(구)'를 접하면, '술어+보어' 혹은 '술어+목적어+보어' 구조에 따라 그 앞에 술어가 위치할 확률이 높다. 다만, '於+명사(구)'는 비교적 문장 내에서 그 위치가 유연하다. 따라서 이 단서는 술어를 찾는 다른 단서와 연결해서 파악해야 한다. 또한, '于' 혹은 '乎'도 '於'와 같이 의미로 문장 중간에 쓰이면 술어를 찾는 단서이다. 결국, '於', '于', '乎'가 명사(구)와 연결되면 그 앞에 술어가 위치하므로, 문장 구조를 파악하는 데 유용하다.

- 술어(+목적어)+於+명사(구): 至於庶人→ 至(술어, 이르다)+於(~에)+庶人(명사)

더 알아보기. 술어를 찾는 데 활용되는 유용한 단어들. 문장 중간에 쓰인 '於', '于', '乎': 38쪽

- 以: ~으로/ 로써/~을 가지고→ 사용해서→ 以+명사(구) / A+以+동사

- 본문에서는 'A를(以) B로 삼다(爲, 여기다)'의 숙어로 사용되었다.

더 알아보기. 정확한 번역을 위한 유용한 Tips
'以': 42쪽

7절.

원문 其本亂(기본란), 而末治者否矣(이말치자부의), 其所厚者(기소후자) 薄(박), 而其所薄者(이기소박자) 厚(후), 未之有也(미지유야).

직역 그(其) 본(本)이 어지러운(亂)데(而) 말(末)이 다스려지는(治) 경우(者)는 없으(否)며(矣), 그(其) 후하게 해야(厚) 할 바(所)에는(者) 박하게 하(薄)고(而), 그(其) 박하게 해야(薄) 할 바(所)에는(者) 후하게 하는(厚) 그러한 자(之)는 아직 있지(有) 않았(未)다(也).

구조
· 주어(其本亂而末治者)+술어(否矣)→
주어(其本)+술어(亂)+而+주어(末)+술어(治)
· 주어(其所厚者)+술어(薄)+而+주어(其所薄者)+술어(厚)
· 주어(其所厚者薄而其所薄者厚)+술어(未~有)+보어(之)

* 薄(박): 엷다, 적다

* 대(對)를 이루는 구의 반복을 활용하자. 한문은 유사한 구조를 반복해서 문장을 배열한다. 따라서 앞뒤의 문장과 어구는 술어를 찾는 유용한 단서로 활용할 수 있다. 이는 술어뿐만 아니라 각 단어의 품사와 성분을 빠르게 파악할 수 있는데, 글자의 수와 문장의 형식까지 맞추기 때문이다. 본문에서는 '其所厚者 薄, 而其所薄者 厚,'에서 '其所~者+술어'가 반복되었다.

* 부정문 혹은 의문문에서 대명사나 의문사가 목적어(보어)로 쓰일 때, 목적어(보어)는 술어 뒤에 위치하지 않고, 술어 앞으로 도치된다. 따라서 본문 '未之有也(미지유야)'는 '未有之也'에서 '之'가 술어인 '有'의 앞으로 도치된 형태이다. 번역은 '그러한 자(之)는 아직 있지(有) 않았(未)다(也)'이다.

□ 유용한 Tips: 其, 而, 者, 所, 未

- 其: ①그, 그것, ②곧, ③아마도, 참으로

'其'는 사람이나 사물을 받는 ①대명사(그, 그것)와 ②시간 부사(곧)의 의미이다. 그런데, '其'는 대명사와 시간 부사 이외에 추측의 의미

인 ③'아마도'로 쓰일 때도 있다. 문장에서 '其'를 접하면, 먼저 대명사로 번역하고, 어색할 경우 시간 혹은 추측의 의미로 번역한다. 본문에서는 대명사로 사용되었다.

> 더 알아보기. 기타
> '其': 54쪽

- 而

'而'는 2인칭 대명사(너, 그대, 당신)나 종결사로 쓰이지만, 기본적으로 술어와 술어를 연결하는 접속사이다. 따라서 '而'의 앞과 뒤에 술어가 있다는 점에서 술어를 찾는 유용한 단서이다. 다만, 지나치게 술어가 반복되면 부사어(~하고서/~서)처럼 번역하기도 한다.

① 원문: 其本亂, 而末治者否矣(기본란, 이말치자부의).

② 단서확대: '而'앞에 '其本亂'에 술어가 있다. '而'뒤에 '末治者否矣'에 술어가 있다.

→ 其本亂, 而末治: 주어(其本)+술어(亂)+而+주어(末)+술어(治)

→ 其本亂, 而末治者否矣: 주어(其本亂, 而末治者)+술어(否矣)

③ 직역: 그(其) 본(本)이 어지러운(亂)데(而), 말(末)이 다스려지는(治) 경우(者)는 없(否)다(矣).

> 더 알아보기. 술어를 찾는 데 활용되는 유용한 단어들
> '而': 37쪽

- 者: ~하는 사람, ~하는 것, ~라는 것은, ~은/는

'~者'는 명사구로 문장 끝에서 목적어로도 쓰이지만, 기본적으로 주

어 역할로 술어 앞에 위치한다. 따라서 '者' 뒤에 술어가 위치하므로 술어를 찾는 유용한 단서이다. 또, 者는 '수식어+피수식어' 구조이므로 수식하는 말이 수식받는 말 앞에 놓인다는 점도 번역에 유용한 단서이다. 한편, '者'는 한글의 의존명사(~것, ~사람)뿐만 아니라 주격조사(~은/는)로도 사용된다. 본문에서는 '~者'까지가 주어부이다.

- 수식어+者: 末治者→ 주어부(者)+술어
- 수식어+者: 其所厚者→ 주어부(者)+술어
- 수식어+者: 其所薄者→ 주어부(者)+술어

더 알아보기. 술어를 찾는 데 활용되는 유용한 단어들
'者': 36쪽

- 所: ~하는 바, ~한 곳, ~한 것(피수식어+수식어)

한문은 '주어+술어+목적어(보어)' 구조이고, 한글은 '주어+목적어(보어)+술어' 구조이다. 그러나 단어는 한문과 한글 모두 '수식어+피수식어'로 결합한다. 그래서 '높은 산'은, '高(높은)山(산)'으로 작문된다. 즉, 형용사가 명사를 수식하고, 부사가 형용사나 동사를 수식하는 구조는 한문과 한글이 같다. 그러나 '所(~하는 바)'는 '於', '于', '乎'의 조사와 같이 단어가 결합하는 예외이다. 물론, 후대에 오면서 숙소(宿所), 해우소(解憂所) 등 하나의 명사로 굳어진 예도 있다. 그러나 '所'는 기본적으로 '피수식어(所)+수식어' 구조의 명사구이다. 그리고 '所'를 꾸며주는 수식어는 동사나 형용사이다. 따라서 문장에서 '所'를 접하면, 그 뒤에 위치한 단어는 동사 혹은 형용사로 번역해야 한다. 한편, '所'와 같이 한글의 의존명사 역할을 하는 '~者'도 있다. 그런데, '者'는 '수식어+피수식어' 구조로 명사화한다는 점에서 '所'와 차이가 있다.

- 所+술어(동사, 형용사): 所厚(후하게 해야 할 바), 所薄(박하게 해야 할 바)

① 원문: 其所厚者(기소후자) 薄(박), 而其所薄者(이기소박자) 厚(후).

② 단서확대: '所' 뒤에 동사(형용사)가 위치한다.

③ 직역: 그(其) 후하게 해야(厚) 할 바(所)에는(者) 박하게 하(薄)고(而), 그(其) 박하게 해야(薄) 할 바(所)에는(者) 후하게 한다(厚).

> **더 알아보기.** 정확한 번역을 위한 유용한 Tips
> '所': 48쪽

- 未: '不+술어', '未+술어' 등은 술어를 찾는 유용한 단서이다.

'不', '未' 등은 술어 앞에서 술어를 부정하는 보조사이므로 술어를 찾는 유용한 단서이다. 다만 술어를 수식하는 부사가 그사이에 놓일 수 있다(不(+부사)+술어). 따라서 문장에서 '不', '未' 등을 접하면, 그 뒤에 위치한 단어는 술어(동사, 형용사)로 번역한다. 본문 '未之有也(미지유야)'에서 '之'는 도치된 부정대명사이기 때문에 술어는 '有'이다.

- 未+술어(동사, 형용사): 未(之)有也

> **더 알아보기.** 술어를 찾는 데 활용되는 유용한 단어들
> '不+술어', '未+술어': 31쪽

8절.

원문 右(우), 經一章(경일장).

직역 우(右)는 경(經) 1장(一章)이다.

구조 주어(右)+술어(생략)+보어(經一章)

* 右(우): 오늘날 대부분의 글은 왼쪽에서 오른쪽으로 가로쓰기한다. 그러나 전통시대 한문이나 옛 한글은 ① 오른쪽에서 왼쪽으로, ② 위에서 아래로 글을 써 내려갔다. 따라서 우(右)라는 표현은 오늘날 '위' 혹은 '앞'에 쓴 글을 의미한다.
* 한문 문장구조는 술어의 위치에 따라 그 형태가 결정된다. 그러나 때로는 술어가 생략되기도 한다. 술어가 생략되는 경우는 '者'와 같이 주어부가 끝난다는 단서를 주기도 하지만, 생략된 경우도 있다. 이 경우 명사에 '~(이)다'를 붙이거나 명사 앞에 '爲'를 넣어 술어처럼 번역하기도 한다. 본문은 술어가 생략된 형태이다.

3부.

대학(大學): 전문(傳文)

1장.

강고왈극명덕(康誥曰克明德)

1절.

원문	康誥(강고), 曰(왈), 克明德(극명덕).
직역	강고(康誥)에 이르길(曰), “덕(德)을 잘(克) 밝히셨다(明).”라고 했다.
구조	주어(康誥)+술어(曰)+보어(克明德)→ 목적어(德)+술어(克明)

* 康誥(강고): 서경(書經)의 58편명(篇名) 중 하나이다. 서경은 공자가 요순(堯舜)시대부터 주(周)나라에 이르기까지 정치에 관한 것을 수집하고 기록하여 편찬한 책이다.
* 誥(고): 고하다, 가르침, 경계
* A曰, B: ①A가 말하길, “B”라고 했다, ②A가 B라고 말했다
  ☞ 확장. 謂(語)A曰B: A에게 일러 B라고 말했다./A를 평하여 B라고 말했다.
* 克(극): 이기다(해내다)→ 잘, 능히(능하다). 예) 克己復禮(극기복례) 爲仁(위인).[12]

12) 자기(己)를 이겨서(克) 예(禮)를 회복하는(復) 것이 인(仁)을 하는(爲) 것이다. (논어 안연편)

2절.

원문 太甲(태갑), 曰(왈), 顧諟天之明命(고시천지명명).

직역 태갑(太甲)에 이르길(曰), "이(諟) 하늘(天)의(之) 밝은(明) 명(命)을 돌아본다(顧)."라고 했다.

구조 주어(太甲)+술어(曰)+보어(顧諟天之明命)→
술어(顧)+목적어(諟天之明命)

* 太甲(태갑): 서경(書經)의 편명(篇名) 중 하나
* A曰, B: ①A가 말하길, "B"라고 했다, ②A가 B라고 말했다
☞ 확장. 謂(語)A曰B: A에게 일러 B라고 말했다./A를 평하여 B라고 말했다.
* 諟: 이(시), 살피다(체)

□ 유용한 Tips: 之

- 之

'之'는 문장에서 주격(20%, ~은/는/이/가)·목적격(10%, 을/를)·관형격(40%, ~의/하는/~한/ㄴ) 조사로도 쓰이고, 대명사(25%, 그/그것) 또는 동사(2~5%, 가다) 등으로 쓰인다. 다만, 목적격 조사는 도치(목적어+술어)를 의미하지만, 번역은 목적격 조사(~을/를)만을 붙이기도 한다.

- 天之明命: 之+명사(구)→ 관형격 조사→ 하늘(天)의(之) 명명(明命, 밝은 명)

더 알아보기. 정확한 번역을 위한 유용한 Tips
'之': 40쪽

3절.

원문 帝典(제전), 曰(왈), 克明峻德(극명준덕).

직역 제전(帝典)에 이르길(曰), "준덕(峻德, 큰 덕)을 잘(克) 밝히셨다(明)."라고 했다.

구조 주어(帝典)+술어(曰)+보어(克明峻德)→ 술어(克明)+목적어(峻德)

* 帝典(제전): 서경(書經)의 편명(篇名) 중 하나
* 克: 이기다, 해내다, 잘, 능히
* A曰, B: ①A가 말하길, "B"라고 했다, ②A가 B라고 말했다.
☞ 확장. 謂(語)A曰B: A에게 일러 B라고 말했다./A를 평하여 B라고 말했다.

4절.

원문 皆自明也(개자명야). 右(우), 傳之首章(전지수장).

직역 모두(皆) 스스로(自) 밝히셨다(明也). 우(右)는 전(傳)의(之) 머릿장(首章)이다.

구조 · 술어(明也)
· 주어(右)+술어(생략)+보어(傳之首章)

* 右(우): 오늘날 대부분의 글은 왼쪽에서 오른쪽으로 가로쓰기한다. 그러나 전통시대 한문이나 옛 한글은 ①오른쪽에서 왼쪽으로, ②위에서 아래로 글을 써 내려갔다. 따라서 우(右)라는 표현은 오늘날 '위' 혹은 '앞'에 쓴 글을 의미한다.
* 한문 문장구조는 술어의 위치에 따라 그 형태가 결정된다. 그러나 때로는 술어가 생략되기도 한다. 술어가 생략되는 경우는 '者'와 같이 주어부가 끝난다는 단서를 주기도 하지만, 생략된 경우도 있다. 이 경우 명사에 '~(이)다'를 붙이거나 명사 앞에 '爲'를 넣어 술어처럼 번역하기도 한다. 본문은 술어가 생략된 형태이다.

□ 유용한 Tips: 之, 自

- 之

'之'는 문장에서 주격(20%, ~은/는/이/가)·목적격(10%, 을/를)·관형격(40%, ~의/하는/~한/ㄴ) 조사로도 쓰이고, 대명사(25%, 그/그것) 또는 동사(2~5%, 가다) 등으로 쓰인다. 다만, 목적격 조사는 도치(목적어+술어)를 의미하지만, 번역은 목적격 조사(~을/를)만을 붙이기도 한다.

- 傳之首章: 之+명사(구)→ 관형격 조사(~의)→ 전(傳)의(之) 머릿장(首章)

더 알아보기. 정확한 번역을 위한 유용한 Tips
'之': 40쪽

- 自: ①자기, 자신, ②스스로, 저절로, 몸소, ③~로부터, 自~(以)至

- 自明: 스스로(自) 밝히다(明)

더 알아보기. 기타
'自': 55쪽

2장.

탕지반명왈구일신(湯之盤銘曰苟日新)

1절.

원문 湯之盤銘(탕지반명), 曰(왈), 苟日新(구일신), 日日新(일일신), 又日新(우일신).

직역 탕(湯)의(之) 반명(盤銘)에 이르길(曰), "진실로(苟) 어느 날(日) 새로워졌으면(新), 날마다(日日) 새로워지고(新), 또(又) 날(日)로 새로워지라(新)."라고 했다.

구조 주어(湯之盤銘)+술어(曰)+보어(苟日新, 日日新, 又日新)

* 湯之盤銘(탕지반명): 은(殷)나라 탕왕(湯王, 은나라를 세운 왕)이 쟁반에 새긴 명(銘)
* 盤: 소반(반), 소용돌이치다(선)
* A曰, B: ①A가 말하길, "B"라고 했다, ②A가 B라고 말했다
  ☞확장. 謂(語)A曰B: A에게 일러 B라고 말했다, / A를 평하여 B라고 말했다
* 苟(구): 진질로, 다만, 겨우, 바라건대, 탐내다
* 日日(일일): 날마다
* 전적, 고문서, 비문 등의 말미에 '□□年, □月 日'란 표현이 있다. 년과 월은 표기되어 있으나, 일은 비워둔 경우가 많다. 이때 일반적인 해석은 '□□년 □월 어느 날'로 번역한다.

□ 유용한 Tips: 之

- 之

'之'는 문장에서 주격(20%, ~은/는/이/가)·목적격(10%, 을/를)·관형격(40%, ~의/하는/~한/ㄴ) 조사로도 쓰이고, 대명사(25%, 그/그것) 또는 동사(2~5%, 가다) 등으로 쓰인다. 다만, 목적격 조사는 도치(목적어+술어)를 의미하지만, 번역은 목적격 조사(~을/를)만을 붙이기도 한다.

- 湯之盤銘: 之+명사(구)→ 관형격 조사(~의)→ 탕(湯)의(之) 반명(盤銘)

더 알아보기. 정확한 번역을 위한 유용한 Tips
'之': 40쪽

2절.

원문	康誥(강고), 曰(왈), 作新民(작신민).
직역	강고(康誥)에 이르길(曰), "새로워지는(新) 백성(民)을 진작시켜라(作)."라고 했다.
구조	주어(康誥)+술어(曰)+보어(作新民)→ 술어(作)+목적어(新民)

* 康誥(강고): 서경(書經)의 58편명(篇名) 중 하나이다. 서경은 공자가 요순(堯舜)시대부터 주(周)나라에 이르기까지 정치에 관한 것을 수집하고 기록하여 편찬한 책이다.
* A曰, B: ①A가 말하길, "B"라고 했다, ②A가 B라고 말했다
  ☞ 확장. 謂(語)A曰B: A에게 일러 B라고 말했다, / A를 평하여 B라고 말했다
* 作: 짓다, 만들다→ 진작시키다, 일으키다
* 전(傳)에 이르길, '鼓之舞之之謂作, 言振起其自新之民也'라고 했다. 이는 '그것(之)을 두드리고(鼓) 그것(之)을 춤추게 하는(舞) 것을(之) 작(作)이라 이르니(謂), 그(其) 스스로(自) 새로워(新)지는(之) 백성(民)을 진기(振起)하는 것

을 말한(言)다(也)'라는 것을 의미이다.
· 鼓之: 술어+之→ 대명사
· 舞之: 술어+之→ 대명사
· 之謂: 之+술어→ ①주격 조사, ②도치(목적격 조사)→ 鼓之舞之의 도치
· 之民: 之+명사(구)→ 관형격 조사(~의)

더 알아보기. 정확한 번역을 위한 유용한 Tips

'之': 40쪽

3절.

원문 詩曰(시왈), 周雖舊邦(주수구방), 其命維新(기명유신).

직역 시경(詩)에 이르길(曰), "주(周)나라가 비록(雖) 옛(舊) 나라(邦)지만, 그(其) 명(命)은 새롭다(維新)."라고 했다.

구조 주어(詩)+술어(曰)+보어(周雖舊邦, 其命維新)
→ 주어(周)+술어(생략)+보어(舊邦), 주어(其命)+술어(維新)

* 詩: 5경(經)의 하나인 시경(詩經)
* 維新(유신): 벼리(維, 줄)를 새롭게 하다→ 제도, 체제를 새롭게 하다
* 시경(詩經) 대아(大雅) 문왕편(文王篇)을 인용했다. 주(周)나라는 오래되었으나, 문왕(文王)에 이르러 그 덕(德)을 새롭게 함으로써 백성에게 미쳐서 처음으로 천명(天命)을 받게 되었다는 의미이다.
* A曰, B: ① A가 말하길, "B"라고 했다, ② A가 B라고 말했다
☞ 확장. 謂(語)A曰B: A에게 일러 B라고 말했다,/A를 평하여 B라고 말했다.

□ 유용한 Tips: 其

- 其: ①그, 그것, ②곧, ③아마도, 참으로

'其'는 사람이나 사물을 받는 ①대명사(그, 그것)와 ②시간 부사(곧)

의 의미이다. 그런데, '其'는 대명사와 시간 부사 이외에 추측의 의미인 ③'아마도'로 쓰일 때도 있다. 문장에서 '其'를 접하면, 먼저 대명사로 번역하고, 어색할 경우 시간 혹은 추측의 의미로 번역한다. 본문에서는 대명사로 사용되었다.

- 其命: 그(其) 명(命)

더 알아보기. 기타

'其': 54쪽

4절.

원문 是故(시고), 君子(군자), 無所不用其極(무소불용기극). 右(우), 傳之二章(전지이장).

직역 이(是) 때문에(故) 군자(君子)는 그(其) 극(極)을 사용하지(用) 않는(不) 바(所)가 없다(無). 우(右)는 전(傳)의(之) 2장(二章)이다.

구조 ·주어(君子)+술어(無)+보어(所不用其極)
·주어(右)+술어(생략)+보어(傳之二章)

* 是故(시고): 이 때문에
* 無(무): ~이 없다→ ~이 아니다(아니하다)→ ~하지 말라→ 무시하다(업신여기다)
  · 無慮(무려): 생각했던 것보다 훨씬 많이
* 不+동사(형용사) ↔ 非+명사
* 右(우): 오늘날 대부분의 글은 왼쪽에서 오른쪽으로 가로쓰기한다. 그러나 전통시대 한문이나 옛 한글은 ①오른쪽에서 왼쪽으로, ②위에서 아래로 글을 써 내려갔다. 따라서 우(右)라는 표현은 오늘날 '위' 혹은 '앞'에 쓴 글을 의미한다.

□ 유용한 Tips: 所, 不, 其, 之

- 所: ~하는 바, ~한 곳, ~한 것(피수식어+수식어)

한문은 '주어+술어+목적어(보어)' 구조이고, 한글은 '주어+목적어(보어)+술어' 구조이다. 그러나 단어는 한문과 한글 모두 '수식어+피수식어'로 결합한다. 그래서 '높은 산'은, '高(높은)山(산)'으로 작문된다. 즉, 형용사가 명사를 수식하고, 부사가 형용사나 동사를 수식하는 구조는 한문과 한글이 같다. 그러나 '所(~하는 바)'는 '於', '于', '乎'의 조사와 같이 단어가 결합하는 예외이다. 물론, 후대에 오면서 숙소(宿所), 해우소(解憂所) 등 하나의 명사로 굳어진 예도 있다. 그러나 '所'는 기본적으로 '피수식어(所)+수식어' 구조의 명사구이다. 그리고 '所'를 꾸며주는 수식어는 동사나 형용사이다. 따라서 문장에서 '所'를 접하면, 그 뒤에 위치한 단어는 동사 혹은 형용사로 번역해야 한다.

- 所+술어(동사, 형용사): 所不用(~을 사용하지 않는 바)→ 所不用其極(그 극을 사용하지 않는 바)

더 알아보기. 정확한 번역을 위한 유용한 Tips
'所': 48쪽

- 不: '不+술어', '未+술어' 등은 술어를 찾는 유용한 단서이다.

'不', '末' 등은 술어 앞에서 술어를 부정하는 보조사이므로 술어를 찾는 유용한 단서이다. 다만 술어를 수식하는 부사가 그사이에 놓일 수 있다(不(+부사)+술어). 따라서 문장에서 '不', '末' 등을 접하면, 그 뒤에 위치한 단어는 술어(동사, 형용사)로 번역한다. 본문 '不用其極'은 '그(其) 극(極)을 사용하지(用) 않는다(不)'이다.

- 不+동사(형용사): 不用→ 사용하지(用) 않는다(不)

더 알아보기. 술어를 찾는 데 활용되는 유용한 단어들
'不+술어', '未+술어': 31쪽

- 其: ①그, 그것, ②곧, ③아마도, 참으로

'其'는 사람이나 사물을 받는 ①대명사(그, 그것)와 ②시간 부사(곧)의 의미이다. 그런데, '其'는 대명사와 시간 부사 이외에 추측의 의미인 ③'아마도'로 쓰일 때도 있다. 문장에서 '其'를 접하면, 먼저 대명사로 번역하고, 어색할 경우 시간 혹은 추측의 의미로 번역한다. 본문에서는 대명사로 사용되었다.

- 其極: 그(其) 극(極)

더 알아보기. 기타
'其': 54쪽

- 之

'之'는 문장에서 주격(20%, ~은/는/이/가)·목적격(10%, 을/를) · 관형격(40%, ~의/하는/~한/ㄴ) 조사로도 쓰이고, 대명사(25%, 그/그것) 또는 동사(2~5%, 가다) 등으로 쓰인다. 다만, 목적격 조사는 도치(목적어+술어)를 의미하지만, 번역은 목적격 조사(~을/를)만을 붙이기도 한다.

- 傳之二章: 之+명사(구)→ 관형격 조사(~의)

더 알아보기. 정확한 번역을 위한 유용한 Tips
'之': 40쪽

3장.

시운방기천리(詩云邦畿千里)

1절.

원문	詩云(시운), 邦畿千里(방기천리), 惟民所止(유민소지라).
직역	시경(詩)에 이르길(云), "나라(邦)의 경내(畿)로 천리(千里)는 오직(惟) 백성(民)이 머무는(止) 곳(所)이다."라고 했다.
구조	주어(詩)+술어(云)+보어(邦畿千里, 惟民所止) → 주어(千里)+술어(생략)+보어(民所止) → 주어(民)+술어(생략)+보어(所止)

* 詩: 5경(經)의 하나인 시경(詩經)
* 云은 曰과 그 쓰임이 같다. 다만, 云 문헌을 인용할 때 자주 사용된다.
· (문미) ~云: ~라 한다
· (문미) ~云爾(已矣): ~라 말할 수 있을 뿐이다

□ 유용한 Tips: 所

- 所: ~하는 바, ~한 곳, ~한 것(피수식어+수식어)

한문은 '주어+술어+목적어(보어)' 구조이고, 한글은 '주어+목적어

(보어)+술어' 구조이다. 그러나 단어는 한문과 한글 모두 '수식어+피수식어'로 결합한다. 그래서 '높은 산'은, '高(높은)山(산)'으로 작문된다. 즉, 형용사가 명사를 수식하고, 부사가 형용사나 동사를 수식하는 구조는 한문과 한글이 같다. 그러나 '所(~하는 바)'는 '於', '于', '乎'의 조사와 같이 단어가 결합하는 예외이다. 물론, 후대에 오면서 숙소(宿所), 해우소(解憂所) 등 하나의 명사로 굳어진 예도 있다. 그러나 '所'는 기본적으로 '피수식어(所)+수식어' 구조의 명사구이다. 그리고 '所'를 꾸며주는 수식어는 동사나 형용사이다. 따라서 문장에서 '所'를 접하면, 그 뒤에 위치한 단어는 동사 혹은 형용사로 번역해야 한다.

- 所+술어(동사, 형용사): 所止→ 머무는(止) 곳(所)

더 알아보기. 정확한 번역을 위한 유용한 Tips
'所': 48쪽

2절.

원문 詩云(시운), 緡蠻黃鳥(면만황조), 止于丘隅(지우구우). 子曰(자왈), 於止(어지), 知其所止(지기소지), 可以人(가이인), 而不如鳥乎(이불여조호).

직역 시경(詩)에 이르길(云), "꾀꼴꾀꼴(緡蠻) 꾀꼬리(黃鳥), 언덕(丘) 모퉁이(隅)에(于) 머무네(止)."라고 했다. 공자(子)가 이르길(曰), "머무는 데(止)에(於) 있어서, 그(其, 꾀꼬리)도 머물(止) 곳(所)을 아는데(知), 사람(人)이 되어서(而) 새(鳥)만도 못하다고(不如) 할 수(可以) 있겠는가(乎)?"라고 했다.

구조 ·주어(詩)+술어(云)+보어(緡蠻黃鳥, 止于丘隅)
→ 주어(黃鳥)+술어(止)+보어(于丘隅)
·주어(子)+술어(曰)+보어(於止, 知其所止, 止于丘隅, 可以人, 而不如鳥乎)
→ 술어(知)+목적어(其所止)
→ 술어(可以人)+而+술어(不如)+보어(鳥)

* 詩: 5경(經)의 하나인 시경(詩經)
* 云은 曰과 그 쓰임이 같다. 다만, 云 문헌을 인용할 때 자주 사용된다.
* 緡蠻(면만): 꾀꼴꾀꼴→ 표어 문자인 한자는 의성어나 의태어를 표기하는 방법이 제한된다. 따라서 한자의 독음을 이용해서 의성어나 의태어를 표현한다. '꾀꼴꾀꼴'로 풀이한 이유는 '黃鳥'가 꾀꼬리를 의미하기 때문이다.
* 緡: 낚싯줄(민), 새 우는 소리(면), 성할(혼)
* 蠻(만): 오랑캐→ 거칠다, 업신여기다→ 매우, 전혀
* 黃鳥(황조): 꾀꼬리
* 隅(우): 모퉁이
* A曰, B: ①A가 말하길, "B"라고 했다, ②A가 B라고 말했다
☞ 확장. 謂(語)A曰B: A에게 일러 B라고 말했다./A를 평하여 B라고 말했다.

□ 유용한 Tips: 于/於, 其, 所, 可以, 而, 不

- 于/於

於는 기본적으로 어조사(개사)로 장소·위치·때(~에/~로부터), 사람·대상(~에/에게/을/과), 비교(~보다)로 쓰이지만, 문장 첫머리에서 감탄사(아!)로도 쓰인다. 다만, 감탄사로 쓰일 때는 '오'로 독음한다. 그런데, 어조사 '於'는 번역과 관련하여 술어를 파악하는 유용한 단서이다. 왜냐하면 '於'는 '於+명사(구)'로 연결되어 문장에서 주로 보어의 역할을 하기 때문이다. 따라서 '於+명사(구)'를 접하면, '술어+보어' 혹은 '술어+목적어+보어' 구조에 따라 그 앞에 술어가 위치할 확률이

높다. 다만, '於+명사(구)'는 비교적 문장 내에서 그 위치가 유연하다. 따라서 이 단서는 술어를 찾는 다른 단서와 연결해서 파악해야 한다. 또한, '于' 혹은 '乎'도 '於'와 같이 의미로 문장 중간에 쓰이면 술어를 찾는 단서이다. 결국, '於', '于', '乎'가 명사(구)와 연결되면 그 앞에 술어가 위치하므로, 문장 구조를 파악하는 데 유용하다.

- 술어+于+명사(구): 止于丘隅→ 于(~에) 丘隅(언덕 모퉁이)→ '止'가 술어일 확률이 높다.
- 於+명사(구): 於止→ 於(~에)+止(머무르는 곳)→ '止'는 술어가 아니라 '於'와 연결되었으므로 '머무르는 곳'이라는 명사로 번역해야 한다.→ '於+명사(구)'는 문장 내에서 그 위치가 유연하다.

□ 其: ①그, 그것, ②곧, ③아마도

'其'는 사람이나 사물을 받는 ①대명사(그, 그것)와 ②시간 부사(곧)의 의미이다. 그런데, '其'는 대명사와 시간 부사 이외에 추측의 의미인 ③'아마도'로 쓰일 때도 있다. 문장에서 '其'를 접하면, 먼저 대명사로 번역하고, 어색할 경우 시간 혹은 추측의 의미로 번역한다. 본문에서는 대명사로 쓰였다.

- 其所止: ① 그(其)가 머물(止) 곳(所), ② 그(其) 머물(止) 곳(所)

> 더 알아보기. 기타
> '其': 54쪽

- 所: ~하는 바, ~한 곳, ~한 것(피수식어+수식어)

한문은 '주어+술어+목적어(보어)' 구조이고, 한글은 '주어+목적어

(보어)+술어' 구조이다. 그러나 단어는 한문과 한글 모두 '수식어+피수식어'로 결합한다. 그래서 '높은 산'은, '高(높은)山(산)'으로 작문된다. 즉, 형용사가 명사를 수식하고, 부사가 형용사나 동사를 수식하는 구조는 한문과 한글이 같다. 그러나 '所(~하는 바)'는 '於', '于', '乎'의 조사와 같이 단어가 결합하는 예외이다. 물론, 후대에 오면서 숙소(宿所), 해우소(解憂所) 등 하나의 명사로 굳어진 예도 있다. 그러나 '所'는 기본적으로 '피수식어(所)+수식어' 구조의 명사구이다. 그리고 '所'를 꾸며주는 수식어는 동사나 형용사이다. 따라서 문장에서 '所'를 접하면, 그 뒤에 위치한 단어는 동사 혹은 형용사로 번역해야 한다.

- 所+술어(동사, 형용사): 所止→ 머물(止, 머무는) 곳(所). 문맥에 따라 '머물 곳'이라 번역했으나 한문은 시제 표현이 제한된 점을 고려하면, ① 머물 곳, ② 머물던 곳, ③ 머물러야 할 곳 등으로 번역될 수 있다.

더 알아보기. 정확한 번역을 위한 유용한 Tips
'所': 48쪽

- 可以: '可(以)+술어', '能(以)+술어', '得(以)+술어', '足(以)+술어'

'可(以)', '能(以)', '得(以)', '足(以)'은 그 의미와 문법적 기능이 서로 통용된다. 이들은 명사나 형용사(동사)와 같이 단독으로 쓰이지 않을 때, 의존명사로 술어 앞에서 그 의미를 보조한다. 따라서 술어를 찾는 유용한 단서이다. 다만, '可(以)', '能(以)', '得(以)', '足(以)'과 술어 사이에 부사가 위치하기도 한다(可(+부사)+술어).

한편, '可以', '能以', '得以', '足以'는 '주어+술어' 구조로만 쓰이나, '可', '能', '得', '足'은 '목적어+술어' 구조로도 쓰일 수 있으므로 번역에 유의해야 한다. 본문 '可以人'에서 '人'은 술어로 번역해야 한다.

- 可以+술어: 可以人→ (술어로 번역) 사람이 되다.

> **더 알아보기.** 술어를 찾는 데 활용되는 유용한 단어들
> '可(以)+술어', '能(以)+술어', '得(以)+술어', '足(以)+술어': 32쪽

- 而

'而'는 2인칭 대명사(너, 그대, 당신)나 종결사로 쓰이지만, 기본적으로 술어와 술어를 연결하는 접속사이다. 따라서 '而'의 앞과 뒤에 술어가 있다는 점에서 술어를 찾는 유용한 단서이다. 다만, 지나치게 술어가 반복되면 부사어(~하고서/~서)처럼 번역하기도 한다.

① 원문: 可以人(가이인), 而不如鳥乎(이불여조호)

② 단서확대: '而' 앞에 '可以人'에 술어가 있다. '而' 뒤에 '不如鳥乎'에 술어가 있다.

③ 술어찾기: '可以人'에서 '可以'는 술어와 연결되므로 '人'은 명사가 아니라 술어이므로 '사람이 되어서'로 번역된다. 반면, '不如鳥乎'에서 '不'이 술어와 연결되므로 '如'가 술어로 '새(鳥)만도 못하다(不如)'로 번역된다.

④ 직역: 사람(人)이 되어서(而) 새(鳥)만도 못하다고(不如) 할 수(可以) 있겠는가(乎)?

> **더 알아보기.** 술어를 찾는 데 활용되는 유용한 단어들
> '而': 37쪽

- 不: '不+술어', '未+술어' 등은 술어를 찾는 유용한 단서이다.

'不', '未' 등은 술어 앞에서 술어를 부정하는 보조사이므로 술어를 찾는 유용한 단서이다. 다만 술어를 수식하는 부사가 그사이에 놓일 수 있다(不(+부사)+술어). 따라서 문장에서 '不', '未' 등을 접하면, 그 뒤에 위치한 단어는 술어(동사, 형용사)로 번역한다.

- 不+술어(동사, 형용사): 不如鳥→ 새(鳥)만도 못하다(不如)

더 알아보기. 술어를 찾는 데 활용되는 유용한 단어들

'不+술어', '未+술어': 31쪽

3절.

원문 詩云(시운), 穆穆文王(목목문왕), 於緝熙敬止(오집희경지). 爲人君(위인군), 止於仁(지어인), 爲人臣(위인신), 止於敬(지어경), 爲人子(위인자), 止於孝(지어효), 爲人父(위인부), 止於慈(지어자), 與國人交(여국인교), 止於信(지어신).

직역 시경(詩)에 이르길(云), "심원하신(穆穆) 문왕(文王)께서는, 아(於, 오)! 계속하여 밝게 빛나시며(緝熙), 공경(敬)에 머무셨도다(止)." 라고 했다. 임금(人君)이 되어서(爲)는 인(仁)에(於)에 머무셨으며(止), 신하(人臣)가 되어서(爲)는 경(敬)에(於)에 머무셨으며(止), 자식(人子)이 되어서(爲)는 효(孝)에(於) 머무셨으며(止), 아비(人父)가 되어서(爲)는 자애(慈)에(於) 머무셨으며(止), 국인(國人)과(與) 사귈(交) 때에는 믿음(信)에(於) 머무셨다(止).

구조
· 주어(詩)+술어(云)+보어(穆穆文王, 於緝熙敬止)
· 술어(爲)+보어(人君, 人臣, 人子)+술어(止)+보어(於仁, 於敬, 於孝, 於慈, 於信)

* 詩: 5경(經)의 하나인 시경(詩經)
* 云은 曰과 그 쓰임이 같다. 다만, 云 문헌을 인용할 때 자주 사용된다.
* 穆穆(목목): 심원(深遠)하다, 신중하고 공경스럽다, 아름답다
* 緝熙(집희): 덕이 계속하여 밝게 빛나는 모양
* 人臣: ①남의 신하, ②신하

□ 유용한 Tips: 於, 爲, 與

- 於: 어조사(어), 탄식하다(오)

於는 기본적으로 어조사(개사)로 장소·위치·때(~에/~로부터), 사람·대상(~에/에게/을/과), 비교(~보다)로 쓰이지만, 문장 첫머리에서 감탄사(아!)로도 쓰인다. 다만, 감탄사로 쓰일 때는 '오'로 독음한다. 그런데, 어조사 '於'는 번역과 관련하여 술어를 파악하는 유용한 단서이다. 왜냐하면 '於'는 '於+명사(구)'로 연결되어 문장에서 주로 보어의 역할을 하기 때문이다. 따라서 '於+명사(구)'를 접하면, '술어+보어' 혹은 '술어+목적어+보어' 구조에 따라 그 앞에 술어가 위치할 확률이 높다. 다만, '於+명사(구)'는 비교적 문장 내에서 그 위치가 유연하다. 따라서 이 단서는 술어를 찾는 다른 단서와 연결해서 파악해야 한다. 또한, '于' 혹은 '乎'도 '於'와 같이 의미로 문장 중간에 쓰이면 술어를 찾는 단서이다. 결국, '於', '于', '乎'가 명사(구)와 연결되면 그 앞에 술어가 위치하므로, 문장 구조를 파악하는 데 유용하다. 이 문장에서 '於'는 감탄사로 쓰였다.

- 술어(+목적어)+於+명사(구): 止+於仁 / 於敬 / 於孝 / 於慈 / 於信

- 爲: 만능

'爲'는 '되다'의 의미로 기본적으로 술어의 역할을 한다. 그러나 영어의 'do(하다)'와 같이 모든 술어를 대신할 수 있다. 자주 사용되는 표현으로는 '~을 위하다', '~ 때문에'로 쓰이고, '以'와 연결되어 숙어로 '~으로 여긴다(삼는다)'로도 쓰인다. 다만, '爲'가 평서문에서 '~ 때문에'로 쓰일 때는 종결사 '也'와 함께 쓰인다. 그리고 문장에서 술어가 생략된 경우에도 주어와 술어 사이에 '爲'를 넣어 해석할 수 있다.

- 爲+보어: 爲+人君/人臣/人子

- 與의 4가지 쓰임: ①더불어, ~과, 함께, ②(문장 끝에서) 어조사, ③주다, ④참여하다

- 與+명사(구): 명사(구)와(與)→ 與國人交: 국인(國人)과(與) 사귀다(交)

더 알아보기. 기타

'與': 56쪽

4절.

원문 詩云(시운), 瞻彼淇澳(첨피기욱), 菉竹猗猗(녹죽의의).
有斐君子(유비군자), 如切如磋(여절여차), 如琢如磨(여탁여마).
瑟兮僩兮(슬혜한혜), 赫兮喧兮(혁혜훤혜). 有斐君子(유비군자),
終不可諠兮(종불가훤혜). 如切如磋者(여절여차자), 道學也(도학야),
如琢如磨者(여탁여마자), 自修也(자수야), 瑟兮僩兮者(슬혜한혜자),
恂慄也(순율야), 赫兮喧兮者(혁혜훤혜자), 威儀也(위의야),
有斐君子終不可諠兮者(유비군자종불가훤혜자),
道盛德至善(도성덕지선), 民之不能忘也(민지불능망야).

직역 직역: 시경(詩)에 이르길(云), "저(彼) 기수(淇)의 물가(澳, 욱)를 보니(瞻), 푸른(菉) 대나무(竹)가 무성하네(猗猗). 문채(斐)가 있는(有) 군자(君子)여, 마치 자른 것(切) 같고(如), 마치 연마한 것(磋) 같으며(如), 마치 다듬은 것(琢) 같고, 마치 문지른 것(磨) 같네(如). 엄숙하고(瑟兮) 굳세며(僩兮), 빛나고(赫兮) 찬란하네(喧兮). 문채(斐)가 있는(有) 군자(君子)여, 끝내(終) 잊을(諠) 수(可) 없네(不~兮)"라고 했다. 마치 자른 것(切) 같고(如), 마치 연마한 것(磋) 같다는(如) 것(者)은 배움(學)을 말하(道)고(也), 마치 다듬은 것(琢) 같고, 마치 문지른 것(磨) 같다는(如) 것(者)은 스스로(自) 닦는(修) 것이며(也), 엄숙하고(瑟兮) 굳센(僩兮) 것(者)은 두려워 떠는 것(恂慄, 신중한 마음가짐)이며(也), 빛나고(赫兮) 찬란하다(喧兮)는 것(者)은 위의(威儀)이며(也), 문채(斐)가 있는(有) 군자(君子)를 끝내(終) 잊을(諠) 수(可) 없다(不~兮)는 것(者)은 성덕(盛德)과 지선(至善)을 백성(民)이(之) 잊을(忘) 수(能) 없(不)다(也)는 것을 말한다(道).

구조 ·주어(詩)+술어(云)+보어(瞻彼淇澳, 菉竹猗猗. 有斐君子, 如切如磋, 如琢如磨. 瑟兮僩兮, 赫兮喧兮. 有斐君子, 終不可諠兮.)
→ 술어(瞻)+목적어(彼淇澳)
→ 주어(菉竹)+술어(猗猗)
→ 술어(有)+보어(斐)
→ 주어(如切如磋者)+술어(道)+목적어(學)
→ 주어(如琢如磨者)+술어(自修也)
→ 주어(民之)+술어(不能忘也)

* 詩: 5경(經)의 하나인 시경(詩經)
* 澳: 깊다(오), 후미(욱, 물가나 산길이 휘어서 굽어진 곳), 굽이, 물가
* 猗猗(의의): 아름답고 무성한 모양, 번창한 모양, ※의태어
* 斐(비): 문채(文彩)나다
* 如(여): 마치 ~ 와 같다
* 瑟(슬): 큰 거문고, 엄숙하다(嚴肅--), 많다
* 兮(혜): 어조사, 감탄사
* 僩(한): 굳세다
* 恂: 정성(순), 엄하다(준)→ 두려워하다, 두려워서 떨다
* 慄(율): 떨리다, 두려워하다
* 赫: 빛나다(혁), 꾸짖다(하), (벌레가) 쏘다(석)
* 喧(훤): 지껄이다→ 떠들썩하다
* 諠(훤): 잊다, 지껄이다, 떠들다
* 威儀(위의): 무게가 있어 외경(畏敬)할 만한 거동(擧動). 예법(禮法)에 맞는 몸가짐

□ 유용한 Tips: 有, 不, 可/能, 者, 之

- 有

① 有는 '술어+보어' 구조의 술어로 '~이 있다', '~이 존재하다'로 번역된다. 그리고 그 뒤에 보어의 역할을 할 수 있는 명사가 위치한다. 따라서 有가 술어일 때, 그 뒤에 동사(형용사)처럼 보이는 글자가 있더라도 명사로 번역해야 한다. 만약, 有 뒤에 술어가 위치할 경우 '有以' 형태가 나타난다.

② 有가 '술어+보어' 구조가 아닌 경우, '술어+목적어' 구조로 '~을 가지고 있다'로 번역된다.

• 有+보어: 有+보어(斐)→ 문채가 있다.

더 알아보기. 술어로 활용된 단어들
'有': 28쪽

- 不: '不+술어', '未+술어' 등은 술어를 찾는 유용한 단서이다.

'不', '未' 등은 술어 앞에서 술어를 부정하는 보조사이므로 술어를 찾는 유용한 단서이다. 다만 술어를 수식하는 부사가 그사이에 놓일 수 있다(不(+부사)+술어). 따라서 문장에서 '不', '未' 등을 접하면, 그 뒤에 위치한 단어는 술어(동사, 형용사)로 번역한다.

• 終不可諠兮: 不+술어→ 끝내(終) 잊을(諠) 수(可) 없다(不)
• 民之不能忘也: 不+술어→ 백성(民)이(之) 잊을(忘) 수(能) 없다(不)

더 알아보기. 술어를 찾는 데 활용되는 유용한 단어들
'不+술어', '未+술어': 31쪽

- 可/能: '可(以)+술어', '能(以)+술어', '得(以)+술어', '足(以)+술어'

'可(以)', '能(以)', '得(以)', '足(以)'은 그 의미와 문법적 기능이 서로 통용된다. 이들은 명사나 형용사(동사)와 같이 단독으로 쓰이지 않을 때, 의존명사로 술어 앞에서 그 의미를 보조한다. 따라서 술어를 찾는 유용한 단서이다. 다만, '可(以)', '能(以)', '得(以)', '足(以)'과 술어 사이에 부사가 위치하기도 한다(可(+부사)+술어).

한편, '可以', '能以', '得以', '足以'는 '주어+술어' 구조로만 쓰이나, '可', '能', '得', '足'은 '목적어+술어' 구조로도 쓰일 수 있으므로 번역에 유의해야 한다.

- 終不可諠兮: 可+술어→ 끝내(終) 잊을(諠) 수(可) 없다(不)
- 民之不能忘也: 能+술어→ 백성(民)이(之) 잊을(忘) 수(能) 없다(不)

> **더 알아보기.** 술어를 찾는 데 활용되는 유용한 단어들
> '可(以)+술어', '能(以)+술어', '得(以)+술어', '足(以)+술어': 32쪽

- 者: ~하는 사람, ~하는 것, ~라는 것은, ~은/는

'~者'는 명사구로 문장 끝에서 목적어로도 쓰이지만, 기본적으로 주어 역할로 술어 앞에 위치한다. 따라서 '者' 뒤에 술어가 위치하므로 술어를 찾는 유용한 단서이다. 또, 者는 '수식어+피수식어' 구조이므로 수식하는 말이 수식 받는 말 앞에 놓인다는 점도 번역에 유용한 단서이다. 한편, '者'는 한글의 의존명사(~것, ~사람)뿐만 아니라 주격조사(~은/는)로도 사용된다.

- 如切如磋者: 수식어(如切如磋)+피수식어(者)→ 주어부(者)+술어
- 如琢如磨者: 수식어(如琢如磨)+피수식어(者)→ 주어부(者)+술어
- 瑟兮僩兮者: 수식어(瑟兮僩兮)+피수식어(者)→ 주어부(者)+술어
- 赫兮喧兮者: 수식어(赫兮喧兮)+피수식어(者)→ 주어부(者)+술어
- 有斐君子終不可諠兮者: 수식어(斐君子終不可諠兮)+피수식어(者)→ 주어부(者)+술어

> **더 알아보기.** 술어를 찾는 데 활용되는 유용한 단어들
> '者': 36쪽

- 之

'之'는 문장에서 주격(20%, ~은/는/이/가)·목적격(10%, 을/를)·관형격

(40%, ~의/하는/~한/ㄴ) 조사로도 쓰이고, 대명사(25%, 그/그것) 또는 동사(2~5%, 가다) 등으로 쓰인다. 다만, 목적격 조사는 도치(목적어+술어)를 의미하지만, 번역은 목적격 조사(~을/를)만을 붙이기도 한다.

- 民之不能忘也: 之+술어→ 주격 조사(~이)→ 백성(民)이(之) 잊을(忘) 수(能) 없(不)다(也)

더 알아보기. 정확한 번역을 위한 유용한 Tips

'之': 40쪽

5절.

원문 詩云(시운), 於戲(오호)! 前王不忘(전왕불망). 君子(군자), 賢其賢而親其親(현기현이친기친), 小人(소인), 樂其樂而利其利(낙기락이이기리). 此以沒世不忘也(차이몰세불망야). 右(우), 傳之三章(전지삼장).

직역 시경(詩)에 이르길(云), "오호(於戲)! 전왕(前王, 문·무왕)이 잊혀지지(忘) 않는다(不)."라고 했다. 군자(君子)는 그(其) 현인(賢)을 존경하고(賢) 그(其) 어버이(親)를 친애하며(親), 소인(小人)은 그(其) 즐거움(樂)을 즐기고(樂) 그(其) 이로움(利)을 이롭게 여긴다(利, 누린다). 이(此) 때문에(以), 세상(世)을 몰(沒, 죽어도)해도, 잊지(忘) 못한(不)다(也). 우(右)는 전(傳)의(之) 3장(三章)이다.

구조
- 주어(詩)+술어(云)+보어(於戲! 前王不忘)
- 주어(君子)+술어(賢)+목적어(其賢)+而+술어(親)+목적어(其親)
- 주어(小人)+술어(樂)+목적어(其樂)+而+술어(利)+목적어(其利)
- 술어(沒)+목적어(世)+술어(不忘也)
- 주어(右)+술어(생략)+보어(傳之三章)

* 詩: 5경(經)의 하나인 시경(詩經)
* 云은 曰과 그 쓰임이 같다. 다만, 云 문헌을 인용할 때 자주 사용된다.
* 於戱(오호): 감탄사(感歎詞)로 '아' 혹은 '어호'의 소리.
* 樂: 노래(악), 즐기다(락/낙), 좋아하다(요)
* 此以(차이): 이(此) 때문에(以)
* 右(우): 오늘날 대부분의 글은 왼쪽에서 오른쪽으로 가로쓰기한다. 그러나 전통시대 한문이나 옛 한글은 ①오른쪽에서 왼쪽으로, ②위에서 아래로 글을 써 내려갔다. 따라서 우(右)라는 표현은 오늘날 '위' 혹은 '앞'에 쓴 글을 의미한다.

□ 유용한 Tips: 不, 其, 而, 之

- 不: '不+술어', '未+술어' 등은 술어를 찾는 유용한 단서이다.

'不', '未' 등은 술어 앞에서 술어를 부정하는 보조사이므로 술어를 찾는 유용한 단서이다. 다만 술어를 수식하는 부사가 그사이에 놓일 수 있다(不(+부사)+술어). 따라서 문장에서 '不', '未' 등을 접하면, 그 뒤에 위치한 단어는 술어(동사, 형용사)로 번역한다.

- 不+술어(동사, 형용사): 前王不忘→ 전왕(前王)이 잊혀지지(忘) 않는다(不)
- 不+술어(동사, 형용사): 不忘也→ 잊지(忘) 못한(不)다(也)

더 알아보기. 술어를 찾는 데 활용되는 유용한 단어들
'不+술어', '未+술어': 31쪽

- 其: ①그, 그것, ②곧, ③아마도, 참으로

'其'는 사람이나 사물을 받는 ①대명사(그, 그것)와 ②시간 부사(곧)의 의미이다. 그런데, '其'는 대명사와 시간 부사 이외에 추측의 의미

인 ③'아마도'로 쓰일 때도 있다. 문장에서 '其'를 접하면, 먼저 대명사로 번역하고, 어색할 경우 시간 혹은 추측의 의미로 번역한다. 본문에서는 대명사로 사용되었다.

더 알아보기. 기타
'其': 54쪽

- 而

'而'는 2인칭 대명사(너, 그대, 당신)나 종결사로 쓰이지만, 기본적으로 술어와 술어를 연결하는 접속사이다. 따라서 '而'의 앞과 뒤에 술어가 있다는 점에서 술어를 찾는 유용한 단서이다. 다만, 지나치게 술어가 반복되면 부사어(~하고서/~서)처럼 번역하기도 한다.

① 원문: 賢其賢而親其親

② 단서확대: '而' 앞에 '賢其賢'에 술어가 있다. '而' 뒤에 '親其親'에 술어가 있다.

③ 술어찾기

- 賢其賢: 술어 '賢'→ 술어+목적어→ 그(其) 현인(賢)을 존경하다(賢)
- 親其親: 술어 '親'→ 술어+목적어→ 그(其) 어버이(親)를 친애하다(親)

④ 직역: 그(其) 현인(賢)을 존경하고(賢), 그(其) 어버이(親)를 친애하다(親).

더 알아보기. 술어를 찾는 데 활용되는 유용한 단어들
'而': 37쪽

- 之

'之'는 문장에서 주격(20%, ~은/는/이/가)·목적격(10%, 을/를)·관형격(40%, ~의/하는/~한/ㄴ) 조사로도 쓰이고, 대명사(25%, 그/그것) 또는 동사(2~5%, 가다) 등으로 쓰인다. 다만, 목적격 조사는 도치(목적어+술어)를 의미하지만, 번역은 목적격 조사(~을/를)만을 붙이기도 한다.

- 傳之三章: 之+명사(구)→ 관형격 조사(~의)

더 알아보기. 정확한 번역을 위한 유용한 Tips

'之': 40쪽

4장.

자왈청송오유인야(子曰聽訟吾猶人也)

1절.

원문 子曰(자왈), 聽訟(청송), 吾猶人也(오유인야), 必也使無訟乎(필야사무송호). 無情者不得盡其辭(무정자부득진기사), 大畏民志(대외민지), 此謂知本(차위지본). 右(우), 傳之四章(전지사장).

직역 공자(子)가 이르길(曰), "청송(聽訟)에서 내(吾)가 남(人)과 같겠지(猶)만(也), 반드시(必也) 송사(訟)가 없도록(無) 할(使) 것이다(乎)."라고 했다. 진정(情)이 없는(無) 자(者)가 그(其) 말(辭)을 다할(盡) 수(得) 없는(不) 것은 백성(民)의 뜻(志)을 크게(大) 두려워 해서(畏)이니, 이것(此)은 근본(本)을 아는(知) 것을 이르는(謂) 것이다. 우(右)는 전(傳)의(之) 4장(四章)이다.

구조
- ·주어(子)+술어(曰)+보어(聽訟, 吾猶人也, 必也使無訟乎)
- ·주어(無情者不得盡其辭)+술어(大畏)+목적어(民志)→ 주어(無情者)+술어(不得盡)+목적어(其辭)
- ·주어(此)+술어(謂)+목적어(知本)→ 술어(知)+목적어(本)
- ·주어(右)+술어(생략)+보어(傳之四章)

* A曰, B: ①A가 말하길, "B"라고 했다, ②A가 B라고 말했다

☞ 확장. 謂(語)A曰B: A에게 일러 B라고 말했다./A를 평하여 B라고 말했다

* 聽訟(청송): 소송(訴訟) 등을 심리 처결함. 재판(裁判)하기 위해 송사(訟事)

를 들음.

* 必也(필야): (문장중간에서 강조의 의미) 반드시
* 使(사): 부리다, 하게 하다
* 使(令, 教, 俾)+명사+동사: 명사로 하여금 동사하게 하다

※ 使(令, 教, 俾)+동사: 使(令)+(之)+동사→ (之)로 하여금 동사하게 하다

* 無(무): ~이 없다→ ~이 아니다(아니하다)→ ~말라→ 무시하다(업신여기다)
* 不+동사(형용사) ↔ 非+명사
* 右(우): 오늘날 대부분의 글은 왼쪽에서 오른쪽으로 가로쓰기한다. 그러나 전통시대 한문이나 옛 한글은 ①오른쪽에서 왼쪽으로, ②위에서 아래로 글을 써 내려갔다. 따라서 우(右)라는 표현은 오늘날 '위' 혹은 '앞'에 쓴 글을 의미한다.

□ 유용한 Tips: 者, 不, 得, 其, 之

- 者: ~하는 사람, ~하는 것, ~라는 것은, ~은/는

'~者'는 명사구로 문장 끝에서 목적어로도 쓰이지만, 기본적으로 주어 역할로 술어 앞에 위치한다. 따라서 '者' 뒤에 술어가 위치하므로 술어를 찾는 유용한 단서이다. 또, 者는 '수식어+피수식어' 구조이므로 수식하는 말이 수식받는 말 앞에 놓인다는 점도 번역에 유용한 단서이다. 한편, '者'는 한글의 의존명사(~것, ~사람)뿐만 아니라 주격조사(~은/는)로도 사용된다.

- 無情者: 수식어(無情)+피수식어(者)→ 주어부(者)+술어

더 알아보기. 술어를 찾는 데 활용되는 유용한 단어들
'者': 36쪽

- 不: '不+술어', '未+술어' 등은 술어를 찾는 유용한 단서이다.

'不', '未' 등은 술어 앞에서 술어를 부정하는 보조사이므로 술어를 찾는 유용한 단서이다. 다만 술어를 수식하는 부사가 그사이에 놓일 수 있다(不(+부사)+술어). 따라서 문장에서 '不', '未' 등을 접하면, 그 뒤에 위치한 단어는 술어(동사, 형용사)로 번역한다.

- 不+술어(동사, 형용사): 不得盡其辭→ 그(其) 말(辭)을 다할(盡) 수(得) 없다(不)

> **더 알아보기.** 술어를 찾는 데 활용되는 유용한 단어들
> '不+술어', '未+술어': 31쪽

- 得: '可(以)+술어', '能(以)+술어', '得(以)+술어', '足(以)+술어'

'可(以)', '能(以)', '得(以)', '足(以)'은 그 의미와 문법적 기능이 서로 통용된다. 이들은 명사나 형용사(동사)와 같이 단독으로 쓰이지 않을 때, 의존명사로 술어 앞에서 그 의미를 보조한다. 따라서 술어를 찾는 유용한 단서이다. 다만, '可(以)', '能(以)', '得(以)', '足(以)'과 술어 사이에 부사가 위치하기도 한다(可(+부사)+술어).

한편, '可以', '能以', '得以', '足以'는 '주어+술어' 구조로만 쓰이나, '可', '能', '得', '足'은 '목적어+술어' 구조로도 쓰일 수 있으므로 번역에 유의해야 한다.

- 得+술어: 不得盡其辭→ 그(其) 말(辭)을 다할(盡) 수(得) 없다(不)

> **더 알아보기.** 술어를 찾는 데 활용되는 유용한 단어들
> '可(以)+술어', '能(以)+술어', '得(以)+술어', '足(以)+술어': 32쪽

- **其: ①그, 그것, ②곧, ③아마도, 참으로**

'其'는 사람이나 사물을 받는 ①대명사(그, 그것)와 ②시간 부사(곧)의 의미이다. 그런데, '其'는 대명사와 시간 부사 이외에 추측의 의미인 ③'아마도'로 쓰일 때도 있다. 문장에서 '其'를 접하면, 먼저 대명사로 번역하고, 어색할 경우 시간 혹은 추측의 의미로 번역한다. 본문에서는 대명사로 사용되었다.

더 알아보기. 기타
'其': 54쪽

- **之**

'之'는 문장에서 주격(20%, ~은/는/이/가)·목적격(10%, 을/를)·관형격(40%, ~의/하는/~한/ㄴ) 조사로도 쓰이고, 대명사(25%, 그/그것) 또는 동사(2~5%, 가다) 등으로 쓰인다. 다만, 목적격 조사는 도치(목적어+술어)를 의미하지만, 번역은 목적격 조사(~을/를)만을 붙이기도 한다.

- 傳之四章: 之+명사(구)→ 관형격 조사(~의)

더 알아보기. 정확한 번역을 위한 유용한 Tips
'之': 40쪽

5장.

차위지지지야(此謂知之至也)

1절.

원문 此謂知之至也(차위지지지야). 右(우), 傳之五章(전지오장).

직역 이것(此)은 앎(知)의(之) 지극함(至)을 이르는(謂) 것이다(也).
우(右)는 전(傳)의(之) 5장(五章)이다.

구조 · 주어(此)+술어(謂)+목적어(知之至)
· 주어(右)+술어(생략)+보어(傳之五章)

* 右(우): 오늘날 대부분의 글은 왼쪽에서 오른쪽으로 가로쓰기한다. 그러나 전통시대 한문이나 옛 한글은 ①오른쪽에서 왼쪽으로, ②위에서 아래로 글을 써 내려갔다. 따라서 우(右)라는 표현은 오늘날 '위' 혹은 '앞'에 쓴 글을 의미한다.

□ 유용한 Tips: 之

- 之

'之'는 문장에서 주격(20%, ~은/는/이/가)·목적격(10%, 을/를)·관형격(40%, ~의/하는/~한/ㄴ) 조사로도 쓰이고, 대명사(25%, 그/그것) 또는 동사(2~5%, 가다) 등으로 쓰인다. 다만, 목적격 조사는 도치(목적어+술어)를 의미하지만, 번역은 목적격 조사(~을/를)만을 붙이기도 한다.

- '之'의 쓰임에서 주격 조사와 관형격 조사의 구분이 제한되는 경우가 있다. 위의 '知之至'의 예와 같다. '至'를 '지극하다'로 간주하면 주격 조사이고, '至'를 '지극함'으로 간주하면 관형격 조사이다.
- 傳之五章: 之+명사(구)→ 관형격 조사(~의)

더 알아보기. 정확한 번역을 위한 유용한 Tips

'之': 40쪽

2절.

원문 間嘗(간상), 竊取程子之意(절취정자지의), 以補之曰(이보지왈).

직역 근래(間嘗)에 정자(程子)의(之) 뜻(意)을 마음속으로(竊) 취하여(取), 그것으로써(以) 그것(之, 大學)을 보충했는데(補), 말하자면, 다음과 같다(曰).

구조 술어(取)+목적어(程子之意). 술어(補)+목적어(之)

* 間嘗(간상): 근래
* 竊(절): 훔치다, 도둑질하다, 남몰래, 마음속으로, 도둑질
* 程子(정자): 중국 송(宋)나라 학자 정호(程顥), 또는 정이(程頤)의 존칭
* A曰, B: ①A가 말하길, "B"라고 했다, ②A가 B라고 말했다

☞ 확장. 謂(語)A曰B: A에게 일러 B라고 말했다,/A를 평하여 B라고 말했다
다만, 본문에서는 뒤에 이어지는 문장과 연결되어 '말하자면, ~와 같다'의 의미로 번역했다.

□ 유용한 Tips: 之, 以

- 之

'之'는 문장에서 주격(20%, ~은/는/이/가)·목적격(10%, 을/를)·관형격(40%, ~의/하는/~한/ㄴ) 조사로도 쓰이고, 대명사(25%, 그/그것) 또는 동사(2~5%, 가다) 등으로 쓰인다. 다만, 목적격 조사는 도치(목적어+술어)를 의미하지만, 번역은 목적격 조사(~을/를)만을 붙이기도 한다.

- 程子之意: 之+명사(구)→ 관형격 조사(~의)
- 以補之: 술어+之→ 대명사(그것)

더 알아보기. 정확한 번역을 위한 유용한 Tips
'之': 40쪽

- 以: 기본형: ~으로/ 로써/~을 가지고→ 사용해서

① 以+명사(구): 명사로 써, 명사로, 명사를 가지고

'以+명사(구)'는 '以'의 기본적인 형태이다. 이 때 '以'는 영어의 'with'와 같다.

② 명사(구)+以+동사→ 以+(之)+동사(형용사): 그것(之)으로써(以) ~ 동사(형용사)하다.

이 형태는 두 가지로 해석할 수 있다. 먼저, '명사(A)로 써(以) 동사(B)하다'이다. 다음은 대명사 '之'를 넣어서, '명사(A), 그것(之)으로 써(以) 동사(B)하다'이다. 필자는 'A, 그것(之)으로써(以) B하다'로 번역할 것을 추천한다. 그 이유는 '명사(A)+以+동사'는 '以+명사(A)+동사'의 도치이기 때문이다. 도치는 강조하기 위한 것이므로, '명사(구)를 강조하고(A), 그것으로써 동사하다'는 의미가 저자의 의도를 반영한

번역이기 때문이다. 여기서 삽입한 之는 A를 대신하는 명사(구)이다.

- 以+술어(補): 以補之→ 그것으로써(以) 그것(之)을 보충하다(補)

더 알아보기. 정확한 번역을 위한 유용한 Tips
'以': 42쪽

3절.

원문 所謂致知在格物者(소위치지재격물자),

직역 이른바(所謂), 치지(致知, 앎을 극대화하는 것)가 격물(格物, 사물의 이치를 연구하는 것)에 있다(在)는 것은(者),

구조 주어(所謂致知在格物者)→ 주어(致知)+술어(在)+보어(格物)

* 所謂(소위): 이른바
* '致知在格物'은 致知(주어)+在(술어)+格物(보어)의 구조이나, 다시 뒤에 있는 '者'를 수식하는 '수식어+피수식어' 구조로 '致知在格物者'은 주어부의 역할을 한다.

□ 유용한 Tips: 在, 者

- 在

在의 기본 의미는 '있다, 존재하다, 살피다'이며, 기본 품사는 동사이다. 따라서 '在'는 문장에서 술어 역할을 한다. 문장에서 '在'를 접하면 술어일 가능성을 염두에 두고 번역한다. 단, 문장 전체의 술어를 의미하는 것은 아니다.

- 在+보어: 在+보어(格物)→ 격물(格物)에 있다(在)

더 알아보기. 술어로 활용된 단어들
'在': 30쪽

- 者: ~하는 사람, ~하는 것, ~라는 것은, ~은/는

'~者'는 명사구로 문장 끝에서 목적어로도 쓰이지만, 기본적으로 주어 역할로 술어 앞에 위치한다. 따라서 '者' 뒤에 술어가 위치하므로 술어를 찾는 유용한 단서이다. 또, 者는 '수식어+피수식어' 구조이므로 수식하는 말이 수식받는 말 앞에 놓인다는 점도 번역에 유용한 단서이다. 한편, '者'는 한글의 의존명사(~것, ~사람)뿐만 아니라 주격조사(~은/는)로도 사용된다.

- 致知在格物者: 수식어(致知在格物)+피수식어(者)→ 주어부(者)+술어

더 알아보기. 술어를 찾는 데 활용되는 유용한 단어들
'者': 36쪽

4절.

원문 言(언), 欲致吾之知(욕치오지지),
在卽物而窮其理也(재즉물이궁기리야).

직역 나(吾)의(之) 앎(知)을 이루(致)고자(欲)한다면, 사물(物)을
가까이해(卽)서(而) 그(其) 이치(理)를 다하는(窮) 데에 있다(在)라고
하는 것을 말한다(言).

구조 술어(言)+목적어(欲致吾之知, 在卽物而窮其理)
→ 술어(欲致)+목적어(吾之知)
→ 술어(在)+보어(卽物而窮其理)
→ 술어(卽)+목적어(物)+而+술어(窮)+목적어(其理)

* 卽(즉): 곧, 만일, 가깝다, 가까이하다

· 善人, 敎民七年, 亦可以卽戎矣. (논어 자로편)→ 선인(善人)이 백성(民)을 칠년(七年)간 가르치면(敎) 또한(亦) 전쟁(戎)에 나가게(卽) 할 수(可以) 있다(矣).

□ 유용한 Tips: 欲, 之, 在, 而

- 欲: '欲+술어', '先+술어', '必+술어', '敢+술어'

'欲', '必', '敢', '先' 등 한글의 부사 혹은 보조사는 술어 앞에 위치하므로 술어를 찾는 유용한 단서이다. 부사는 형용사나 동사를 수식하기도 하고 문장 전체를 수식하며, 다른 부사를 수식하기도 한다. 결국, '수식어+피수식어' 구조에 따라 부사는 술어 앞에 위치할 확률이 높다. 또 '欲'은 술어(동사, 형용사) 앞에 놓여서 술어를 보조하므로 술어를 찾는 유용한 단서이다.

- 欲+술어: 欲致吾之知→ 나(吾)의(之) 앎(知)을 이루(致)고자(欲)한다.

더 알아보기. 술어를 찾는 데 활용되는 유용한 단어들
'欲+술어', '先+술어', '必+술어', '敢+술어': 34쪽

- 之

'之'는 문장에서 주격(20%, ~은/는/이/가)·목적격(10%, 을/를)·관형격(40%, ~의/하는/~한/ㄴ) 조사로도 쓰이고, 대명사(25%, 그/그것) 또는 동사(2~5%, 가다) 등으로 쓰인다. 다만, 목적격 조사는 도치(목적어+술어)를 의미하지만, 번역은 목적격 조사(~을/를)만을 붙이기도 한다.

- 吾之知: '之'는 관형격 조사(~의)이다. '知'는 기본적으로 동사 '알다'의 의미이기 때문에 '之'를 주격 조사로 볼 수도 있다. 그러나 '欲致吾之知'에서 술어가 '欲致'이므로 술목 구조에 따라 '吾之知'는 목적어가 된다. 이런 경우, 처음엔 기본 의미와 품사로 번역한 후, 전체 문장과의 관계 속에서 번역을 수정해야 한다.

더 알아보기. 정확한 번역을 위한 유용한 Tips
'之': 40쪽

- 在

在의 기본 의미는 '있다, 존재하다, 살피다'이며, 기본 품사는 동사이다. 따라서 '在'는 문장에서 술어 역할을 한다. 문장에서 '在'를 접하면 술어일 가능성을 염두에 두고 번역한다. 단, 문장 전체의 술어를 의미하는 것은 아니다.

- 在+보어: 在+보어(卽物而窮其理)→ 사물(物)을 가까이해(卽)서(而) 그(其) 이치(理)를 다하는(窮) 데에 있다(在)

더 알아보기. 술어로 활용된 단어들
'在': 30쪽

- 而

'而'는 2인칭 대명사(너, 그대, 당신)나 종결사로 쓰이지만, 기본적으로 술어와 술어를 연결하는 접속사이다. 따라서 '而'의 앞과 뒤에 술어가 있다는 점에서 술어를 찾는 유용한 단서이다. 다만, 지나치게 술어가 반복되면 부사어(~하고서/~서)처럼 번역하기도 한다.

① 원문: 卽物而窮其理

② 단서확대: '而' 앞에 '卽物'에 술어가 있다. '而' 뒤에 '窮其理'에 술어가 있다.

③ 술어찾기

- 卽物: 술어 '卽'→ 술어+목적어→ 물(物, 사물)을 가까이하다(卽, 술어)
- 窮其理: 술어 '窮'→ 술어+목적어→ 기리(其理, 그 이치)를 다하다(窮, 술어)

④ 직역: 사물(物)을 가까이하여(卽)서(而) 그(其) 이치(理)를 다한다(窮).

더 알아보기. 술어를 찾는 데 활용되는 유용한 단어들
'而': 37쪽

5절.

원문 蓋人心之靈(개인심지령), 莫不有知(막불유지),
而天下之物(이천하지물),

직역 대개(蓋) 인심(人心)의(之) 령(靈)에는, 앎(知)을 가지고 있지(有) 않은(不) 것이 없으(莫)니(而), 천하(天下)의(之) 만물(物)에,

구조 술어(莫)+보어(不有知)→ 술어(不有)+목적어(知)

* 靈(령): 신령
* 莫: 없다(막), 저물다(모), 덮다(멱)
* 不+동사(형용사) ↔ 非+명사
* 而: 앞뒤에 술어로 연결된다. 본문에서는 而 앞의 '不有'가 술어인데, 而 뒤의 술어는 다음 절의 문장과 이어져 이 구절에서는 확인되지 않는다.

□ 유용한 Tips: 之, 莫, 不, 有

- 之

'之'는 문장에서 주격(20%, ~은/는/이/가)·목적격(10%, 을/를)·관형격(40%, ~의/하는/~한/ㄴ) 조사로도 쓰이고, 대명사(25%, 그/그것) 또는 동사(2~5%, 가다) 등으로 쓰인다. 다만, 목적격 조사는 도치(목적어+술어)를 의미하지만, 번역은 목적격 조사(~을/를)만을 붙이기도 한다.

- 人心之靈: 之+명사(구)→ 관형격 조사(~의)

- 天下之物: 之+명사(구)→ 관형격 조사(~의)

더 알아보기. 정확한 번역을 위한 유용한 Tips
'之': 40쪽

- 莫: ·莫+동사: ~한 것(사람)이 없다. / ·莫+형용사: ~보다 ~한 것(사람)은 없다.

莫은 그 뒤에 동사가 위치하면 부정의 의미로 쓰이고, 그 뒤에 형용사가 위치하면 최상급의 의미로 쓰인다. 그런데 莫은 일반 부정사와 달리 '대명사'를 포함한다. 따라서 문장에서 莫을 접하면, '~이 없다'로 번역하지 않고, '~한 것(사람)이(은)'이라는 대명사 의미를 추가해서 번역해야 한다.

- 莫不有知: 莫(대명사 포함)→ 앎(知)을 가지고 있지(有) 않은(不) 것이 없다(莫)

더 알아보기. 정확한 번역을 위한 유용한 Tips
'莫': 50쪽

- 不: '不+술어', '未+술어' 등은 술어를 찾는 유용한 단서이다.

'不', '未' 등은 술어 앞에서 술어를 부정하는 보조사이므로 술어를 찾는 유용한 단서이다. 다만 술어를 수식하는 부사가 그사이에 놓일 수 있다(不(+부사)+술어). 따라서 문장에서 '不', '未' 등을 접하면, 그 뒤에 위치한 단어는 술어(동사, 형용사)로 번역한다.

- 不+술어(동사, 형용사): 不有知→ 앎(知)을 가지고 있지(有) 않다(不)

더 알아보기. 술어를 찾는 데 활용되는 유용한 단어들

'不+술어', '未+술어': 31쪽

- **有**

① 有는 '술어+보어' 구조의 술어로 '~이 있다', '~이 존재하다'로 번역된다. 그리고 그 뒤에 보어의 역할을 할 수 있는 명사가 위치한다. 따라서 有가 술어일 때, 그 뒤에 동사(형용사)처럼 보이는 글자가 있더라도 명사로 번역해야 한다. 만약, 有 뒤에 술어가 위치할 경우 '有以' 형태가 나타난다.

② 有가 '술어+보어' 구조가 아닌 경우, '술어+목적어' 구조로 '~을 가지고 있다'로 번역된다.

- 有知: 앎(知)을 가지고 있다(有)

더 알아보기. 술어로 활용된 단어들

'有': 28쪽

6절.

원문 莫不有理(막불유리). 惟於理(유어리), 有未窮(유미궁), 故(고),

직역 이치(理)를 가지고 있지(有) 않은(不) 것이 없다(莫). 오직(惟) 이치(理)에 대하여(於) 아직 다하지(窮) 못한(未) 것이 있기(有) 때문에(故),

구조 ·술어(莫)+보어(不有理)→ 술어(不有)+목적어(理)
·술어(有)+보어(未窮)

* 不+동사(형용사) ↔ 非+명사

□ 유용한 Tips: 莫, 不/未, 有, 於

- 莫: ·莫+동사: ~한 것(사람)이 없다. / ·莫+형용사: ~보다 ~한 것(사람)은 없다.

莫은 그 뒤에 동사가 위치하면 부정의 의미로 쓰이고, 그 뒤에 형용사가 위치하면 최상급의 의미로 쓰인다. 그런데 莫은 일반 부정사와 달리 '대명사'를 포함한다. 따라서 문장에서 莫을 접하면, '~이 없다'로 번역하지 않고, '~한 것(사람)이(은)'이라는 대명사 의미를 추가해서 번역해야 한다.

- 莫不有理: 莫(대명사 포함)→ 이치(理)를 가지고 있지(有) 않은(不) 것이 없다(莫)

더 알아보기. 정확한 번역을 위한 유용한 Tips
'莫': 50쪽

- 不/未: '不+술어', '未+술어' 등은 술어를 찾는 유용한 단서이다.

'不', '未' 등은 술어 앞에서 술어를 부정하는 보조사이므로 술어를 찾는 유용한 단서이다. 다만 술어를 수식하는 부사가 그사이에 놓일 수 있다(不(+부사)+술어). 따라서 문장에서 '不', '未' 등을 접하면, 그 뒤에 위치한 단어는 술어(동사, 형용사)로 번역한다.

- 不+술어(동사, 형용사): 不有理→ 이치(理)를 가지고 있지(有) 않다(不)
- 未+술어(동사, 형용사): 未窮→ 다하지(窮) 못하다(未)

더 알아보기. 술어를 찾는 데 활용되는 유용한 단어들
'不+술어', '未+술어': 31쪽

- **有**

① 有는 '술어+보어' 구조의 술어로 '~이 있다', '~이 존재하다'로 번역된다. 그리고 그 뒤에 보어의 역할을 할 수 있는 명사가 위치한다. 따라서 有가 술어일 때, 그 뒤에 동사(형용사)처럼 보이는 글자가 있더라도 명사로 번역해야 한다. 만약, 有 뒤에 술어가 위치할 경우 '有以' 형태가 나타난다.

- 有+보어: 有+보어(未窮)→ 아직 다하지(窮) 못한(未) 것이 있다(有)

② 有가 '술어+보어' 구조가 아닌 경우, '술어+목적어' 구조로 '~을 가지고 있다'로 번역된다.

더 알아보기. 술어로 활용된 단어들
'有': 28쪽

- **於: 어조사(어), 탄식하다(오)**

於는 기본적으로 어조사(개사)로 장소·위치·때(~에/~로부터), 사람·대상(~에/에게/을/과), 비교(~보다)로 쓰이지만, 문장 첫머리에서 감탄사(아!)로도 쓰인다. 다만, 감탄사로 쓰일 때는 '오'로 독음한다. 그런데, 어조사 '於'는 번역과 관련하여 술어를 파악하는 유용한 단서이다. 왜냐하면 '於'는 '於+명사(구)'로 연결되어 문장에서 주로 보어의 역할을 하기 때문이다. 따라서 '於+명사(구)'를 접하면, '술어+보어' 혹은 '술어+목적어+보어' 구조에 따라 그 앞에 술어가 위치할 확률이 높다. 다만, '於+명사(구)'는 비교적 문장 내에서 그 위치가 유연하다. 따라서 이 단서는 술어를 찾는 다른 단서와 연결해서 파악해야 한다. 또한, '于' 혹은 '乎'도 '於'와 같이 의미로 문장 중간에 쓰이면 술어를 찾는 단서이다. 결국, '於', '于', '乎'가 명사(구)와 연결되면 그 앞에 술어가 위치하므로, 술어를 찾는 단서라는 점을 기억하고 번역에 적용해야 한다.

- 於+명사(구): 於理→ 理에 대하여→ 다만, 於+명사(구)는 문장에서 그 위치가 유연하다.

더 알아보기. 술어를 찾는 데 활용되는 유용한 단어들.
문장 중간에 쓰인 '於', '于', '乎': 38쪽

7절.

원문	其知有不盡也(기지유부진야). 是以(시이), 大學始教(대학시교),
직역	그(其) 앎(知)이 다하지(盡) 못한(不) 것이 있다(有). 이(是) 때문에(以), 태학(太學)에서 처음(始) 가르칠(教) 때,
구조	·주어(其知)+술어(有)+보어(不盡) ·주어(大學)+술어(教)

* 是以(시이): 이(是) 때문에(以)
* 大學=太學
* 不+동사(형용사) ↔ 非+명사

□ 유용한 Tips: 其, 有, 不

- 其: ①그, 그것, ②곧, ③아마도, 참으로

'其'는 사람이나 사물을 받는 ①대명사(그, 그것)와 ②시간 부사(곧)의 의미이다. 그런데, '其'는 대명사와 시간 부사 이외에 추측의 의미

인 ③'아마도'로 쓰일 때도 있다. 문장에서 '其'를 접하면, 먼저 대명사로 번역하고, 어색할 경우 시간 혹은 추측의 의미로 번역한다. 본문에서는 대명사로 사용되었다.

더 알아보기. 기타
'其': 54쪽

- **有**

① 有는 '술어+보어' 구조의 술어로 '~이 있다', '~이 존재하다'로 번역된다. 그리고 그 뒤에 보어의 역할을 할 수 있는 명사가 위치한다. 따라서 有가 술어일 때, 그 뒤에 동사(형용사)처럼 보이는 글자가 있더라도 명사로 번역해야 한다. 만약, 有 뒤에 술어가 위치할 경우 '有以' 형태가 나타난다.

- 有+보어: 有不盡→ 다하지(盡) 못한(不) 것이 있다(有)

② 有가 '술어+보어' 구조가 아닌 경우, '술어+목적어' 구조로 '~을 가지고 있다'로 번역된다.

더 알아보기. 술어로 활용된 단어들
'有': 28쪽

- **不: '不+술어', '未+술어' 등은 술어를 찾는 유용한 단서이다.**

'不', '未' 등은 술어 앞에서 술어를 부정하는 보조사이므로 술어를 찾는 유용한 단서이다. 다만 술어를 수식하는 부사가 그사이에 놓일 수 있다(不(+부사)+술어). 따라서 문장에서 '不', '未' 등을 접하면, 그 뒤에 위치한 단어는 술어(동사, 형용사)로 번역한다.

- 不+술어(동사, 형용사): 不盡→ 다하지(盡) 못하다(不)

더 알아보기. 술어를 찾는 데 활용되는 유용한 단어들
'不+술어', '未+술어': 31쪽

8절.

원문 必使學者(필사학자), 卽凡天下之物(즉범천하지물),

직역 반드시(必) 학자(學者)로 하여금(使), 모든(凡) 천하(天下)의(之) 사물(物)을 가까이하여(卽),

구조 술어(卽)+목적어(天下之物)

* 使(사): 부리다, 하게 하다
* 使(令, 教, 俾)+명사+동사: 명사로 하여금 동사하게 하다
※ 使(令, 教, 俾)+동사: 使(令)+(之)+동사→ (之)로 하여금 동사하게 하다
* 卽(즉): 卽(즉): 곧, 만일, 가깝다, 가까이하다
· 善人, 教民七年, 亦可以卽戎矣. (논어 자로편)→ 선인(善人)이 백성(民)을 칠년(七年)간 가르치면(教) 또한(亦) 전쟁(戎)에 나가게(卽) 할 수(可以) 있다(矣).

□ 유용한 Tips: 之

- 之

'之'는 문장에서 주격(20%, ~은/는/이/가)·목적격(10%, 을/를)·관형격(40%, ~의/하는/~한/ㄴ) 조사로도 쓰이고, 대명사(25%, 그/그것) 또는 동사(2~5%, 가다) 등으로 쓰인다. 다만, 목적격 조사는 도치(목적어+술어)를 의미하지만, 번역은 목적격 조사(~을/를)만을 붙이기도 한다.

- 天下之物: 之+명사(구)→ 관형격 조사(~의)

더 알아보기. 정확한 번역을 위한 유용한 Tips
'之': 40쪽

9절.

원문 莫不因其已知之理(막불인기이지지리), 而益窮之(이익궁지), 以求至乎其極(이구지호기극),

직역 그(其)가 이미(已) 아(知)는(之) 이치(理)로 말미암지(因) 않는(不) 것이 없(莫)고(而), 그것(之)을 더욱(益) 다하여(窮), 그렇게 함으로써(以), 그(其) 극(極)에(乎) 이르는(至) 것을 구한다(求).

구조
- ·술어(莫)+보어(不因其已知之理)→ 술어(不因)+목적어(其已知之理)
- ·술어(益窮)+목적어(之)
- ·술어(求)+목적어(至乎其極)→ 술어(至)+보어(乎其極)

* 不+동사(형용사) ↔ 非+명사

□ 유용한 Tips: 莫, 不, 其, 而, 之, 以, 乎

- 莫: ·莫+동사: ~한 것(사람)이 없다. / ·莫+형용사: ~보다 ~한 것(사람)은 없다.

莫은 그 뒤에 동사가 위치하면 부정의 의미로 쓰이고, 그 뒤에 형용사가 위치하면 최상급의 의미로 쓰인다. 그런데 莫은 일반 부정사와 달리 '대명사'를 포함한다. 따라서 문장에서 莫을 접하면, '~이 없다'로 번역하지 않고, '~한 것(사람)이(은)'이라는 대명사 의미를 추가해서 번역해야 한다.

- 莫不因: 莫(대명사 포함)→ 말미암지(因) 않는(不) 것이 없다(莫)

> **더 알아보기.** 정확한 번역을 위한 유용한 Tips
> '莫': 50쪽

- 不: '不+술어', '未+술어' 등은 술어를 찾는 유용한 단서이다.

'不', '未' 등은 술어 앞에서 술어를 부정하는 보조사이므로 술어를 찾는 유용한 단서이다. 다만 술어를 수식하는 부사가 그사이에 놓일 수 있다(不(+부사)+술어). 따라서 문장에서 '不', '未' 등을 접하면, 그 뒤에 위치한 단어는 술어(동사, 형용사)로 번역한다.

- 不+술어(동사, 형용사): 不因→ 말미암지(因) 않다(不)

> **더 알아보기.** 술어를 찾는 데 활용되는 유용한 단어들
> '不+술어', '未+술어': 31쪽

- 其: ①그, 그것, ②곧, ③아마도, 참으로

'其'는 사람이나 사물을 받는 ①대명사(그, 그것)와 ②시간 부사(곧)의 의미이다. 그런데, '其'는 대명사와 시간 부사 이외에 추측의 의미인 ③'아마도'로 쓰일 때도 있다. 문장에서 '其'를 접하면, 먼저 대명사로 번역하고, 어색할 경우 시간 혹은 추측의 의미로 번역한다. 본문에서는 대명사로 사용되었다.

- 其已知: 그(其)가 이미(已) 알다(知)
- 其極: 그(其) 극(極)

> **더 알아보기.** 기타
> '其': 54쪽

- 而

'而'는 2인칭 대명사(너, 그대, 당신)나 종결사로 쓰이지만, 기본적으로 술어와 술어를 연결하는 접속사이다. 따라서 '而'의 앞과 뒤에 술어가 있다는 점에서 술어를 찾는 유용한 단서이다. 다만, 지나치게 술어가 반복되면 부사어(~하고서/~서)처럼 번역하기도 한다.

① 원문: 莫不因其已知之理(막불인기이지지리), 而益窮之(이익궁지)

② 단서확대: '而' 앞에 '莫不因其已知之理'에 술어가 있다. '而' 뒤에 '益窮之'에 술어가 있다.

③ 술어찾기

- 莫不因其已知之理: 술어 '不因'→ 술어+목적어→ 그(其)가 이미(已) 아(知)는(之) 이치(理)를 말미암지(因) 않는(不) 것이 없다(莫)
- 益窮之: 술어 '不因'→ 술어+목적어→ 그것(之)을 더욱(益) 다한다(窮)

④ 직역: 그(其)가 이미(已) 아(知)는(之) 이치(理)를 말미암지(因) 않는(不) 것이 없(莫)고(而), 그것(之)을 더욱(益) 다한다(窮).

더 알아보기. 술어를 찾는 데 활용되는 유용한 단어들
'而': 37쪽

- 之

'之'는 문장에서 주격(20%, ~은/는/이/가)·목적격(10%, 을/를)·관형격(40%, ~의/하는/~한/ㄴ) 조사로도 쓰이고, 대명사(25%, 그/그것) 또는 동사(2~5%, 가다) 등으로 쓰인다. 다만, 목적격 조사는 도치(목적어+술어)를 의미하지만, 번역은 목적격 조사(~을/를)만을 붙이기도 한다.

- 其已知之理: 之+명사(구)→ 관형격 조사(~는)

• 而益窮之: 술어+之→ 대명사(그것)

더 알아보기. 정확한 번역을 위한 유용한 Tips
'之': 40쪽

- 以 기본형: ~으로/ 로써/~을 가지고→ 사용해서

① 以+명사(구): 명사로써, 명사로, 명사를 가지고

'以+명사(구)'는 '以'의 기본적인 형태이다. 이 때 '以'는 영어의 'with'와 같다.

② 명사(구)+以+동사→ 以+(之)+동사(형용사): 그것(之)으로써(以) ~ 동사(형용사)하다.

이 형태는 두 가지로 해석할 수 있다. 먼저, '명사(A)로써(以) 동사(B)하다'이다. 다음은 대명사 '之'를 넣어서, '명사(A), 그것(之)으로써(以) 동사(B)하다'이다. 필자는 'A, 그것(之)으로써(以) B하다'로 번역할 것을 추천한다. 그 이유는 '명사(A)+以+동사'는 '以+명사(A)+동사'의 도치이기 때문이다. 도치는 강조하기 위한 것이므로, '명사(구)를 강조하고(A), 그것으로써 동사하다'는 의미가 저자의 의도를 반영한 번역이기 때문이다. 여기서 삽입한 之는 A를 대신하는 명사(구)이다.

• 以求至乎其極: 그렇게 함으로써(以), 그(其) 극(極)에(乎) 이르는(至) 것을 구한다(求)

더 알아보기. 정확한 번역을 위한 유용한 Tips
'以': 42쪽

- 乎: '於', '于', '乎'

乎는 기본적으로 어조사(개사)로 장소·위치·때(~에/~로부터), 사람·대상(~에/에게/을/과), 비교(~보다)의 의미로 쓰인다. 다만, '於'는 문장 첫머리에서 감탄사(아!)로도 쓰인다. 다만, 감탄사로 쓰일 때는 '오'로 독음한다. 그런데, 어조사 '於', '于', '乎'는 번역과 관련하여 술어를 파악하는 유용한 단서이다. 왜냐하면 '어조사+명사(구)'로 연결되어 문장에서 보어의 역할을 하기 때문이다. 따라서 '어조사+명사(구)'를 접하면, '술어+보어' 혹은 '술어+목적어+보어' 구조에 따라 그 앞에 술어가 위치할 확률이 높다. 다만, '어조사+명사(구)'는 비교적 문장 내에서 그 위치가 유연하다. 따라서 이 단서는 술어를 찾는 다른 단서와 연결해서 파악해야 한다. 결국, '於', '于', '乎'가 명사(구)와 연결되면 그 앞에 술어가 위치하므로, 술어를 찾는 단서라는 점을 기억하고 번역에 적용해야 한다.

- 술어(+목적어)+乎+명사(구): 至乎其極→ 그(其) 극(極)에(乎) 이르다(至)

10절.

원문	至於用力之久(지어용력지구), 而一旦(이일단), 豁然貫通焉(활연관통언),
직역	힘(力)을 쓰는(用) 것이(之) 오래된(久) 것에(於) 이르러(至)서(而) 하루아침(一旦)에 활연(豁然)하게 그것(焉)을 관통(貫通)하게 되면,
구조	·술어(至)+보어(於用力之久)→ 주어(用力之)+술어(久) ·술어(貫通)+목적어(焉)

* 一旦(일단): 한번, 일조(一朝), 우선(于先), 잠깐
* 豁然(활연): 시원하게 터진 모양 또는 의문되던 것을 시원하게 깨달은 모양

□ 유용한 Tips: 於, 之, 而, 焉

- 於: 어조사(어), 탄식하다(오)

於는 기본적으로 어조사(개사)로 장소·위치·때(~에/~로부터), 사람·대상(~에/에게/을/과), 비교(~보다)로 쓰이지만, 문장 첫머리에서 감탄사(아!)로도 쓰인다. 다만, 감탄사로 쓰일 때는 '오'로 독음한다. 그런데, 어조사 '於'는 번역과 관련하여 술어를 파악하는 유용한 단서이다. 왜냐하면 '於'는 '於+명사(구)'로 연결되어 문장에서 주로 보어의 역할을 하기 때문이다. 따라서 '於+명사(구)'를 접하면, '술어+보어' 혹은 '술어+목적어+보어' 구조에 따라 그 앞에 술어가 위치할 확률이 높다. 다만, '於+명사(구)'는 비교적 문장 내에서 그 위치가 유연하다. 따라서 이 단서는 술어를 찾는 다른 단서와 연결해서 파악해야 한다. 또한, '于' 혹은 '乎'도 '於'와 같이 의미로 문장 중간에 쓰이면 술어를 찾는 단서이다. 결국, '於', '于', '乎'가 명사(구)와 연결되면 그 앞에 술어가 위치하므로, 술어를 찾는 단서라는 점을 기억하고 번역에 적용해야 한다.

- 술어(+목적어)+於+명사(구): 至於用力之久→ 至(술어)+於+명사구(用力之久)→ 힘(力)을 쓰는(用) 것이(之) 오래된(久) 것에(於) 이르다(至)

더 알아보기. 술어를 찾는 데 활용되는 유용한 단어들
문장 중간에 쓰인 '於', '于', '乎': 38쪽

- 之

'之'는 문장에서 주격(20%, ~은/는/이/가)·목적격(10%, 을/를)·관형격(40%, ~의/하는/~한/ㄴ) 조사로도 쓰이고, 대명사(25%, 그/그것) 또는 동사(2~5%, 가다) 등으로 쓰인다. 다만, 목적격 조사는 도치(목적어+술

어)를 의미하지만, 번역은 목적격 조사(~을/를)만을 붙이기도 한다.

- 用力之久: 之+술어: '之'는 주격 조사(~이)→ 힘(力)을 쓰는(用) 것이(之) 오래되다(久)
- 用力之久: 之+명사: '之'는 관형격 조사(~의)→ 힘(力)을 쓰는(用) 것의(之) 오래됨(久)

더 알아보기. 정확한 번역을 위한 유용한 Tips

'之': 40쪽

- 而

'而'는 2인칭 대명사(너, 그대, 당신)나 종결사로 쓰이지만, 기본적으로 술어와 술어를 연결하는 접속사이다. 따라서 '而'의 앞과 뒤에 술어가 있다는 점에서 술어를 찾는 유용한 단서이다. 다만, 지나치게 술어가 반복되면 부사어(~하고서/~서)처럼 번역하기도 한다.

① 원문: 至於用力之久, 而一旦, 豁然貫通焉

② 단서확대: '而' 앞에 '至於用力之久'에 술어가 있다. '而' 뒤에 '一旦, 豁然貫通焉'에 술어가 있다.

③ 술어찾기

- 至於用力之久: 술어 '至'→ 술어+보어→ 힘(力)을 쓰는(用) 것이(之) 오래된(久) 것에(於) 이르다(至)
- 一旦, 豁然貫通焉: 술어 '貫通'→ 술어+목적어→ 하루아침(一旦)에 활연(豁然)하게 그것(焉)을 관통(貫通)하다

④ 직역: 힘(力)을 쓰는(用) 것이(之) 오래된(久) 것에(於) 이르러(至)서(而) 하루아침(一旦)에 활연(豁然)하게 그것(焉)을 관통(貫通)하다.

더 알아보기. 술어를 찾는 데 활용되는 유용한 단어들
'而': 37쪽

- 焉

焉은 의문대명사, 의문부사, 접속사로도 쓰이고, '也', '矣'와 같이 종결사로도 쓰인다. 그러나 종결사로 쓰일 때, '也', '矣'과 달리 '於是', '於此', '於之'의 준말로, '거기에', '여기에서', '이것에', '그것을' 등의 의미를 포함하고 있다.

- 貫通焉: 焉(대명사 포함)→ 관통하다(×), 그것(焉)을 관통(貫通)하다(○)

더 알아보기. 정확한 번역을 위한 유용한 Tips
'焉': 51쪽

11절.

원문 則衆物之表裏精粗(즉중물지표리정조) 無不到(무부도),
而吾心之全體大用(이오심지전체대용) 無不明矣(무불명의).

직역 즉(則), 모든(衆) 사물(物)의(之) 표리(表裏)와 정조(精粗)가 미치지(到) 않는(不) 것이 없(無)고(而), 내(吾) 마음(心)의(之) 전체(全體)와 큰(大) 작용(用)이 밝아지지(明) 않는(不) 것이 없을(無) 것이다(矣).

구조 ·주어(衆物之表裏精粗)+술어(無)+보어(不到)
·주어(吾心之全體大用)+술어(無)+보어(不明)

* 表裏(표리): 속과 겉, 안팎, 표면과 내심
* 精粗(정조): 정밀한 것과 거친 것
* 無(무): ~이 없다→ ~이 아니다(아니하다)→ ~말라→ 무시하다(업신여기다)

□ 유용한 Tips: 之, 不, 而

- 之

'之'는 문장에서 주격(20%, ~은/는/이/가)·목적격(10%, 을/를)·관형격(40%, ~의/하는/~한/ㄴ) 조사로도 쓰이고, 대명사(25%, 그/그것) 또는 동사(2~5%, 가다) 등으로 쓰인다. 다만, 목적격 조사는 도치(목적어+술어)를 의미하지만, 번역은 목적격 조사(~을/를)만을 붙이기도 한다.

- 衆物之表裏: 之+명사(구)→ 관형격 조사(~의)

더 알아보기. 정확한 번역을 위한 유용한 Tips
'之': 40쪽

- 不: '不+술어', '未+술어' 등은 술어를 찾는 유용한 단서이다.

'不', '未' 등은 술어 앞에서 술어를 부정하는 보조사이므로 술어를 찾는 유용한 단서이다. 다만 술어를 수식하는 부사가 그사이에 놓일 수 있다(不(+부사)+술어). 따라서 문장에서 '不', '未' 등을 접하면, 그 뒤에 위치한 단어는 술어(동사, 형용사)로 번역한다.

- 不+술어(동사, 형용사): 不到→ 미치지(到) 않다(不)
- 不+술어(동사, 형용사): 不明→ 밝아지지(明) 않다(不)

더 알아보기. 술어를 찾는 데 활용되는 유용한 단어들
'不+술어', '未+술어': 31쪽

- 而

'而'는 2인칭 대명사(너, 그대, 당신)나 종결사로 쓰이지만, 기본적으로 술어와 술어를 연결하는 접속사이다. 따라서 '而'의 앞과 뒤에 술어가

있다는 점에서 술어를 찾는 유용한 단서이다. 다만, 지나치게 술어가 반복되면 부사어(~하고서/~서)처럼 번역하기도 한다. 참고로 명사와 명사를 연결하는 접속사는 '與(여)'와 '及(급)'이다. 본문에서는 술어가 포함된 문장을 연결했다.

- 술어+而+술어: 無不到, 而 ~ 無不明矣

더 알아보기. 술어를 찾는 데 활용되는 유용한 단어들
'而': 37쪽

12절.

원문 此謂物格(차위물격), 此謂知之至也(차위지지지야).

직역 이것(此)은 물격(物格)이라 이르고(謂), 이것(此)은 앎(知)이(之) 지극한(至) 것을 이르는(謂) 것이다(也).

구조 ·주어(此)+술어(謂)+보어(物格)
·주어(此)+술어(謂)+목적어(知之至)→ 주어(知之)+술어(至)

* 物格(물격): 사물의 이치가 연구된 상태

□ 유용한 Tips: 之

- 之

'之'는 문장에서 주격(20%, ~은/는/이/가)·목적격(10%, 을/를)·관형격(40%, ~의/하는/~한/ㄴ) 조사로도 쓰이고, 대명사(25%, 그/그것) 또는 동사(2~5%, 가다) 등으로 쓰인다. 다만, 목적격 조사는 도

치(목적어+술어)를 의미하지만, 번역은 목적격 조사(~을/를)만을 붙이기도 한다.

- 知之至: '之'는 주격 조사(~이)로도 번역할 수도 있고, 관형격 조사(~의)로도 번역할 수 있다. '之'의 뒤에 있는 '至'를 동사(형용사) 또는 명사로 정하는 것에 따라 다르게 적용할 수 있다.

더 알아보기. 정확한 번역을 위한 유용한 Tips

'之': 40쪽

6장.

소위성기의자(所謂誠其意者)

1절.

원문 所謂誠其意者(소위성기의자), 毋自欺也(무자기야).
如惡惡臭(여오악취), 如好好色(여호호색), 此之謂自謙(차지위자겸).
故(고), 君子(군자), 必愼其獨也(필신기독야).

직역 이른바(所謂), 그(其) 뜻(意)을 성실하게 한다(誠)는 것은(者) 스스로(自) 속이지(欺) 말라(毋)는 것이다(也). 마치 악취(惡臭)를 싫어하는 것(惡) 같고(如), 마치 호색(好色)을 좋아하는 것(好) 같으니(如), 이것(此)은(之) 스스로(自) 겸손하다(謙)는 것을 이르는(謂) 것이다. 그러므로(故) 군자(君子)는 반드시(必) 그(其) 홀로(獨)라도 삼가는(愼) 것이다(也).

구조
- 주어(誠其意者)+술어(毋~欺)→ 술어(誠)+목적어(其意)
- 술어(惡)+목적어(惡臭) / 술어(好)+목적어(好色)
- 주어(此之)+술어(謂)+목적어(自謙)
  ※ 此之를 목적어의 도치로 보면, 自謙는 보어이다.
- 주어(君子)+술어(必愼)+보어(其獨)
  ※ '其獨' 목적어로도 볼 수 있다.

* 所謂(소위): 이른바

* 毋(무): 없다→ 말라
* 如(여): 마치 ~와 같다
* 惡: 악하다(악), 미워하다(오), 어찌(오)
· 惡惡臭(오악취): 악취(惡臭)를 싫어하다(惡)
* 臭: 냄새(취), (냄새를) 맡다(후)
* 謙: 겸손하다(겸), 흡족하다(겹), 혐의(혐)
* 愼其獨(신기독): ①그(가) 혼자 있을 때 ~삼간다, ②그(가) 혼자 아는 것도 ~삼간다

□ 유용한 Tips: 其, 者, 之, 必

- 其: ①그, 그것, ②곧, ③아마도, 참으로

'其'는 사람이나 사물을 받는 ①대명사(그, 그것)와 ②시간 부사(곧)의 의미이다. 그런데, '其'는 대명사와 시간 부사 이외에 추측의 의미인 ③'아마도'로 쓰일 때도 있다. 문장에서 '其'를 접하면, 먼저 대명사로 번역하고, 어색할 경우 시간 혹은 추측의 의미로 번역한다. 본문에서는 대명사로 사용되었다.

> 더 알아보기. 기타
> '其': 54쪽

- 者: ~하는 사람, ~하는 것, ~라는 것은, ~은/는

'~者'는 명사구로 문장 끝에서 목적어로도 쓰이지만, 기본적으로 주어 역할로 술어 앞에 위치한다. 따라서 '者' 뒤에 술어가 위치하므로 술어를 찾는 유용한 단서이다. 또, 者는 '수식어+피수식어' 구조이므로 수식하는 말이 수식받는 말 앞에 놓인다는 점도 번역에 유용한 단서이다. 한편, '者'는 한글의 의존명사(~것, ~사람)뿐만 아니라 주격조사(~은/는)로도 사용된다.

- 誠其意者: 수식어(誠其意)+피수식어(者)→ 주어부(者)+술어

더 알아보기. 술어를 찾는 데 활용되는 유용한 단어들
'者': 36쪽

- 之

'之'는 문장에서 주격(20%, ~은/는/이/가)·목적격(10%, 을/를)·관형격(40%, ~의/하는/~한/ㄴ) 조사로도 쓰이고, 대명사(25%, 그/그것) 또는 동사(2~5%, 가다) 등으로 쓰인다. 다만, 목적격 조사는 도치(목적어+술어)를 의미하지만, 번역은 목적격 조사(~을/를)만을 붙이기도 한다. '此之謂自謙'의 '之'는 도치를 의미한다. 다만, 번역은 목적격 조사로 번역할 수 있다.

더 알아보기. 정확한 번역을 위한 유용한 Tips
'之': 40쪽

- **必: '欲+술어', '先+술어', '必+술어', '敢+술어'**

'欲', '必', '敢', '先' 등 한글의 부사 혹은 보조사는 술어 앞에 위치하므로 술어를 찾는 유용한 단서이다. 부사는 형용사나 동사를 수식하기도 하고 문장 전체를 수식하며, 다른 부사를 수식하기도 한다. 결국, '수식어+피수식어' 구조에 따라 부사는 술어 앞에 위치할 확률이 높다. 또 '欲'은 술어(동사, 형용사) 앞에 놓여서 술어를 보조하므로 술어를 찾는 유용한 단서이다.

- 必+술어: 必愼其獨也→ 반드시(必) 그(其) 홀로(獨)라도 삼가는(愼) 것이다(也).

더 알아보기. 술어를 찾는 데 활용되는 유용한 단어들

'欲+술어', '先+술어', '必+술어', '敢+술어': 34쪽

2절.

원문 小人(소인), 閒居(한거), 爲不善(위불선), 無所不至(무소부지), 見君子而后(견군자이후), 厭然揜其不善(염연엄기불선), 而著其善(이저기선). 人之視己(인지시기), 如見其肺肝然(여견기폐간연), 則何益矣(즉하익의). 此謂誠於中(차위성어중), 形於外(형어외). 故(고), 君子(군자), 必愼其獨也(필신기독야).

직역 소인(小人)은 한가로이(閒) 거할(居) 때, 불선(不善)을 하는데(爲), 이르지(至) 않는(不) 바(所)가 없다가(無), 군자(君子)를 본(見~而) 뒤(后)에는 숨기어(厭然) 그(其) 선하지(善) 않는(不) 것을 가리(揜)고(而), 그(其) 선(善)을 드러낸다(著). 남(人)이(之) 자기(己)를 보는(視) 것이 마치 그(其) 폐간(肺肝然)을 보는(見) 듯하니(如), 곧(則) 무슨(何) 이익(益)이 있겠는가(矣)? 이것(此)은 안(中)에(於) 진실하면(誠), 밖(外)에(於) 드러나는(形) 것을 이르는(謂) 것이다. 그러므로(故) 군자(君子)는 반드시(必) 그(其) 홀로(獨)라도 삼가는(愼) 것이다(也).

구조
- 주어(小人)+술어(爲)+목적어(不善)
- 술어(見)+목적어(君子)+而后+술어(揜)+목적어(其不善)+而+술어(著)+목적어(其善)
- 주어(人之)+술어(視)+목적어(己)+술어(如見)+목적어(其肺肝)
- 주어(此)+술어(謂)+목적어(誠於中, 形於外)→ 술어(誠/形)+보어(於中/於外)
- 주어(君子)+술어(必愼)+보어(其獨)

※ '其獨' 목적어로도 볼 수 있다.

* 不善(불선): 불선, 선하지 않다

* 不+동사(형용사) ↔ 非+명사

* 無(무): ~이 없다→ ~이 아니다(아니하다)→ ~말라→ 무시하다(업신여기다)
* 后(후): 後와 같은 글자이다. 오후(午後)=오후(午后)
* 厭然(염연): 염연히→ 숨기다
* 揜(엄): 가리다→ 숨기다, 감추다
* 如(여): 마치 ~와 같다
* 肺肝(폐간): 폐와 간
* 愼其獨(신기독): ①그(가) 혼자 있을 때 ~삼간다, ②그(가) 혼자 아는 것도 ~삼간다

□ 유용한 Tips: 爲, 不, 所, 而, 其, 之, 於, 必

- 爲: 만능

'爲'는 '되다'의 의미로 기본적으로 술어의 역할을 한다. 그러나 영어의 'do(하다)'와 같이 모든 술어를 대신할 수 있다. 자주 사용되는 표현으로는 '~을 위하다', '~ 때문에'로 쓰이고, '以'와 연결되어 숙어로 '~으로 여긴다(삼는다)'로도 쓰인다. 다만, '爲'가 평서문에서 '~ 때문에'로 쓰일 때는 종결사 '也'와 함께 쓰인다. 그리고 문장에서 술어가 생략된 경우에도 주어와 술어 사이에 '爲'를 넣어 해석할 수 있다.

더 알아보기. 기타
'爲': 53쪽

- 不: '不+술어', '未+술어' 등은 술어를 찾는 유용한 단서이다.

'不', '未' 등은 술어 앞에서 술어를 부정하는 보조사이므로 술어를 찾는 유용한 단서이다. 다만 술어를 수식하는 부사가 그사이에 놓일 수 있다(不(+부사)+술어). 따라서 문장에서 '不', '未' 등을 접하면, 그 뒤에 위치한 단어는 술어(동사, 형용사)로 번역한다.

- 不+술어(동사, 형용사): 不善→ 선하지(善) 않다(不)
- 不+술어(동사, 형용사): 不至→ 이르지(至) 않다(不)

더 알아보기. 술어를 찾는 데 활용되는 유용한 단어들
'不+술어', '未+술어': 31쪽

- 所: ~하는 바, ~한 곳, ~한 것(피수식어+수식어)

한문은 '주어+술어+목적어(보어)' 구조이고, 한글은 '주어+목적어(보어)+술어' 구조이다. 그러나 단어는 한문과 한글 모두 '수식어+피수식어'로 결합한다. 그래서 '높은 산'은, '高(높은)山(산)'으로 작문된다. 즉, 형용사가 명사를 수식하고, 부사가 형용사나 동사를 수식하는 구조는 한문과 한글이 같다. 그러나 '所(~하는 바)'는 '於', '于', '乎'의 조사와 같이 단어가 결합하는 예외이다. 물론, 후대에 오면서 숙소(宿所), 해우소(解憂所) 등 하나의 명사로 굳어진 예도 있다. 그러나 '所'는 기본적으로 '피수식어(所)+수식어' 구조의 명사구이다. 그리고 '所'를 꾸며주는 수식어는 동사나 형용사이다. 따라서 문장에서 '所'를 접하면, 그 뒤에 위치한 단어는 동사 혹은 형용사로 번역해야 한다.

- 所+술어(동사, 형용사): 所不至→ 이르지(至) 않는(不) 바(所)

더 알아보기. 정확한 번역을 위한 유용한 Tips
'所': 48쪽

- 而

'而'는 2인칭 대명사(너, 그대, 당신)나 종결사로 쓰이지만, 기본적으로 술어와 술어를 연결하는 접속사이다. 따라서 '而'의 앞과 뒤에

술어가 있다는 점에서 술어를 찾는 유용한 단서이다. 다만, 지나치게 술어가 반복되면 부사어(~하고서/~서)처럼 번역하기도 한다.

① 원문: 厭然揜其不善, 而著其善

② 단서확대: '而' 앞에 '厭然揜其不善'에 술어가 있다. '而' 뒤에 '著其善'에 술어가 있다.

③ 술어찾기

- 厭然揜其不善: 술어 '揜'→ 술어+목적어→ 숨기어(厭然) 그(其) 선하지(善) 않은(不) 것을 가리다(揜)
- 著其善: 술어 '著'→ 술어+목적어→ 그(其) 선(善)을 드러낸다(著)

④ 직역: 숨기어(厭然) 그(其) 선하지(善) 않은(不) 것을 가리(揜)고(而), 그(其) 선(善)을 드러낸다(著).

더 알아보기. 술어를 찾는 데 활용되는 유용한 단어들

'而': 37쪽

- 其: ①그, 그것, ②곧, ③아마도, 참으로

'其'는 사람이나 사물을 받는 ①대명사(그, 그것)와 ②시간 부사(곧)의 의미이다. 그런데, '其'는 대명사와 시간 부사 이외에 추측의 의미인 ③'아마도'로 쓰일 때도 있다. 문장에서 '其'를 접하면, 먼저 대명사로 번역하고, 어색할 경우 시간 혹은 추측의 의미로 번역한다. 본문에서는 대명사로 사용되었다.

더 알아보기. 기타

'其': 54쪽

- 之

'之'는 문장에서 주격(20%, ~은/는/이/가)·목적격(10%, 을/를)·관형격(40%, ~의/하는/~한/ㄴ) 조사로도 쓰이고, 대명사(25%, 그/그것) 또는 동사(2~5%, 가다) 등으로 쓰인다. 다만, 목적격 조사는 도치(목적어+술어)를 의미하지만, 번역은 목적격 조사(~을/를)만을 붙이기도 한다.

- 人之視己: '之'+술어(視)→ 주격 조사(~이)→ 남(人)이(之) 자기(己)를 본다(視)

더 알아보기. 정확한 번역을 위한 유용한 Tips
'之': 40쪽

- 於: 어조사(어), 탄식하다(오)

於는 기본적으로 어조사(개사)로 장소·위치·때(~에/~로부터), 사람·대상(~에/에게/을/과), 비교(~보다)로 쓰이지만, 문장 첫머리에서 감탄사(아!)로도 쓰인다. 다만, 감탄사로 쓰일 때는 '오'로 독음한다. 그런데, 어조사 '於'는 번역과 관련하여 술어를 파악하는 유용한 단서이다. 왜냐하면 '於'는 '於+명사(구)'로 연결되어 문장에서 주로 보어의 역할을 하기 때문이다. 따라서 '於+명사(구)'를 접하면, '술어+보어' 혹은 '술어+목적어+보어' 구조에 따라 그 앞에 술어가 위치할 확률이 높다. 다만, '於+명사(구)'는 비교적 문장 내에서 그 위치가 유연하다. 따라서 이 단서는 술어를 찾는 다른 단서와 연결해서 파악해야 한다. 또한, '于' 혹은 '乎'도 '於'와 같이 의미로 문장 중간에 쓰이면 술어를 찾는 단서이다. 결국, '於', '于', '乎'가 명사(구)와 연결되면 그 앞에 술어가 위치하므로, 술어를 찾는 단서라는 점을 기억하고 번역에 적용해야 한다.

- 술어(+목적어)+於+명사(구): 誠於中→ 안(中)에(於) 진실하다(誠)
- 술어(+목적어)+於+명사(구): 形於外→ 밖(外)에(於) 드러나다(形)

더 알아보기. 술어를 찾는 데 활용되는 유용한 단어들
문장 중간에 쓰인 '於', '于', '乎': 38쪽

- 必: '欲+술어', '先+술어', '必+술어', '敢+술어'

'欲', '必', '敢', '先' 등 한글의 부사 혹은 보조사는 술어 앞에 위치하므로 술어를 찾는 유용한 단서이다. 부사는 형용사나 동사를 수식하기도 하고 문장 전체를 수식하며, 다른 부사를 수식하기도 한다. 결국, '수식어+피수식어' 구조에 따라 부사는 술어 앞에 위치할 확률이 높다. 또 '欲'은 술어(동사, 형용사) 앞에 놓여서 술어를 보조하므로 술어를 찾는 유용한 단서이다.

- 必+술어: 必愼其獨也→ 반드시(必) 그(其) 홀로(獨)라도 삼가는(愼) 것이다(也)

더 알아보기. 술어를 찾는 데 활용되는 유용한 단어들
'欲+술어', '先+술어', '必+술어', '敢+술어': 34쪽

3절.

원문 曾子曰(증자왈), 十目所視(십목소시), 十手所指(십수소지), 其嚴乎(기엄호). 富潤屋(부윤옥), 德潤身(덕윤신). 心廣體胖(심광체반). 故(고), 君子(군자), 必誠其意(필성기의). 右(우), 傳之六章(전지육장).

직역 증자(曾子)가 말하길(曰), "열(十) (사람의) 눈(目)이 보는(視) 바(所)와 열(十) (사람의) 손(手)이 가리키는(指) 바(所)이니, 참으로(其) 엄하구나(嚴乎)."라고 했다. 부(富)는 집(屋)을 윤택하게 하고(潤), 덕(德)은 몸(身)을 윤택하게 한다(潤). 마음(心)이 넓어지고(廣) 몸(體)은 편안해 진다(胖). 그러므로(故) 군자(君子)는 반드시(必) 그(其) 뜻(意)을 진실하게 한다(誠). 우(右)는 전(傳)의(之) 6장(六章)이다.

구조
- ·주어(曾子)+술어(曰)+보어(十目所視, 十手所指, 其嚴乎)
- ·주어(富)+술어(潤)+목적어(屋), 주어(德)+술어(潤)+목적어(身)
- ·주어(心)+술어(廣), 주어(體)+술어(胖)
- ·주어(君子)+술어(必誠)+목적어(其意)
- ·주어(右)+술어(생략)+보어(傳之六章)

* 曾子(증자): 춘추시대의 유학자로 이름은 참(參)이며, 자는 자여(子輿)이다. 공자의 제자로 대학(大學)을 저술하고 효경(孝經)을 만들었다. 자사(子思)는 그의 제자이다.

* A曰, B: ①A가 말하길, "B"라고 했다, ②A가 B라고 말했다

☞ 확장. 謂(語)A曰B: A에게 일러 B라고 말했다, / A를 평하여 B라고 말했다

* 胖(반): 희생(犧牲)의 반쪽, 갈빗살, 편안하다, 관대하다, 살지다

□ 유용한 Tips: 所, 其, 必, 之

- 所: ~하는 바, ~한 곳, ~한 것(피수식어+수식어)

한문은 '주어+술어+목적어(보어)' 구조이고, 한글은 '주어+목적어(보어)+술어' 구조이다. 그러나 단어는 한문과 한글 모두 '수식어+피수식어'로 결합한다. 그래서 '높은 산'은, '高(높은)山(산)'으로 작문된다. 즉, 형용사가 명사를 수식하고, 부사가 형용사나 동사를 수식하는 구조는 한문과 한글이 같다. 그러나 '所(~하는 바)'는 '於', '于', '乎'의 조사와 같이 단어가 결합하는 예외이다. 물론, 후대에 오면서 숙소

(宿所), 해우소(解憂所) 등 하나의 명사로 굳어진 예도 있다. 그러나 '所'는 기본적으로 '피수식어(所)+수식어' 구조의 명사구이다. 그리고 '所'를 꾸며주는 수식어는 동사나 형용사이다. 따라서 문장에서 '所'를 접하면, 그 뒤에 위치한 단어는 동사 혹은 형용사로 번역해야 한다.

- 所+술어(동사, 형용사): 所視→ 보는(視) 바(所)
- 所+술어(동사, 형용사): 所指→ 가리키는(指) 바(所)

더 알아보기. 정확한 번역을 위한 유용한 Tips
'所': 48쪽

- 其: ①그, 그것, ②곧, ③아마도, 참으로

'其'는 사람이나 사물을 받는 ①대명사(그, 그것)와 ②시간 부사(곧)의 의미이다. 그런데, '其'는 대명사와 시간 부사 이외에 추측의 의미인 ③'아마도'로 쓰일 때도 있다. 문장에서 '其'를 접하면, 먼저 대명사로 번역하고, 어색할 경우 시간 혹은 추측의 의미로 번역한다.

- 其嚴乎: 참으로(其) 엄하구나(嚴乎)
- 必誠其意: 반드시(必) 그(其) 뜻(意)을 진실하게 한다(誠)

더 알아보기. 기타
'其': 54쪽

- 必: '欲+술어', '先+술어', '必+술어', '敢+술어'

'欲', '必', '敢', '先' 등 한글의 부사 혹은 보조사는 술어 앞에 위치하므로 술어를 찾는 유용한 단서이다. 부사는 형용사나 동사를 수식하기도 하고 문장 전체를 수식하며, 다른 부사를 수식하기도 한다. 결국, '수식어+피수식어' 구조에 따라 부사는 술어 앞에 위치할 확률이 높다. 또 '欲'은 술어(동사, 형용사) 앞에 놓여서 술어를 보조하므로 술어를 찾는 유용한 단서이다.

- 必+술어: 必誠其意→ 반드시(必) 그(其) 뜻(意)을 진실하게 한다(誠)

더 알아보기. 술어를 찾는 데 활용되는 유용한 단어들
'欲+술어', '先+술어', '必+술어', '敢+술어': 34쪽

- 之

'之'는 문장에서 주격(20%, ~은/는/이/가)·목적격(10%, 을/를)·관형격(40%, ~의/하는/~한/ㄴ) 조사로도 쓰이고, 대명사(25%, 그/그것) 또는 동사(2~5%, 가다) 등으로 쓰인다. 다만, 목적격 조사는 도치(목적어+술어)를 의미하지만, 번역은 목적격 조사(~을/를)만을 붙이기도 한다.

- 傳之六章: 之+명사(구)→ 관형격 조사(~의)

더 알아보기. 정확한 번역을 위한 유용한 Tips
'之': 40쪽

7장.

소위수신재정기심자(所謂修身在正其心者)

1절.

원문 所謂修身(소위수신), 在正其心者(재정기심자),
心有所忿懥(심유소분치), 則不得其正(즉부득기정),
有所恐懼(유소공구), 則不得其正(즉부득기정), 有所好樂(유소호요),
則不得其正(즉부득기정), 有所憂患(유소우환),
則不得其正(즉부득기정).

직역 이른바(所謂), 몸(身)을 닦는(修) 것은 그(其) 마음(心)을 바르게 하는(正) 데 있다(在)는 것(者)은 마음(心)에 원통하여 화를 내는(忿懥) 바(所)가 있으(有)면(則), 그(其) 바름(正)을 얻을(得) 수 없고(不), 두려워하는(恐懼) 바(所)가 있으(有)면(則), 그(其) 바름(正)을 얻을(得) 수 없고(不), 좋아하는(好樂) 바(所)가 있으(有)면(則), 그(其) 바름(正)을 얻을(得) 수 없고(不), 근심하는(憂患) 바(所)가 있으(有)면(則), 그(其) 바름(正)을 얻을(得) 수 없는(不) 것이다.

구조
- 주어(修身, 在正其心者)+술어(不得)+목적어(其正)
- 주어(修身)+술어(在)+보어(正其心)→ 술어(修)+목적어(身) / 술어(正)+목적어(其心)
- 술어(有)+보어(所忿懥, 所恐懼, 所好樂, 所憂患)

* 所謂(소위): 이른바
* 忿懥(분치): 원통하여 화를 내다. 懥(치): 성내다
* 不+동사(형용사) ↔ 非+명사
* 得(득): 동사로 쓰임
* 恐懼(공구): 몹시 두려워하다
* 樂: 노래(악), 즐기다(락/낙), 좋아하다(요)

□ 유용한 Tips: 在, 其, 者, 有, 所, 不

- 在

在의 기본 의미는 '있다, 존재하다, 살피다'이며, 기본 품사는 동사이다. 따라서 '在'는 문장에서 술어 역할을 한다. 문장에서 '在'를 접하면 술어일 가능성을 염두에 두고 번역한다. 단, 문장 전체의 술어를 의미하는 것은 아니다.

- **修身**, 在正其心: 몸(身)을 닦는(修) 것은 그(其) 마음(心)을 바르게 하는(正) 데 있다(在)

더 알아보기. 술어로 활용된 단어들

'在': 30쪽

- 其: ①그, 그것, ②곧, ③아마도, 참으로

'其'는 사람이나 사물을 받는 ①대명사(그, 그것)와 ②시간 부사(곧)의 의미이다. 그런데, '其'는 대명사와 시간 부사 이외에 추측의 의미인 ③'아마도'로 쓰일 때도 있다. 문장에서 '其'를 접하면, 먼저 대명사로 번역하고, 어색할 경우 시간 혹은 추측의 의미로 번역한다. 본문에서는 대명사로 사용되었다.

더 알아보기. 기타
'其': 54쪽

- 者: ~하는 사람, ~하는 것, ~라는 것은, ~은/는

'~者'는 명사구로 문장 끝에서 목적어로도 쓰이지만, 기본적으로 주어 역할로 술어 앞에 위치한다. 따라서 '者' 뒤에 술어가 위치하므로 술어를 찾는 유용한 단서이다. 또, 者는 '수식어+피수식어' 구조이므로 수식하는 말이 수식 받는 말 앞에 놓인다는 점도 번역에 유용한 단서이다. 한편, '者'는 한글의 의존명사(~것, ~사람)뿐만 아니라 주격조사(~은/는)로도 사용된다.

- 在正其心者: 수식어(在正其心)+피수식어(者)→ 주어부(者)+술어

더 알아보기. 술어를 찾는 데 활용되는 유용한 단어들
'者': 36쪽

- 有

① 有는 '술어+보어' 구조의 술어로 '~이 있다', '~이 존재하다'로 번역된다. 그리고 그 뒤에 보어의 역할을 할 수 있는 명사가 위치한다. 따라서 有가 술어일 때, 그 뒤에 동사(형용사)처럼 보이는 글자가 있더라도 명사로 번역해야 한다. 만약, 有 뒤에 술어가 위치할 경우 '有以' 형태가 나타난다.

② 有가 '술어+보어' 구조가 아닌 경우, '술어+목적어' 구조로 '~을 가지고 있다'로 번역된다.

- 有+보어: 有所忿懥, 有所恐懼, 有所好樂, 有所憂患

> **더 알아보기.** 술어로 활용된 단어들
> '有': 28쪽

- 所: ~하는 바, ~한 곳, ~한 것(피수식어+수식어)

한문은 '주어+술어+목적어(보어)' 구조이고, 한글은 '주어+목적어(보어)+술어' 구조이다. 그러나 단어는 한문과 한글 모두 '수식어+피수식어'로 결합한다. 그래서 '높은 산'은, '高(높은)山(산)'으로 작문된다. 즉, 형용사가 명사를 수식하고, 부사가 형용사나 동사를 수식하는 구조는 한문과 한글이 같다. 그러나 '所(~하는 바)'는 '於', '于', '乎'의 조사와 같이 단어가 결합하는 예외이다. 물론, 후대에 오면서 숙소(宿所), 해우소(解憂所) 등 하나의 명사로 굳어진 예도 있다. 그러나 '所'는 기본적으로 '피수식어(所)+수식어' 구조의 명사구이다. 그리고 '所'를 꾸며주는 수식어는 동사나 형용사이다. 따라서 문장에서 '所'를 접하면, 그 뒤에 위치한 단어는 동사 혹은 형용사로 번역해야 한다.

- 所+술어(동사, 형용사): 所忿懥→ 원통하여 화를 내는(忿懥) 바(所)
- 所+술어(동사, 형용사): 所恐懼→ 두려워하는(恐懼) 바(所)
- 所+술어(동사, 형용사): 所好樂→ 좋아하는(好樂) 바(所)
- 所+술어(동사, 형용사): 所憂患→ 근심하는(憂患) 바(所)

> **더 알아보기.** 정확한 번역을 위한 유용한 Tips
> '所': 48쪽

- 不: '不+술어', '未+술어' 등은 술어를 찾는 유용한 단서이다.

'不', '未' 등은 술어 앞에서 술어를 부정하는 보조사이므로 술어를 찾는 유용한 단서이다. 다만 술어를 수식하는 부사가 그사이에 놓일 수 있다(不(+부사)+술어). 따라서 문장에서 '不', '未' 등을 접하면, 그 뒤에 위치한 단어는 술어(동사, 형용사)로 번역한다.

- 不+술어(동사, 형용사): 不得其正→ 그(其) 바름(正)을 얻을(得) 수 없다(不)

더 알아보기. 술어를 찾는 데 활용되는 유용한 단어들
'不+술어', '未+술어': 31쪽

2절.

원문	心不在焉(심부재언), 視而不見(시이불견), 聽而不聞(청이불문), 食而不知其味(식이부지기미).
직역	마음(心)이 거기(焉)에 있지(在) 않으(不)면, 보아(視)도(而) 보이지(見) 않고(不), 들어(聽)도(而) 들리지(聞) 않으며(不), 먹어(食)도(而) 그(其) 맛(味)을 알지(知) 못한다(不).
구조	· 주어(心)+술어(不在)+보어(焉) · 술어(視/聽/食)+而+술어(不見/不聞/不知) · 술어(不知)+목적어(其味)

* 不+동사(형용사) ↔ 非+명사

□ 유용한 Tips: 不, 在, 焉, 而, 其

- 不: '不+술어', '未+술어' 등은 술어를 찾는 유용한 단서이다.

'不', '未' 등은 술어 앞에서 술어를 부정하는 보조사이므로 술어를 찾는 유용한 단서이다. 다만 술어를 수식하는 부사가 그사이에 놓일 수 있다(不(+부사)+술어). 따라서 문장에서 '不', '未' 등을 접하면, 그 뒤에 위치한 단어는 술어(동사, 형용사)로 번역한다.

- 不+술어(동사, 형용사): 不在→ 있지(在) 않다(不)
- 不+술어(동사, 형용사): 不見→ 보이지(見) 않다(不)
- 不+술어(동사, 형용사): 不聞→ 들리지(聞) 않다(不)
- 不+술어(동사, 형용사): 不知→ 알지(知) 못한다(不)

더 알아보기. 술어를 찾는 데 활용되는 유용한 단어들

'不+술어', '未+술어': 31쪽

- 在

在의 기본 의미는 '있다, 존재하다, 살피다'이며, 기본 품사는 동사이다. 따라서 '在'는 문장에서 술어 역할을 한다. 문장에서 '在'를 접하면 술어일 가능성을 염두에 두고 번역한다. 단, 문장 전체의 술어를 의미하는 것은 아니다.

- 心不在焉: 마음(心)이 거기(焉)에 있지(在) 않다(不)

더 알아보기. 술어로 활용된 단어들

'在': 30쪽

- 焉

焉은 의문대명사, 의문부사, 접속사로도 쓰이고, '也', '矣'와 같이 종결사로도 쓰인다. 그러나 종결사로 쓰일 때, '也', '矣'과 달리 '於是', '於此', '於之'의 준말로, '거기에', '여기에서', '이것에', '그것을' 등의 의미를 포함하고 있다.

- 不在焉: 焉(대명사 포함)→ 있지 않다(×), 거기(焉)에 있지(在) 않다(不)(○)

더 알아보기. 정확한 번역을 위한 유용한 Tips
'焉': 51쪽

- 而

'而'는 2인칭 대명사(너, 그대, 당신)나 종결사로 쓰이지만, 기본적으로 술어와 술어를 연결하는 접속사이다. 따라서 '而'의 앞과 뒤에 술어가 있다는 점에서 술어를 찾는 유용한 단서이다. 다만, 지나치게 술어가 반복되면 부사어(~하고서/~서)처럼 번역하기도 한다.

- 술어+而+술어: 視而不見→ 보아(視)도(而) 보이지(見) 않는다(不)
- 술어+而+술어: 聽而不聞→ 들어(聽)도(而) 들리지(聞) 않는다(不)
- 술어+而+술어: 食而不知其味→ 먹어(食)도(而) 그(其) 맛(味)을 알지(知) 못한다(不)

더 알아보기. 술어를 찾는 데 활용되는 유용한 단어들
'而': 37쪽

- 其: ①그, 그것, ②곧, ③아마도, 참으로

'其'는 사람이나 사물을 받는 ①대명사(그, 그것)와 ②시간 부사(곧)의 의미이다. 그런데, '其'는 대명사와 시간 부사 이외에 추측의 의미인 ③'아마도'로 쓰일 때도 있다. 문장에서 '其'를 접하면, 먼저 대명사로 번역하고, 어색할 경우 시간 혹은 추측의 의미로 번역한다. 본문에서는 대명사로 사용되었다.

더 알아보기. 기타

'其': 54쪽

3절.

원문 此謂修身(차위수신), 在正其心(재정기심). 右(우), 傳之七章(전지칠장).

직역 이것(此)은 몸(身)을 닦는(修) 것이 그(其) 마음(心)을 바르게 하는(正) 데 있다(在)는 것을 이르는(謂) 것이다. 우(右)는 전(傳)의(之) 7장(七章)이다.

구조 · 주어(此)+술어(謂)+보어(修身, 在正其心)
→ 주어(修身)+술어(在)+보어(正其心)→ 술어(修)+목적어(身), 술어(正)+목적어(其心)
· 주어(右)+술어(생략)+보어(傳之七章)

* 右(우): 오늘날 대부분의 글은 왼쪽에서 오른쪽으로 가로쓰기한다. 그러나 전통시대 한문이나 옛 한글은 ① 오른쪽에서 왼쪽으로, ② 위에서 아래로 글을 써 내려갔다. 따라서 우(右)라는 표현은 오늘날 '위' 혹은 '앞'에 쓴 글을 의미한다.

□ 유용한 Tips: 在, 其, 之

- 在

在의 기본 의미는 '있다, 존재하다, 살피다'이며, 기본 품사는 동사이다. 따라서 '在'는 문장에서 술어 역할을 한다. 문장에서 '在'를 접하면 술어일 가능성을 염두에 두고 번역한다. 단, 문장 전체의 술어를 의미하는 것은 아니다.

더 알아보기. 술어로 활용된 단어들
'在': 30쪽

- 其: ①그, 그것, ②곧, ③아마도, 참으로

'其'는 사람이나 사물을 받는 ①대명사(그, 그것)와 ②시간 부사(곧)의 의미이다. 그런데, '其'는 대명사와 시간 부사 이외에 추측의 의미인 ③'아마도'로 쓰일 때도 있다. 문장에서 '其'를 접하면, 먼저 대명사로 번역하고, 어색할 경우 시간 혹은 추측의 의미로 번역한다. 본문에서는 대명사로 사용되었다.

더 알아보기. 기타
'其': 54쪽

- 之

'之'는 문장에서 주격(20%, ~은/는/이/가)·목적격(10%, 을/를)·관형격(40%, ~의/하는/~한/ㄴ) 조사로도 쓰이고, 대명사(25%, 그/그것) 또는 동사(2~5%, 가다) 등으로 쓰인다. 다만, 목적격 조사는 도치(목적어+술어)를 의미하지만, 번역은 목적격 조사(~을/를)만을 붙이기도 한다.

• 傳之七章: 之+명사(구)→ 관형격 조사(~의)

더 알아보기. 정확한 번역을 위한 유용한 Tips

'之': 40쪽

8장.

소위제기가재수기신자(所謂齊其家在修其身者)

1절.

원문 所謂齊其家(소위제기가), 在修其身者(재수기신자), 人(인), 之其所親愛而辟焉(지기소친애이벽언), 之其所賤惡而辟焉(지기소천오이벽언), 之其所畏敬而辟焉(지기소외경이벽언), 之其所哀矜而辟焉(지기소애긍이벽언), 之其所敖惰而辟焉(지기소오타이벽언). 故(고), 好而知其惡(호이지기악), 惡而知其美者(오이지기미자), 天下(천하), 鮮矣(선의).

직역 이른바(所謂) 그(其) 집안(家)을 가지런히(齊) 하는 것은 그(其) 몸(身)을 닦는(修) 데에 있다(在)는 것(者)은, 사람(人)은(之) 그(其)가 친하고(親) 여기고 사랑하는(愛) 바(所)가 있으면(而) 거기(焉)에 편벽(辟)되고, (사람)은(之) 그(其)가 천하게(賤) 여기고 싫어하는(惡) 바(所)가 있으면(而) 거기(焉)에 편벽(辟)되고, (사람)은(之) 그(其)가 두렵게(畏) 여기고 공경하는(敬) 바(所)가 있으면(而) 거기(焉)에 편벽(辟)되고, (사람)은(之) 그(其)가 가엾고(哀) 불쌍하게(矜) 여기는 바(所)가 있으면(而) 거기(焉)에 편벽(辟)되고, (사람)은(之) 그(其)가 오만하게(敖) 여기어 업신여기는(惰) 바(所)가 있으면(而) 거기(焉)에 편벽(辟)된다. 그러므로(故) 좋아하면서(好)도(而) 그(其) 악(惡)을 알며(知), 싫어하면서(惡)도(而) 그(其) 아름다운(美) 것을 아는(知) 자(者)는, 천하(天下)에 드물(鮮)다(矣).

구조 ·주어(齊其家, 在修其身者)+술어(생략)+보어(人, 之其所親愛而辟焉)
→ 주어(齊其家)+술어(在)+보어(修其身)→ 술어(齊)+목적어(其家), 술어(修)+목적어(其身)→ 주어(人之)+술어(생략)+보어(其所親愛)+而+술어(辟)+보어(焉)
·주어(好而知其惡, 惡而知其美者)+술어(鮮矣)→
술어(好)+而+술어(知)+목적어(其惡), 술어(惡)+而+술어(知)+목적어(其美)

* 所謂(소위): 이른바
* 辟: 임금(벽), 견주다(비), 피하다(피), 그치다(미), 편벽(偏僻)되다(벽)
* 矜: 불쌍히 여기다(긍), 자랑하다(긍), 창 자루(근), 앓다(관)
* 敖(오): 거만하다
* 惰(타): 게으르다, 아름답다
* 惡: 악하다(악), 미워하다(오)
* 鮮(선): 곱다, 생선, 드물다, 적다

□ 유용한 Tips: 其, 在, 者, 之, 所, 而, 焉

- 其: ①그, 그것, ②곧, ③아마도, 참으로

'其'는 사람이나 사물을 받는 ①대명사(그, 그것)와 ②시간 부사(곧)의 의미이다. 그런데, '其'는 대명사와 시간 부사 이외에 추측의 의미인 ③'아마도'로 쓰일 때도 있다. 문장에서 '其'를 접하면, 먼저 대명사로 번역하고, 어색할 경우 시간 혹은 추측의 의미로 번역한다. 본문에서는 대명사로 사용되었다.

더 알아보기. 기타
'其': 54쪽

- 在

在의 기본 의미는 '있다, 존재하다, 살피다'이며, 기본 품사는 동사이다. 따라서 '在'는 문장에서 술어 역할을 한다. 문장에서 '在'를 접하면 술어일 가능성을 염두에 두고 번역한다. 단, 문장 전체의 술어를 의미하는 것은 아니다.

더 알아보기. 술어로 활용된 단어들
'在': 30쪽

- 者: ~하는 사람, ~하는 것, ~라는 것은, ~은/는

'~者'는 명사구로 문장 끝에서 목적어로도 쓰이지만, 기본적으로 주어 역할로 술어 앞에 위치한다. 따라서 '者' 뒤에 술어가 위치하므로 술어를 찾는 유용한 단서이다. 또, 者는 '수식어+피수식어' 구조이므로 수식하는 말이 수식받는 말 앞에 놓인다는 점도 번역에 유용한 단서이다. 한편, '者'는 한글의 의존명사(~것, ~사람)뿐만 아니라 주격조사(~은/는)로도 사용된다.

- 在修其身者: 수식어(在修其身)+피수식어(者)→ 주어부(者)+술어

더 알아보기. 술어를 찾는 데 활용되는 유용한 단어들
'者': 36쪽

- 之

'之'는 문장에서 주격(20%, ~은/는/이/가)·목적격(10%, 을/를)·관형격(40%, ~의/하는/~한/ㄴ) 조사로도 쓰이고, 대명사(25%, 그/그것) 또는 동사(2~5%, 가다) 등으로 쓰인다. 다만, 목적격 조사는 도치(목

적어+술어)를 의미하지만, 번역은 목적격 조사(~을/를)만을 붙이기도 한다. 본문의 '之'는 모두 주격 조사(~은)이다. 다만, 두 번째 '之'부터는 그 앞에 주어가 생략되었다.

- 人, 之(其)所親愛而辟焉: 사람(人)은(之) 그(其)가 친하고(親) 여기고 사랑하는(愛) 바(所)가 있으면(而) 거기(焉)에 편벽(辟)된다
- 之(其)所賤惡而辟焉: (사람)은(之) 그(其)가 천하게(賤) 여기고 싫어하는(惡) 바(所)가 있으면(而) 거기(焉)에 편벽(辟)된다
- 之(其)所畏敬而辟焉: (사람)은(之) 그(其)가 두렵게(畏) 여기고 공경하는(敬) 바(所)가 있으면(而) 거기(焉)에 편벽(辟)된다
- 之(其)所哀矜而辟焉: (사람)은(之) 그(其)가 가엾고(哀) 불쌍하게(矜) 여기는 바(所)가 있으면(而) 거기(焉)에 편벽(辟)된다
- 之(其)所敖惰而辟焉: (사람)은(之) 그(其)가 오만하게(敖) 여기어 업신여기는(惰) 바(所)가 있으면(而) 거기(焉)에 편벽(辟)된다

더 알아보기. 정확한 번역을 위한 유용한 Tips
'之': 40쪽

- 所: ~하는 바, ~한 곳, ~한 것(피수식어+수식어)

한문은 '주어+술어+목적어(보어)' 구조이고, 한글은 '주어+목적어(보어)+술어' 구조이다. 그러나 단어는 한문과 한글 모두 '수식어+피수식어'로 결합한다. 그래서 '높은 산'은, '高(높은)山(산)'으로 작문된다. 즉, 형용사가 명사를 수식하고, 부사가 형용사나 동사를 수식하는 구조는 한문과 한글이 같다. 그러나 '所(~하는 바)'는 '於', '于', '乎'의 조사와 같이 단어가 결합하는 예외이다. 물론, 후대에 오면서 숙소

(宿所), 해우소(解憂所) 등 하나의 명사로 굳어진 예도 있다. 그러나 '所'는 기본적으로 '피수식어(所)+수식어' 구조의 명사구이다. 그리고 '所'를 꾸며주는 수식어는 동사나 형용사이다. 따라서 문장에서 '所'를 접하면, 그 뒤에 위치한 단어는 동사 혹은 형용사로 번역해야 한다. 한편, '所'와 같이 한글의 의존명사 역할을 하는 '~者'도 있다. 그런데, '者'는 '수식어+피수식어' 구조로 명사화한다는 점에서 '所'와 차이가 있다.

- 所+술어(동사, 형용사): 所親愛→ 친하고(親) 여기고 사랑하는(愛) 바(所)
- 所+술어(동사, 형용사): 所賤惡→ 천하게(賤) 여기고 싫어하는(惡) 바(所)
- 所+술어(동사, 형용사): 所畏敬→ 두렵게(畏) 여기고 공경하는(敬) 바(所)
- 所+술어(동사, 형용사): 所哀矜→ 가엾고(哀) 불쌍하게(矜) 여기는 바(所)
- 所+술어(동사, 형용사): 所敖惰→ 오만하게(敖) 여기어 업신여기는(惰) 바(所)

더 알아보기. 정확한 번역을 위한 유용한 Tips
'所': 48쪽

- 而

'而'는 2인칭 대명사(너, 그대, 당신)나 종결사로 쓰이지만, 기본적으로 술어와 술어를 연결하는 접속사이다. 따라서 '而'의 앞과 뒤에 술어가 있다는 점에서 술어를 찾는 유용한 단서이다. 다만, 지나치게 술어가 반복되면 부사어(~하고서/~서)처럼 번역하기도 한다.

- 其所親愛而辟焉: 그(其)가 친하고(親) 여기고 사랑하는(愛) 바(所)가 있으면(而) 거기(焉)에 편벽(辟)된다

- 其所賤惡而辟焉: 그(其)가 천하게(賤) 여기고 싫어하는(惡) 바(所)가 있으면(而) 거기(焉)에 편벽(辟)된다
- 其所畏敬而辟焉: 그(其)가 두렵게(畏) 여기고 공경하는(敬) 바(所)가 있으면(而) 거기(焉)에 편벽(辟)된다
- 其所哀矜而辟焉: 그(其)가 가엾고(哀) 불쌍하게(矜) 여기는 바(所)가 있으면(而) 거기(焉)에 편벽(辟)된다
- 其所敖惰而辟焉: 그(其)가 오만하게(敖) 여기어 업신여기는(惰) 바(所)가 있으면(而) 거기(焉)에 편벽(辟)된다

더 알아보기. 술어를 찾는 데 활용되는 유용한 단어들

'而': 37쪽

- 焉

焉은 의문대명사, 의문부사, 접속사로도 쓰이고, '也', '矣'와 같이 종결사로도 쓰인다. 그러나 종결사로 쓰일 때, '也', '矣'과 달리 '於是', '於此', '於之'의 준말로, '거기에', '여기에서', '이것에', '그것을' 등의 의미를 포함하고 있다.

- 辟焉: 焉(대명사 포함)→ 편벽된다(×), 거기(焉)에 편벽(辟)된다(○)

더 알아보기. 정확한 번역을 위한 유용한 Tips

'焉': 51쪽

2절.

원문 故(고) 諺(언), 有之(유지), 曰(왈), 人(인),
莫知其子之惡(막지기자지악), 莫知其苗之碩(막지기묘지석).

직역 그러므로(故) 속담(諺)에 그것(之)이 있는데(有), 말하자면, "사람(人)은 그(其) 자식(子)의(之) 악(惡)을 알지(知) 못하는 것(莫)이 있고, 그(其) 싹(苗)의(之) 큼(碩)을 알지(知) 못하는 것(莫)이 있다."는 것이다.

구조 · 술어(有)+보어(之)
· 술어(曰)+보어(人莫知其子之惡, 莫知其苗之碩)
→ 주어(人)+술어(莫)+보어(知其子之惡)→ 술어(知)+목적어(其子之惡)
→ 술어(莫)+보어(知其苗之碩)→ 술어(知)+목적어(其苗之碩)

* 諺(언): 언문, 속담, 자랑하다
* 전(傳)에 이르길, '諺, 俗語也'이다.→ 언(諺)이란 속담(俗語, 속어)이다(也)
* A曰, B: ①A가 말하길, "B"라고 했다, ②A가 B라고 말했다

☞ 확장. 謂(語)A曰B: A에게 일러 B라고 말했다, / A를 평하여 B라고 말했다

* 惡: 악하다(악), 미워하다(오)
* 碩(석): 크다
* 대(對)를 이루는 구의 반복을 활용하자. 한문은 유사한 구조를 반복해서 문장을 배열한다. 따라서 앞뒤의 문장과 어구는 술어를 찾는 유용한 단서로 활용할 수 있다. 이는 술어뿐만 아니라 각 단어의 품사와 성분을 빠르게 파악할 수 있는데, 글자의 수와 문장의 형식까지 맞추기 때문이다. 본문에서 知其子之惡과 知其苗之碩은 대를 이루고 있다. 따라서 之의 쓰임은 같다.

□ 유용한 Tips: 有, 之, 莫, 其

- 有

① 有는 '술어+보어' 구조의 술어로 '~이 있다', '~이 존재하다'로 번역된다. 그리고 그 뒤에 보어의 역할을 할 수 있는 명사가 위치한다. 따라서 有가 술어일 때, 그 뒤에 동사(형용사)처럼 보이

는 글자가 있더라도 명사로 번역해야 한다. 만약, 有 뒤에 술어가 위치할 경우 '有以' 형태가 나타난다.

- 술어(有)+보어(之): 그것(之)이 있다(有)

② 有가 '술어+보어' 구조가 아닌 경우, '술어+목적어' 구조로 '~을 가지고 있다'로 번역된다.

> **더 알아보기.** 술어로 활용된 단어들
> '有' 28쪽

- 之

'之'는 문장에서 주격(20%, ~은/는/이/가)·목적격(10%, 을/를)·관형격(40%, ~의/하는/~한/ㄴ) 조사로도 쓰이고, 대명사(25%, 그/그것) 또는 동사(2~5%, 가다) 등으로 쓰인다. 다만, 목적격 조사는 도치(목적어+술어)를 의미하지만, 번역은 목적격 조사(~을/를)만을 붙이기도 한다.

'之'는 가 세 번 나왔다. 첫 번째는 그 앞에 有라는 동사가 나왔으므로 之는 목적어나 보어 역할을 하는 대명사(그것)일 확률이 높다. 두 번째와 세 번째 之는 대(對)를 이루는 구조이므로 같은 문법적 기능을 하며, 뒤에 명사가 위치하므로 관형격 조사(~의)일 확률이 높다.

- 有之: 술어+之→ 대명사(그/그것)
- 其子之惡: 之+명사(구)→ 관형격 조사(~의)
- 其苗之碩: 之+명사(구)→ 관형격 조사(~의)

> **더 알아보기.** 정확한 번역을 위한 유용한 Tips
> '之': 40쪽

- **莫: ·莫+동사: ~한 것(사람)이 없다. / ·莫+형용사: ~보다 ~한 것(사람)은 없다.**

莫은 그 뒤에 동사가 위치하면 부정의 의미로 쓰이고, 그 뒤에 형용사가 위치하면 최상급의 의미로 쓰인다. 그런데 莫은 일반 부정사와 달리 '대명사'를 포함한다. 따라서 문장에서 莫을 접하면, '~이 없다'로 번역하지 않고, '~한 것(사람)이(은)'이라는 대명사 의미를 추가해서 번역해야 한다.

- 莫知其子之惡: 莫(대명사 포함)→ 그(其) 자식(子)의(之) 악(惡)을 알지(知) 못하는 것(莫)이 있다
- 莫知其苗之碩: 莫(대명사 포함)→ 그(其) 싹(苗)의(之) 큼(碩)을 알지(知) 못하는 것(莫)이 있다

더 알아보기. 정확한 번역을 위한 유용한 Tips
'莫': 50쪽

- **其: ①그, 그것, ②곧, ③아마도, 참으로**

'其'는 사람이나 사물을 받는 ①대명사(그, 그것)와 ②시간 부사(곧)의 의미이다. 그런데, '其'는 대명사와 시간 부사 이외에 추측의 의미인 ③'아마도'로 쓰일 때도 있다. 문장에서 '其'를 접하면, 먼저 대명사로 번역하고, 어색할 경우 시간 혹은 추측의 의미로 번역한다. 본문에서는 대명사로 사용되었다.

더 알아보기. 기타
'其': 54쪽

3절.

원문 此謂身不修(차위신불수), 不可以齊其家(불가이제기가). 右(우), 傳之八章(전지팔장).

직역 이것(此)은 몸(身)이 닦여지지(修) 않으면(不) 그(其) 집안(家)을 가지런하게(齊) 할 수(可以) 없다는(不) 것을 이르는(謂) 것이다. 우(右)는 전(傳)의(之) 8장(八章)이다.

구조 ·주어(此)+술어(謂)+목적어(身不修, 不可以齊其家)
→ 주어(身)+술어(不修), 술어(不可以齊)+목적어(其家)
·주어(右)+술어(생략)+보어(傳之八章)

* 不+동사(형용사) ↔ 非+명사

* 右(우): 오늘날 대부분의 글은 왼쪽에서 오른쪽으로 가로쓰기한다. 그러나 전통시대 한문이나 옛 한글은 ① 오른쪽에서 왼쪽으로, ② 위에서 아래로 글을 써내려갔다. 따라서 우(右)라는 표현은 오늘날 '위' 혹은 '앞'에 쓴 글을 의미한다.

□ 유용한 Tips: 不, 可以, 其, 之

- 不: '不+술어', '未+술어' 등은 술어를 찾는 유용한 단서이다.

'不', '未' 등은 술어 앞에서 술어를 부정하는 보조사이므로 술어를 찾는 유용한 단서이다. 다만 술어를 수식하는 부사가 그사이에 놓일 수 있다(不(+부사)+술어). 따라서 문장에서 '不', '未' 등을 접하면, 그 뒤에 위치한 단어는 술어(동사, 형용사)로 번역한다.

- 不+술어(동사, 형용사): 不修→ 닦지 않다→ (피동) 닦여지지(修) 않는다(不)
- 不+술어(동사, 형용사): 不可以齊→ 가지런하게(齊) 할 수(可以) 없다(不)

더 알아보기. 술어를 찾는 데 활용되는 유용한 단어들
'不+술어', '未+술어': 31쪽

- **可以: '可(以)+술어', '能(以)+술어', '得(以)+술어', '足(以)+술어'**

'可(以)', '能(以)', '得(以)', '足(以)'은 그 의미와 문법적 기능이 서로 통용된다. 이들은 명사나 형용사(동사)와 같이 단독으로 쓰이지 않을 때, 의존명사로 술어 앞에서 그 의미를 보조한다. 따라서 술어를 찾는 유용한 단서이다. 다만, '可(以)', '能(以)', '得(以)', '足(以)'과 술어 사이에 부사가 위치하기도 한다(可(+부사)+술어).

한편, '可以', '能以', '得以', '足以'는 '주어+술어' 구조로만 쓰이나, '可', '能', '得', '足'은 '목적어+술어' 구조로도 쓰일 수 있으므로 번역에 유의해야 한다.

- 可以+술어: 不可以齊其家→ 그(其) 집안(家)을 가지런하게(齊) 할 수(可以) 없다(不)

> 더 알아보기. 술어를 찾는 데 활용되는 유용한 단어들
> '可(以)+술어', '能(以)+술어', '得(以)+술어', '足(以)+술어': 32쪽

- **其: ①그, 그것, ②곧, ③아마도, 참으로**

'其'는 사람이나 사물을 받는 ①대명사(그, 그것)와 ②시간 부사(곧)의 의미이다. 그런데, '其'는 대명사와 시간 부사 이외에 추측의 의미인 ③'아마도'로 쓰일 때도 있다. 문장에서 '其'를 접하면, 먼저 대명사로 번역하고, 어색할 경우 시간 혹은 추측의 의미로 번역한다. 본문에서는 대명사로 사용되었다.

> 더 알아보기. 기타
> '其': 54쪽

- 之

'之'는 문장에서 주격(20%, ~은/는/이/가)·목적격(10%, 을/를)·관형격(40%, ~의/하는/~한/ㄴ) 조사로도 쓰이고, 대명사(25%, 그/그것) 또는 동사(2~5%, 가다) 등으로 쓰인다. 다만, 목적격 조사는 도치(목적어+술어)를 의미하지만, 번역은 목적격 조사(~을/를)만을 붙이기도 한다.

- 傳之八章: 之+명사(구)→ 관형격 조사(~의)

더 알아보기. 정확한 번역을 위한 유용한 Tips

'之': 40쪽

9장.

소위치국필선제기가자(所謂治國必先齊其家者)

1절.

원문 所謂治國(소위치국), 必先齊其家者(필선제기가자), 其家(기가), 不可敎(불가교), 而能敎人者無之(이능교인자무지). 故(고), 君子(군자), 不出家而成敎於國(불출가이성교어국), 孝者(효자), 所以事君也(소이사군야), 弟者(제자) 所以事長也(소이사장야), 慈者(자자), 所以使衆也(소이사중야).

직역 이른바(所謂) 나라(國)를 다스리는(治) 것은 반드시(必) 먼저(先) 그(其) 집안(家)을 가지런히(齊)한다는 것(者)은, 그(其) 집안(家)을 가르칠(敎) 수(可) 없는(不)데(而) 남(人)을 가르칠(敎) 수(能) 있는 자(者), 그런 자(之)는 없다(無)는 것이다. 그러므로(故) 군자(君子)는 집(家)을 나가지(出) 않고(不)도(而), 나라(國)에(於) 교(敎)를 이루니(成), 효(孝)는(者) 임금(君)을 섬기는(事) 것(所以)이고, 제(弟)는(者) 어른(長)을 섬기는(事) 것(所以)이며, 자(慈)는(者) 무리(衆)를 부리는(使) 것(所以)이다.

구조 · 주어(治國, 必先齊其家者)+술어(생략)+보어(其家, 不可敎, 而能敎人者無之)
→ 주어(治國)+술어(必先齊)+목적어(其家)
→ 주어(其家, 不可敎, 而能敎人者)+술어(無)+보어(之)

→ 목적어(其家)+술어(不可教)+而+술어(能教)+목적어(人)
※ 문장구조 예외.
·주어(君子)+술어(不出)+목적어(家)+而+술어(成)+목적어(教)+보어(於國)
·주어(孝者)+술어(생략)+보어(所以事君), 주어(弟者)+술어(생략)+보어(所以事長), 주어(慈者)+술어(생략)+ 보어(所以使衆)→술어(事, 使)+목적어(君, 長, 衆)

* 所謂(소위): 이른바
* 不+동사(형용사) ↔ 非+명사
* 無(무): ~이 없다→ ~이 아니다(아니하다)→ ~말라→ 무시하다(업신여기다)
* 所以(소이): 방법, 까닭, 것→ '所以' 앞에 주어가 위치할 확률이 높다

□ 유용한 Tips: 必, 其, 者, 不, 可/能, 而, 之, 於

- 必: '欲+술어', '先+술어', '必+술어', '敢+술어'

'欲', '必', '敢', '先' 등 한글의 부사 혹은 보조사는 술어 앞에 위치하므로 술어를 찾는 유용한 단서이다. 부사는 형용사나 동사를 수식하기도 하고 문장 전체를 수식하며, 다른 부사를 수식하기도 한다. 결국, '수식어+피수식어' 구조에 따라 부사는 술어 앞에 위치할 확률이 높다. 또 '欲'은 술어(동사, 형용사) 앞에 놓여서 술어를 보조하므로 술어를 찾는 유용한 단서이다.

- 必+술어: 必先齊其家→ 반드시(必) 먼저(先) 그(其) 집안(家)을 가지런히(齊)한다

더 알아보기. 술어를 찾는 데 활용되는 유용한 단어들
'欲+술어', '先+술어', '必+술어', '敢+술어': 34쪽

- 其: ①그, 그것, ②곧, ③아마도, 참으로

'其'는 사람이나 사물을 받는 ①대명사(그, 그것)와 ②시간 부사(곧)의 의미이다. 그런데, '其'는 대명사와 시간 부사 이외에 추측의 의미인 ③'아마도'로 쓰일 때도 있다. 문장에서 '其'를 접하면, 먼저 대명사로 번역하고, 어색할 경우 시간 혹은 추측의 의미로 번역한다. 본문에서는 대명사로 사용되었다.

더 알아보기. 기타

'其': 54쪽

- 者: ~하는 사람, ~하는 것, ~라는 것은, ~은/는

'~者'는 명사구로 문장 끝에서 목적어로도 쓰이지만, 기본적으로 주어 역할로 술어 앞에 위치한다. 따라서 '者' 뒤에 술어가 위치하므로 술어를 찾는 유용한 단서이다. 또, 者는 '수식어+피수식어' 구조이므로 수식하는 말이 수식받는 말 앞에 놓인다는 점도 번역에 유용한 단서이다. 한편, '者'는 한글의 의존명사(~것, ~사람)뿐만 아니라 주격조사(~은/는)로도 사용된다.

- 必先齊其家者: 수식어(必先齊其家)+피수식어(者)→ 주어부(者)+술어
- 能教人者: 수식어(能教人)+피수식어(者)→ 주어부(者)+술어
- 孝者: 수식어(孝)+피수식어(者)→ 주어부(者)+술어
- 弟者: 수식어(弟)+피수식어(者)→ 주어부(者)+술어
- 慈者: 수식어(慈)+피수식어(者)→ 주어부(者)+술어

더 알아보기. 술어를 찾는 데 활용되는 유용한 단어들

'者': 36쪽

- 不: '不+술어', '未+술어' 등은 술어를 찾는 유용한 단서이다.

'不', '未' 등은 술어 앞에서 술어를 부정하는 보조사이므로 술어를 찾는 유용한 단서이다. 다만 술어를 수식하는 부사가 그사이에 놓일 수 있다(不(+부사)+술어). 따라서 문장에서 '不', '未' 등을 접하면, 그 뒤에 위치한 단어는 술어(동사, 형용사)로 번역한다.

- 不+술어(동사, 형용사): 不可教→ 가르칠(教) 수(可) 없다(不)
- 不+술어(동사, 형용사): 不出家→ 집(家)을 나가지(出) 않는다(不)

더 알아보기. 술어를 찾는 데 활용되는 유용한 단어들
'不+술어', '未+술어': 31쪽

- 可/能: '可(以)+술어', '能(以)+술어', '得(以)+술어', '足(以)+술어'

'可(以)', '能(以)', '得(以)', '足(以)'은 그 의미와 문법적 기능이 서로 통용된다. 이들은 명사나 형용사(동사)와 같이 단독으로 쓰이지 않을 때, 의존명사로 술어 앞에서 그 의미를 보조한다. 따라서 술어를 찾는 유용한 단서이다. 다만, '可(以)', '能(以)', '得(以)', '足(以)'과 술어 사이에 부사가 위치하기도 한다(可(+부사)+술어).

한편, '可以', '能以', '得以', '足以'는 '주어+술어' 구조로만 쓰이나, '可', '能', '得', '足'은 '목적어+술어' 구조로도 쓰일 수 있으므로 번역에 유의해야 한다.

- 可+술어: 可教→ 가르칠(教) 수(可) 있다
- 能+술어: 能教→ 가르칠(教) 수(能) 있다

더 알아보기. 술어를 찾는 데 활용되는 유용한 단어들
'可(以)+술어', '能(以)+술어', '得(以)+술어', '足(以)+술어': 32쪽

- 而

'而'는 2인칭 대명사(너, 그대, 당신)나 종결사로 쓰이지만, 기본적으로 술어와 술어를 연결하는 접속사이다. 따라서 '而'의 앞과 뒤에 술어가 있다는 점에서 술어를 찾는 유용한 단서이다. 다만, 지나치게 술어가 반복되면 부사어(~하고서/~서)처럼 번역하기도 한다.

① 원문: 不出家而成教於國

② 단서확대: '而' 앞에 '不出家'에 술어가 있다. '而' 뒤에 '成教於國'에 술어가 있다.

③ 술어찾기

- 不出家: 술어 '出'→ 술어+목적어→ 집(家)을 나가지(出) 않는다(不)
- 成教於國: 술어(+목적어)+於+명사(구)→ 술어 '成'→ 술어+목적어+보어→ 나라(國)에(於) 교(教)를 이룬다(成)

④ 직역: 집(家)을 나가지(出) 않고(不)도(而), 나라(國)에(於) 교(教)를 이룬다(成).

더 알아보기. 술어를 찾는 데 활용되는 유용한 단어들
'而': 37쪽

- 之

'之'는 문장에서 주격(20%, ~은/는/이/가)·목적격(10%, 을/를)·관형격(40%, ~의/하는/~한/ㄴ) 조사로도 쓰이고, 대명사(25%, 그/그것) 또는 동사(2~5%, 가다) 등으로 쓰인다. 다만, 목적격 조사는 도치(목적어+술어)를 의미하지만, 번역은 목적격 조사(~을/를)만을 붙이기도 한다.

- 無之: 술어+之→ 대명사(그런 자)

더 알아보기. 정확한 번역을 위한 유용한 Tips
'之': 40쪽

- 於: 어조사(어), 탄식하다(오)

於는 기본적으로 어조사(개사)로 장소·위치·때(~에/~로부터), 사람·대상(~에/에게/을/과), 비교(~보다)로 쓰이지만, 문장 첫머리에서 감탄사(아!)로도 쓰인다. 다만, 감탄사로 쓰일 때는 '오'로 독음한다. 그런데, 어조사 '於'는 번역과 관련하여 술어를 파악하는 유용한 단서이다. 왜냐하면 '於'는 '於+명사(구)'로 연결되어 문장에서 주로 보어의 역할을 하기 때문이다. 따라서 '於+명사(구)'를 접하면, '술어+보어' 혹은 '술어+목적어+보어' 구조에 따라 그 앞에 술어가 위치할 확률이 높다. 다만, '於+명사(구)'는 비교적 문장 내에서 그 위치가 유연하다. 따라서 이 단서는 술어를 찾는 다른 단서와 연결해서 파악해야 한다. 또한, '于' 혹은 '乎'도 '於'와 같이 의미로 문장 중간에 쓰이면 술어를 찾는 단서이다. 결국, '於', '于', '乎'가 명사(구)와 연결되면 그 앞에 술어가 위치하므로, 술어를 찾는 단서라는 점을 기억하고 번역에 적용해야 한다.

- 술어(+목적어)+於+명사(구): 成教於國→ 나라(國)에(於) 교(教)를 이룬다(成)

더 알아보기. 술어를 찾는 데 활용되는 유용한 단어들
문장 중간에 쓰인 '於', '于', '乎': 38쪽

2절.

원문 康誥(강고), 曰(왈), 如保赤子(여보적자). 心誠求之(심성구지), 雖不中(수부중), 不遠矣(불원의), 未有學養子而后(미유학양자이후), 嫁者也(가자야).

직역 서경(書經) 강고(康誥) 편에 이르길(曰), "마치 적자(赤子, 갓난아기)를 보호하는(保) 것과 같이하라(如)."라고 했다. 마음(心)에 진실로(誠) 그것(之)을 구(求)하면, 비록(雖) 가운데에 맞지(中) 않더라도(不) 멀지(遠) 않을(不) 것이니(矣), 자식(子)을 기르는(養) 것을 배우(學)고(而) 후(后)에 시집가는(嫁) 경우(者)는 아직 있었던 적이(有) 없(未)다(也).

구조
· 주어(康誥)+술어(曰)+보어(如保赤子)→ 술어(保)+목적어(赤子)
· 술어(誠求)+목적어(之), 술어(不中), 술어(不遠)
· 술어(未有)+보어(學養子而后, 嫁者)→ 술어(學)+목적어(養子) → 술어(養)+목적어(子)

* 康誥(강고): 서경(書經)의 58편명(篇名) 중 하나이다. 서경은 공자가 요순(堯舜)시대부터 주(周)나라에 이르기까지 정치에 관한 것을 수집하고 기록하여 편찬한 책이다.
* A曰, B: ①A가 말하길, "B"라고 했다, ②A가 B라고 말했다

☞확장. 謂(語)A曰B: A에게 일러 B라고 말했다, / A를 평하여 B라고 말했다

* 如(여): 마치~와 같다
* 赤子(적자): ① 갓난아이, ② 백성← 백성을 갓난아이로 여기어 사랑한다는 뜻
* 不+동사(형용사) ↔ 非+명사
* 未有A者: (아직) A한 자가 있지 않았다, (아직) A한 경우는 있지 않았다
* 后(후): 後와 같은 글자이다. 오후(午後)=오후(午后)
* 嫁(가): 시집가다, 떠넘기다

□ 유용한 Tips: 之, 不, 而, 者

- 之

'之'는 문장에서 주격(20%, ~은/는/이/가)·목적격(10%, 을/를)·관형격(40%, ~의/하는/~한/ㄴ) 조사로도 쓰이고, 대명사(25%, 그/그것) 또는 동사(2~5%, 가다) 등으로 쓰인다. 다만, 목적격 조사는 도치(목적어+술어)를 의미하지만, 번역은 목적격 조사(~을/를)만을 붙이기도 한다.

- 心誠求之: 술어+之→ 대명사(그것)

더 알아보기. 정확한 번역을 위한 유용한 Tips
'之': 40쪽

- 不: '不+술어', '未+술어' 등은 술어를 찾는 유용한 단서이다.

'不', '未' 등은 술어 앞에서 술어를 부정하는 보조사이므로 술어를 찾는 유용한 단서이다. 다만 술어를 수식하는 부사가 그사이에 놓일 수 있다(不(+부사)+술어). 따라서 문장에서 '不', '未' 등을 접하면, 그 뒤에 위치한 단어는 술어(동사, 형용사)로 번역한다.

- 不+술어(동사, 형용사): 不中→ 가운데에 맞지(中) 않는다(不)
- 不+술어(동사, 형용사): 不遠→ 멀지(遠) 않다(不)

더 알아보기. 술어를 찾는 데 활용되는 유용한 단어들
'不+술어', '未+술어': 31쪽

- 而

'而'는 2인칭 대명사(너, 그대, 당신)나 종결사로 쓰이지만, 기본적

으로 술어와 술어를 연결하는 접속사이다. 따라서 '而'의 앞과 뒤에 술어가 있다는 점에서 술어를 찾는 유용한 단서이다. 다만, 지나치게 술어가 반복되면 부사어(~하고서/~서)처럼 번역하기도 한다.

- 술어+而+술어: 學養子而后嫁者→ 술어: 學, 嫁

더 알아보기. 술어를 찾는 데 활용되는 유용한 단어들
'而': 37쪽

- 者: ~하는 사람, ~하는 것, ~라는 것은, ~은/는

'~者'는 명사구로 문장 끝에서 목적어로도 쓰이지만, 기본적으로 주어 역할로 술어 앞에 위치한다. 따라서 '者' 뒤에 술어가 위치하므로 술어를 찾는 유용한 단서이다. 또, 者는 '수식어+피수식어' 구조이므로 수식하는 말이 수식받는 말 앞에 놓인다는 점도 번역에 유용한 단서이다. 한편, '者'는 한글의 의존명사(~것, ~사람)뿐만 아니라 주격조사(~은/는)로도 사용된다.

- 未有A者: (아직) A한 경우(자)는 있지 않았다
- 未有學養子而后, 嫁者也: 자식(子)을 기르는(養) 것을 배우(學)고(而) 후(后)에 시집가는(嫁) 경우(者)는 아직 있었던 적이(有) 없(未)다(也)

더 알아보기. 술어를 찾는 데 활용되는 유용한 단어들
'者': 36쪽

3절.

원문 一家仁(일가인), 一國(일국), 興仁(흥인), 一家讓(일가양), 一國(일국), 興讓(흥양), 一人(일인), 貪戾(탐려), 一國(일국), 作亂(작란), 其機如此(기기여차). 此謂一言(차위일언), 僨事(분사), 一人(일인), 定國(정국).

직역 한(一) 집안(家)이 인(仁)하면, 한(一) 나라(國)에 인(仁)을 일으킬(興) 수 있고, 한(一) 집안(家)이 사양(讓)하면, 한(一) 나라(國)에 사양(讓)을 일으킬(興) 수 있고, 한(一) 사람(人)이 탐하고(貪) 어긋나면(戾), 한(一) 나라(國)에 난(亂)을 일으키게(作) 되니, 그(其) 기틀(機)이 마치 이것(此)과 같다(如). 이것(此)은 한마디(一) 말(言)이 일(事)을 그르치고(僨), 한(一) 사람(人)이 나라(國)를 안정시킨다(定)는 것을 이른다(謂).

구조
- 주어(一家)+술어(仁), 주어(一國)+술어(興)+목적어(仁), 주어(一家)+술어(讓), 주어(一國)+술어(興)+목적어(讓), 주어(一人)+술어(貪戾), 주어(一國)+술어(作)+목적어(亂)

※ 一國을 부사어로 볼 수도 있다.
- 주어(其機)+술어(如)+보어(此)
- 주어(此)+술어(謂)+보어(一言, 僨事, 一人, 定國)→ 주어(一言)+술어(僨)+목적어(事), 주어(一人)+술어(定)+목적어(國)

* 讓(양): 사양하다, 양보하다, 겸손하다
* 戾: 어그러지다(려/여), 돌리다(렬/열)
* 機(기): 틀, 베틀
* 如(여): 마치~와 같다
* 僨(분): 넘어지다, 떨치다

□ 유용한 Tips: 其

- 其: ①그, 그것, ②곧, ③아마도, 참으로

'其'는 사람이나 사물을 받는 ①대명사(그, 그것)와 ②시간 부사(곧)

의 의미이다. 그런데, '其'는 대명사와 시간 부사 이외에 추측의 의미인 ③'아마도'로 쓰일 때도 있다. 문장에서 '其'를 접하면, 먼저 대명사로 번역하고, 어색할 경우 시간 혹은 추측의 의미로 번역한다. 본문에서는 대명사로 사용되었다.

더 알아보기. 기타
'其': 54쪽

4절.

원문 堯舜(요순), 帥天下以仁(솔천하이인), 而民(이민), 從之(종지),
桀紂帥天下以暴(걸주솔천하이포), 而民(이민), 從之(종지).
其所令(기소령), 反其所好(반기소호), 而民(이민), 不從(부종).
是故(시고), 君子(군자), 有諸己而後(유저기이후), 求諸人(구저인),
無諸己而後(무저기이후), 非諸人(비저인). 所藏乎身(소장호신),
不恕(불서), 而能喩諸人者(이능유저인자), 未之有也(미지유야).

직역 요(堯)와 순(舜)이 인(仁)으로써(以) 천하(天下)를 거느리(帥)자(而) 백성(民)이 그(之)를 따랐고(從), 걸(桀)과 주(紂)가 포(暴)로써(以) 천하(天下)를 거느리(帥)자(而) 백성(民)이 그(之)를 따랐다(從). 그(其)가 명령하는(令) 바(所)가 그(其)가 좋아하는(好) 바(所)와 다르(反)면(而), 백성(民)은 따르지(從) 않는다(不). 이런(是) 까닭(故)에 군자(君子)는 그것(諸)을 자기(己)에게 가지고 있은(有) 이후(而後) 그것(諸)을 남(人)에게 요구하고(求), 그것(諸)을 자기(己)에게 가지고 있지 않은(無) 이후(而後) 그것(諸)을 남(人)에게 비난하지 않는다(非). 자신(身)에게(乎) 가지고(藏) 있는 바(所)로 남을 헤아리지(恕) 않는(不)데(而), 그것(諸)을 남(人)에게 깨우칠(喩) 수(能) 있는 경우(者)는 아직 그런 자(之)는 있지(有) 않았(未)다(也).

구조 · 주어(堯舜)+술어(帥)+목적어(天下)+而+주어(民)+술어(從)+목적어(之)
· 주어(桀紂)+술어(帥)+목적어(天下)+而+주어(民)+술어(從)+목적어(之)
· 주어(其所令)+술어(反)+보어(其所好)+而+주어(民)+술어(不從)
· 주어(君子)+술어(有)+목적어(諸)+보어(己)+而後+술어(求)+목적어(諸)+보어(人), 술어(無)+목적어(諸)+보어(己)+而後+술어(非)+목적어(諸)+보어(人)
· 주어(所藏乎身不恕, 而能喩諸人者)+술어(未有)+보어(之)
※ 도치

* 堯舜(요순): 요 임금과 순 임금으로 중국 고대의 성천자(聖天子)로 선정(善政)을 베푼 임금
* 帥: 장수(수), 거느리다(솔)
* 桀紂(걸주): 하(夏)나라의 걸(桀)과 은(殷)나라의 주(紂)로 포악(暴惡)한 임금의 상징
* 暴: 사납다(폭/포), 쬐다(폭), 앙상하다(박)
* 無(무): ~이 없다→ ~이 아니다(아니하다)→ ~말라→ 무시하다(업신여기다)
* 不+동사(형용사) ↔ 非+명사
* 喩(유): 깨우치다
* 未之有也: 부정문 혹은 의문문에서 대명사나 의문사가 목적어(보어)로 쓰일 때, 목적어(보어)는 술어 뒤에 위치하지 않고, 술어 앞으로 도치된다. '未之有也(미지유야)'는 '未有之也'에서 '之'가 술어인 '有'의 앞으로 도치된 형태이다. 해석은 '그러한 자(之)는 아직 있지(有) 않았(未)다(也)'이다.
* 전(傳)에 의하면, 서(恕)는 '推己以及人, 所謂恕也'이다. 이는 '자기를 헤아림으로써 남에게 이르는 것, 이른바 서(恕)이다'를 의미한다.

※ 之 다른 해석: 요순과 걸주를 따른 것이 아니라, 인(仁)과 포(暴)를 따랐다고 번역할 수도 있다.

□ 유용한 Tips: 以, 而, 之, 其, 所, 諸, 不/未, 乎

- 以 기본형: ~으로/ 로써/~을 가지고→ 사용해서

① 以+명사(구): 명사로써, 명사로, 명사를 가지고

'以+명사(구)'는 '以'의 기본적인 형태이다. 이 때 '以'는 영어의 'with'와 같다.

- 以仁: 인(仁)으로써(以)
- 以暴: 포(暴)로써(以)

② 명사(구)+以+동사→ 以+(之)+동사(형용사): 그것(之)으로써(以) ~ 동사(형용사)하다.

이 형태는 두 가지로 해석할 수 있다. 먼저, '명사(A)로써(以) 동사(B)하다'이다. 다음은 대명사 '之'를 넣어서, '명사(A), 그것(之)으로써(以) 동사(B)하다'이다. 필자는 'A, 그것(之)으로써(以) B하다'로 번역할 것을 추천한다. 그 이유는 '명사(A)+以+동사'는 '以+명사(A)+동사'의 도치이기 때문이다. 도치는 강조하기 위한 것이므로, '명사(구)를 강조하고(A), 그것으로써 동사하다'는 의미가 저자의 의도를 반영한 번역이기 때문이다. 여기서 삽입한 之는 A를 대신하는 명사(구)이다.

더 알아보기. 정확한 번역을 위한 유용한 Tips
'以': 42쪽

- 而

'而'는 2인칭 대명사(너, 그대, 당신)나 종결사로 쓰이지만, 기본적으로 술어와 술어를 연결하는 접속사이다. 따라서 '而'의 앞과 뒤에 술어가 있다는 점에서 술어를 찾는 유용한 단서이다. 다만, 지나치게 술어가 반복되면 부사어(~하고서/~서)처럼 번역하기도 한다.

- 술어+而+술어: 帥天下以仁, 而民從之→ 술어: 帥, 從
- 술어+而+술어: 帥天下以暴, 而民從之→ 술어: 帥, 從
- 술어+而+술어: 反其所好, 而民不從→ 술어: 反, 從

더 알아보기. 술어를 찾는 데 활용되는 유용한 단어들
'而': 37쪽

- 之

'之'는 문장에서 주격(20%, ~은/는/이/가)·목적격(10%, 을/를)·관형격(40%, ~의/하는/~한/ㄴ) 조사로도 쓰이고, 대명사(25%, 그/그것) 또는 동사(2~5%, 가다) 등으로 쓰인다. 다만, 목적격 조사는 도치(목적어+술어)를 의미하지만, 번역은 목적격 조사(~을/를)만을 붙이기도 한다.

- 從之: 술어+之→ 대명사(그/그것)

더 알아보기. 정확한 번역을 위한 유용한 Tips
'之': 40쪽

- 其: ①그, 그것, ②곧, ③아마도, 참으로

'其'는 사람이나 사물을 받는 ①대명사(그, 그것)와 ②시간 부사(곧)의 의미이다. 그런데, '其'는 대명사와 시간 부사 이외에 추측의 의미인 ③'아마도'로 쓰일 때도 있다. 문장에서 '其'를 접하면, 먼저 대명사로 번역하고, 어색할 경우 시간 혹은 추측의 의미로 번역한다. 본문에서는 대명사로 사용되었다.

더 알아보기. 기타
'其': 54쪽

- **所: ~하는 바, ~한 곳, ~한 것(피수식어+수식어)**

한문은 '주어+술어+목적어(보어)' 구조이고, 한글은 '주어+목적어(보어)+술어' 구조이다. 그러나 단어는 한문과 한글 모두 '수식어+피수식어'로 결합한다. 그래서 '높은 산'은, '高(높은)山(산)'으로 작문된다. 즉, 형용사가 명사를 수식하고, 부사가 형용사나 동사를 수식하는 구조는 한문과 한글이 같다. 그러나 '所(~하는 바)'는 '於', '于', '乎'의 조사와 같이 단어가 결합하는 예외이다. 물론, 후대에 오면서 숙소(宿所), 해우소(解憂所) 등 하나의 명사로 굳어진 예도 있다. 그러나 '所'는 기본적으로 '피수식어(所)+수식어' 구조의 명사구이다. 그리고 '所'를 꾸며주는 수식어는 동사나 형용사이다. 따라서 문장에서 '所'를 접하면, 그 뒤에 위치한 단어는 동사 혹은 형용사로 번역해야 한다.

- 所+술어(동사, 형용사): 所令→ 명령하는(令) 바(所)
- 所+술어(동사, 형용사): 所好→ 좋아하는(好) 바(所)
- 所+술어(동사, 형용사): 所藏乎身→ 자신(身)에게(乎) 가지고(藏) 있는 바(所)

더 알아보기. 정확한 번역을 위한 유용한 Tips
'所': 48쪽

- **諸**

'諸'의 기본 의미는 '모두'이다. 그러나 문장 중간에 쓰인 '諸'는 '之

於'의 준말로도 쓰이며, 독음도 '제'가 아니라 '저'이다. 문장에서 '諸'를 접하면 '모두' 혹은 '여럿'으로 번역하고, 그 번역이 어색할 경우 '之於'로 바꾸어서 번역하면 된다.

- 有諸己而後→ 有之於己而後→ 그것(諸)을 자기(己)에게 가지고 있은(有) 이후(而後)
- 求諸人→ 求之於人→ 그것(諸)을 남(人)에게 요구한다(求)
- 無諸己而後→ 無之於己而後→ 그것(諸)을 자기(己)에게 가지고 있지 않은(無) 이후(而後)
- 非諸人→ 非之於人→ 그것(諸)을 남(人)에게 비난(非)하지 않는다
- 能喩諸人者→ 能喩諸人者→ 그것(諸)을 남(人)에게 깨우칠(喩) 수(能) 있는 경우(者)

더 알아보기. 정확한 번역을 위한 유용한 Tips
'諸': 52쪽

- 不/未: '不+술어', '未+술어' 등은 술어를 찾는 유용한 단서이다.

'不', '未' 등은 술어 앞에서 술어를 부정하는 보조사이므로 술어를 찾는 유용한 단서이다. 다만 술어를 수식하는 부사가 그사이에 놓일 수 있다(不(+부사)+술어). 따라서 문장에서 '不', '未' 등을 접하면, 그 뒤에 위치한 단어는 술어(동사, 형용사)로 번역한다.

- 不+술어(동사, 형용사): 不從→ 따르지(從) 않는다(不) / 不恕→ 헤아리지(恕) 않는(不)다
- 未+술어(동사, 형용사): 未之有也→ 그러한 자(之)는 아직 있지(有) 않았(未)다(也)

* 未有之也의 부정문에서 인칭대명사의 도치이다.

더 알아보기. 술어를 찾는 데 활용되는 유용한 단어들
'不+술어', '未+술어': 31쪽

- **乎: '於', '于', '乎'**

乎는 기본적으로 어조사(개사)로 장소·위치·때(~에/~로부터), 사람·대상(~에/에게/을/과), 비교(~보다)의 의미로 쓰인다. 다만, '於'는 문장 첫머리에서 감탄사(아!)로도 쓰인다. 다만, 감탄사로 쓰일 때는 '오'로 독음한다. 그런데, 어조사 '於', '于', '乎'는 번역과 관련하여 술어를 파악하는 유용한 단서이다. 왜냐하면 '어조사+명사(구)'로 연결되어 문장에서 보어의 역할을 하기 때문이다. 따라서 '어조사+명사(구)'를 접하면, '술어+보어' 혹은 '술어+목적어+보어' 구조에 따라 그 앞에 술어가 위치할 확률이 높다. 다만, '어조사+명사(구)'는 비교적 문장 내에서 그 위치가 유연하다. 따라서 이 단서는 술어를 찾는 다른 단서와 연결해서 파악해야 한다. 결국, '於', '于', '乎'가 명사(구)와 연결되면 그 앞에 술어가 위치하므로, 술어를 찾는 단서라는 점을 기억하고 번역에 적용해야 한다.

- 술어(+목적어)+乎+명사(구): 藏乎身→ 자신(身)에게(乎) 가지고(藏) 있다→ 所藏乎身→ 자신(身)에게(乎) 가지고(藏) 있는 바(所)

더 알아보기. 술어를 찾는 데 활용되는 유용한 단어들.
문장 중간에 쓰인 '於', '于', '乎': 38쪽

5절.

원문 故(고), 治國(치국), 在齊其家(재제기가).

직역 그러므로(故) 나라(國)를 다스리는(治) 것은 그(其) 집안(家)을 가지런히(齊) 하는 데 있다(在).

구조 주어(治國)+술어(在)+보어(齊其家)→ 술어(齊)+목적어(其家)

□ 유용한 Tips: 在, 其

- 在

在의 기본 의미는 '있다, 존재하다, 살피다'이며, 기본 품사는 동사이다. 따라서 '在'는 문장에서 술어 역할을 한다. 문장에서 '在'를 접하면 술어일 가능성을 염두에 두고 번역한다. 단, 문장 전체의 술어를 의미하는 것은 아니다.

- 在齊其家: 그(其) 집안(家)을 가지런히(齊) 하는 데 있다(在)

더 알아보기. 술어로 활용된 단어들

'在': 30쪽

- 其: ①그, 그것, ②곧, ③아마도, 참으로

'其'는 사람이나 사물을 받는 ①대명사(그, 그것)와 ②시간 부사(곧)의 의미이다. 그런데, '其'는 대명사와 시간 부사 이외에 추측의 의미인 ③'아마도'로 쓰일 때도 있다. 문장에서 '其'를 접하면, 먼저 대명사로 번역하고, 어색할 경우 시간 혹은 추측의 의미로 번역한다. 본문에서는 대명사로 사용되었다.

더 알아보기. 기타

'其': 54쪽

6절.

원문 詩云(시운), 桃之夭夭(도지요요)! 其葉蓁蓁(기엽진진).
之子于歸(지자우귀)! 宜其家人(의기가인). 宜其家人(의기가인),
而后(이후), 可以敎國人(가이교국인).

직역 시경(詩經)에 이르길(云), "곱고 고운(夭夭) 복숭아 꽃(桃)이여(之)! 그(其) 잎(葉)이 무성하고 무성하구나(蓁蓁). 이(之) 아가씨(子) 시집가네(于歸)! 그(其) 집안(家) 사람(人)에 마땅하리라(宜)."라고 했다. 그(其) 집안(家) 사람(人)에 마땅하(宜)고(而) 후(后)에 나라(國) 사람(人)을 가르칠(敎) 수(可以) 있다.

구조
· 주어(詩)+술어(云)+보어(桃之夭夭! 其葉蓁蓁. 之子于歸! 宜其家人)
· 술어(宜)+보어(其家人)+而后+술어(可以敎)+목적어(國人)

* 詩: 5경(經)의 하나인 시경(詩經)
* 云은 曰과 그 쓰임이 같다. 다만, 云 문헌을 인용할 때 자주 사용된다.
* 桃之夭夭: 之→ 도치를 의미한다
* 夭夭(요요): 나이가 젊고 아름다움, 생기가 있고 얼굴빛이 환하고 부드러움
* 蓁蓁(진진): 무성하고 무성하다
* 之子于歸: 시집가는 아가씨여!
  → 전(傳)에 의하면, '之子, 猶言是子. 此, 指女子之嫁者而言也'라고 했다.
  → 지자(之子)는 시자(是子)를 말하는 것과 같다. 이는 여자(女子)가(之) 시집가는(嫁) 것(者)을 가리키는(指而) 것을 말한다(言).

□ 유용한 Tips: 其, 而, 可以

- 其: ①그, 그것, ②곧, ③아마도, 참으로

'其'는 사람이나 사물을 받는 ①대명사(그, 그것)와 ②시간 부사(곧)의 의미이다. 그런데, '其'는 대명사와 시간 부사 이외에 추측의 의미인 ③'아마도'로 쓰일 때도 있다. 문장에서 '其'를 접하면, 먼저 대명사로 번역하고, 어색할 경우 시간 혹은 추측의 의미로 번역한다. 본문에서는 대명사로 사용되었다.

더 알아보기. 기타
'其': 54쪽

- 而

'而'는 2인칭 대명사(너, 그대, 당신)나 종결사로 쓰이지만, 기본적으로 술어와 술어를 연결하는 접속사이다. 따라서 '而'의 앞과 뒤에 술어가 있다는 점에서 술어를 찾는 유용한 단서이다. 다만, 지나치게 술어가 반복되면 부사어(~하고서/~서)처럼 번역하기도 한다. 참고로 명사와 명사를 연결하는 접속사는 '與(여)'와 '及(급)'이다.

- 술어+而+술어: 宜其家人, 而后可以教國人→ 술어: 宜, 可以教

더 알아보기. 술어를 찾는 데 활용되는 유용한 단어들
'而': 37쪽

- 可以: '可(以)+술어', '能(以)+술어', '得(以)+술어', '足(以)+술어'

'可(以)', '能(以)', '得(以)', '足(以)'은 그 의미와 문법적 기능이 서로 통용된다. 이들은 명사나 형용사(동사)와 같이 단독으로 쓰이지 않을

때, 의존명사로 술어 앞에서 그 의미를 보조한다. 따라서 술어를 찾는 유용한 단서이다. 다만, '可(以)', '能(以)', '得(以)', '足(以)'과 술어 사이에 부사가 위치하기도 한다(可(+부사)+술어).

한편, '可以', '能以', '得以', '足以'는 '주어+술어' 구조로만 쓰이나, '可', '能', '得', '足'은 '목적어+술어' 구조로도 쓰일 수 있으므로 번역에 유의해야 한다.

- 可以+술어: 可以教國人→ 나라(國) 사람(人)을 가르칠(教) 수(可以) 있다

더 알아보기. 술어를 찾는 데 활용되는 유용한 단어들
'可(以)+술어', '能(以)+술어', '得(以)+술어', '足(以)+술어': 32쪽

7절.

원문 詩云(시운), 宜兄宜弟(의형의제). 宜兄宜弟而后(의형의제이후), 可以教國人(가이교국인).

직역 시경(詩經)에 이르길(云), "형(兄)에게 마땅하고(宜) 동생(弟)에게 마땅하네(宜)."라고 했다. 형(兄)에게 마땅하고(宜) 동생(弟)에게 마땅하(宜)고(而) 후(后)에 나라(國) 사람(人)을 가르칠(教) 수(可以) 있다.

구조 ·주어(詩)+술어(云)+보어(宜兄宜弟)
·술어(宜)+보어(兄)+술어(宜)+보어(弟)+而后+술어(可以教)+목적어(國人)

* 詩: 5경(經)의 하나인 시경(詩經). 시경 소아(小雅) 육소편(蓼蕭篇)의 글을 인용했다.
* 云은 曰과 그 쓰임이 같다. 다만, 云 문헌을 인용할 때 자주 사용된다.

□ 유용한 Tips: 而, 可以

- 而

'而'는 2인칭 대명사(너, 그대, 당신)나 종결사로 쓰이지만, 기본적으로 술어와 술어를 연결하는 접속사이다. 따라서 '而'의 앞과 뒤에 술어가 있다는 점에서 술어를 찾는 유용한 단서이다. 다만, 지나치게 술어가 반복되면 부사어(~하고서/~서)처럼 번역하기도 한다. 참고로 명사와 명사를 연결하는 접속사는 '與(여)'와 '及(급)'이다.

- 술어(宜)+보어(兄)+술어(宜)+보어(弟)+而后+술어(可以教)+목적어(國人)

더 알아보기. 술어를 찾는 데 활용되는 유용한 단어들
'而': 37쪽

- 可以: '可(以)+술어', '能(以)+술어', '得(以)+술어', '足(以)+술어'

'可(以)', '能(以)', '得(以)', '足(以)'은 그 의미와 문법적 기능이 서로 통용된다. 이들은 명사나 형용사(동사)와 같이 단독으로 쓰이지 않을 때, 의존명사로 술어 앞에서 그 의미를 보조한다. 따라서 술어를 찾는 유용한 단서이다. 다만, '可(以)', '能(以)', '得(以)', '足(以)'과 술어 사이에 부사가 위치하기도 한다(可(+부사)+술어).

한편, '可以', '能以', '得以', '足以'는 '주어+술어' 구조로만 쓰이나, '可', '能', '得', '足'은 '목적어+술어' 구조로도 쓰일 수 있으므로 번역에 유의해야 한다.

- 可以+술어: 可以教國人→ 나라(國) 사람(人)을 가르칠(教) 수(可以) 있다

더 알아보기. 술어를 찾는 데 활용되는 유용한 단어들
'可(以)+술어', '能(以)+술어', '得(以)+술어', '足(以)+술어': 32쪽

8절.

원문	詩云(시운), 其儀不忒(기의불특), 正是四國(정시사국). 其爲父子兄弟足法而后(기위부자형제족법이후), 民(민), 法之也(법지야).
직역	시경(詩經)에 이르길(云), "그(其) 거동(儀)이 어긋나지(忒) 않아서(不) 이(是) 사방(四)의 나라(國)를 바르게 한다(正)."라고 했다. 그(其)가 부자(父子)와 형제(兄弟)가 되어(爲) 본받을(法) 만하고(足)서(而) 후(后)에 백성(民)이 그(之)를 본받는(法)다(也).
구조	· 주어(詩)+술어(云)+보어(其儀不忒, 正是四國) → 주어(其儀)+술어(不忒), 술어(正)+목적어(是四國) · 주어(其)+술어(爲)+보어(父子兄弟)+술어(足法)+而后+주어(民)+술어(法)+목적어(之)

* 詩: 5경(經)의 하나인 시경(詩經)

* 云은 曰과 그 쓰임이 같다. 다만, 云 문헌을 인용할 때 자주 사용된다.

* 不+동사(형용사) ↔ 非+명사

* 忒(특): 틀리다, 어긋나다, 변하다(變--), 새롭게 고쳐지다

* 法(법): 법, 방법, 됨됨이→ 본받다

□ 유용한 Tips: 其, 不, 爲, 而, 足, 之

- 其: ①그, 그것, ②곧, ③아마도, 참으로

'其'는 사람이나 사물을 받는 ①대명사(그, 그것)와 ②시간 부사(곧)의 의미이다. 그런데, '其'는 대명사와 시간 부사 이외에 추측의 의미인 ③'아마도'로 쓰일 때도 있다. 문장에서 '其'를 접하면, 먼저 대명사로 번역하고, 어색할 경우 시간 혹은 추측의 의미로 번역한다. 본문에서는 대명사로 사용되었다.

더 알아보기. 기타

'其': 54쪽

- 不: '不+술어', '未+술어' 등은 술어를 찾는 유용한 단서이다.

'不', '未' 등은 술어 앞에서 술어를 부정하는 보조사이므로 술어를 찾는 유용한 단서이다. 다만 술어를 수식하는 부사가 그사이에 놓일 수 있다(不(+부사)+술어). 따라서 문장에서 '不', '未' 등을 접하면, 그 뒤에 위치한 단어는 술어(동사, 형용사)로 번역한다.

- 不+술어(동사, 형용사): 不忒→ 어긋나지(忒) 않다(不)

더 알아보기. 술어를 찾는 데 활용되는 유용한 단어들
'不+술어', '未+술어': 31쪽

- 爲: 만능

'爲'는 '되다'의 의미로 기본적으로 술어의 역할을 한다. 그러나 영어의 'do(하다)'와 같이 모든 술어를 대신할 수 있다. 자주 사용되는 표현으로는 '~을 위하다', '~ 때문에'로 쓰이고, '以'와 연결되어 숙어로 '~으로 여긴다(삼는다)'로도 쓰인다. 다만, '爲'가 평서문에서 '~ 때문에'로 쓰일 때는 종결사 '也'와 함께 쓰인다. 그리고 문장에서 술어가 생략된 경우에도 주어와 술어 사이에 '爲'를 넣어 해석할 수 있다.

- 爲+보어: 爲父子兄弟→ 부자(父子)와 형제(兄弟)가 되다(爲)

더 알아보기. 기타
'爲': 53쪽

- 而

'而'는 2인칭 대명사(너, 그대, 당신)나 종결사로 쓰이지만, 기본적으로 술어와 술어를 연결하는 접속사이다. 따라서 '而'의 앞과 뒤에 술어가 있다는 점에서 술어를 찾는 유용한 단서이다. 다만, 지나치게 술어가 반복되면 부사어(~하고서/~서)처럼 번역하기도 한다. 참고로 명사와 명사를 연결하는 접속사는 '與(여)'와 '及(급)'이다.

- 주어(其)+술어(爲)+보어(父子兄弟)+술어(足法)+而后+주어(民)+술어(法)+목적어(之)

더 알아보기. 술어를 찾는 데 활용되는 유용한 단어들
'而': 37쪽

- 足: '可(以)+술어', '能(以)+술어', '得(以)+술어', '足(以)+술어'

'可(以)', '能(以)', '得(以)', '足(以)'은 그 의미와 문법적 기능이 서로 통용된다. 이들은 명사나 형용사(동사)와 같이 단독으로 쓰이지 않을 때, 의존명사로 술어 앞에서 그 의미를 보조한다. 따라서 술어를 찾는 유용한 단서이다. 다만, '可(以)', '能(以)', '得(以)', '足(以)'과 술어 사이에 부사가 위치하기도 한다(可(+부사)+술어).

한편, '可以', '能以', '得以', '足以'는 '주어+술어' 구조로만 쓰이나, '可', '能', '得', '足'은 '목적어+술어' 구조로도 쓰일 수 있으므로 번역에 유의해야 한다.

- 足+술어: 足法→ 본받을(法) 만하다(足)

더 알아보기. 술어를 찾는 데 활용되는 유용한 단어들
'可(以)+술어', '能(以)+술어', '得(以)+술어', '足(以)+술어': 32쪽

- 之

'之'는 문장에서 주격(20%, ~은/는/이/가)·목적격(10%, 을/를)·관형격

(40%, ~의/하는/~한/ㄴ) 조사로도 쓰이고, 대명사(25%, 그/그것) 또는 동사(2~5%, 가다) 등으로 쓰인다. 다만, 목적격 조사는 도치(목적어+술어)를 의미하지만, 번역은 목적격 조사(~을/를)만을 붙이기도 한다.

- 民法之也: 술어(法)+之→ 대명사(그/그것)

더 알아보기. 정확한 번역을 위한 유용한 Tips
'之': 40쪽

9절.

원문 此謂治國(차위치국), 在齊其家(재제기가). 右(우), 傳之九章(전지구장).

직역 이것(此)은 나라(國)를 다스리는(治)는 것이 그(其) 집안(家)을 가지런하게(齊) 하는 데 있다(在)는 것을 이르는 것이다(謂).
우(右)는 전(傳)의(之) 9장(九章)이다.

구조 · 주어(此)+술어(謂)+목적어(治國, 在齊其家)
→ 주어(治國)+술어(在)+목적어(齊其家)
→ 술어(齊)+목적어(其家)
· 주어(右)+술어(생략)+보어(傳之九章)

* 右(우): 오늘날 대부분의 글은 왼쪽에서 오른쪽으로 가로쓰기한다. 그러나 전통시대 한문이나 옛 한글은 ①오른쪽에서 왼쪽으로, ②위에서 아래로 글을 써 내려갔다. 따라서 우(右)라는 표현은 오늘날 '위' 혹은 '앞'에 쓴 글을 의미한다.

□ 유용한 Tips: 在, 之

- 在

在의 기본 의미는 '있다, 존재하다, 살피다'이며, 기본 품사는 동사이다. 따라서 '在'는 문장에서 술어 역할을 한다. 문장에서 '在'를 접하면 술어일 가능성을 염두에 두고 번역한다. 단, 문장 전체의 술어를 의미하는 것은 아니다.

더 알아보기. 술어로 활용된 단어들
'在': 30쪽

- 之

'之'는 문장에서 주격(20%, ~은/는/이/가)·목적격(10%, 을/를)·관형격(40%, ~의/하는/~한/ㄴ) 조사로도 쓰이고, 대명사(25%, 그/그것) 또는 동사(2~5%, 가다) 등으로 쓰인다. 다만, 목적격 조사는 도치(목적어+술어)를 의미하지만, 번역은 목적격 조사(~을/를)만을 붙이기도 한다.

- 傳之九章: 之+명사(구)→ 관형격 조사(~의)

더 알아보기. 정확한 번역을 위한 유용한 Tips
'之': 40쪽

10장

소위평천하재치기국자(所謂平天下在治其國者)

1절.

원문 所謂(소위), 平天下(평천하), 在治其國者(재치기국자), 上(상), 老老(노로), 而民興孝(이민흥효), 上(상), 長長(장장), 而民興弟(이민흥제), 上(상), 恤孤(휼고), 而民不倍(이민불패). 是以(시이), 君子有絜矩之道也(군자유혈구지도야).

직역 이른바(所謂) 천하(天下)를 평(平)하는 것이 그(其) 나라(國)를 다스리는(治) 데에 있다(在)는 것(者)은, 윗(上) (사람이) 노인(老)을 노인(老)으로 대하면(而), 백성(民)이 효(孝)를 일으키고(興), 윗(上) (사람이) 어른(長)을 어른(長)으로 대하면(而), 백성(民)이 제(弟)를 일으키며(興), 윗(上) (사람이) 고아(孤)를 구휼하(恤)면(而), 백성(民)이 등을 지지(倍) 않는다(不). 이(是) 때문(以)에 군자(君子)는 구(矩, 척도)로 헤아리(絜)는(之) 도(道)를 가지고 있는(有) 것이다(也).

구조
· 주어(平天下, 在治其國者)+술어(생략)+보어(上老老, 而民興孝, 上長長, 而民興弟, 上恤孤, 而民不倍)
→ 주어(平天下)+술어(在)+보어(治其國)
→ 술어(平)+목적어(天下), 술어(治)+목적어(其國)
→ 주어(上)+술어(老)+목적어(老)+而+주어(民)+술어(興)+목적어(孝)
· 주어(君子)+술어(有)+목적어(絜矩之道)

* 所謂(소위): 이른바
* 恤(휼): 불쌍하다, 구휼하다, 근심하다
* 孤(고): 외롭다→ 고아
* 不+동사(형용사) ↔ 非+명사
* 倍: 곱(배), 등지다(패)
* 是以(시이): 이 때문에
* 絜: 헤아리다(혈), 깨끗하다(결), 들다(혜)
* 絜矩之道: 곱자(矩)를 가지고 재는 방법이라는 뜻으로 자기의 처지로 남의 처지를 헤아리는 것을 뜻하는 말이다.
* 老老와 長長의 해석
 · 上老老: 주어+술어+목적어→ 상(上)이 노인(老)을 노인으로 대한다(老)
 → 앞에 老는 술어, 뒤에 老는 목적어이다.
 · 上長長: 주어+술어+목적어→ 상(上)이 어른(長)을 어른으로 대한다(長)
 → 앞에 長는 술어, 뒤에 長는 목적어이다.

☞ 君君, 臣臣, 父父, 子子. (논어 안연편): '주어+술어' 구조의 반복이다. 임금(君)이 임금답고(君), 신하(臣)가 신하답고(臣), 아비(父)가 아비다우며(父), 아들(子)이 아들답다(子).

□ 유용한 Tips: 在, 其, 者, 而, 不, 有, 之

- 在

在의 기본 의미는 '있다, 존재하다, 살피다'이며, 기본 품사는 동사이다. 따라서 '在'는 문장에서 술어 역할을 한다. 문장에서 '在'를 접하면 술어일 가능성을 염두에 두고 번역한다. 단, 문장 전체의 술어를 의미하는 것은 아니다.

☞ 구조 쪼개기

- 平天下, 在治其國者: 수식어(平天下, 在治其國)+피수식어(者)→ 주

어부(者)+술어

- 平天下, 在治其國: 주어(平天下), 在(술어), 보어(治其國)→ 平天下는 治其國하는 데 在다
- 平天下: 술어(平), 목적어(天下)→ 天下를 平한다
- 治其國: 술어(治), 목적어(其國)→ 其國을 治한다

더 알아보기. 술어로 활용된 단어들
'在': 30쪽

- 其: ①그, 그것, ②곧, ③아마도, 참으로

'其'는 사람이나 사물을 받는 ①대명사(그, 그것)와 ②시간 부사(곧)의 의미이다. 그런데, '其'는 대명사와 시간 부사 이외에 추측의 의미인 ③'아마도'로 쓰일 때도 있다. 문장에서 '其'를 접하면, 먼저 대명사로 번역하고, 어색할 경우 시간 혹은 추측의 의미로 번역한다. 본문에서는 대명사로 사용되었다.

더 알아보기. 기타
'其': 54쪽

- 者: ~하는 사람, ~하는 것, ~라는 것은, ~은/는

'~者'는 명사구로 문장 끝에서 목적어로도 쓰이지만, 기본적으로 주어 역할로 술어 앞에 위치한다. 따라서 '者' 뒤에 술어가 위치하므로 술어를 찾는 유용한 단서이다. 또, 者는 '수식어+피수식어' 구조이므로 수식하는 말이 수식받는 말 앞에 놓인다는 점도 번역에 유용한 단서이다. 한편, '者'는 한글의 의존명사(~것, ~사람)뿐만 아니라 주격조

사(~은/는)로도 사용된다.

- 在治其國者: 수식어(在治其國)+피수식어(者)→ 주어부(者)+술어

더 알아보기. 술어를 찾는 데 활용되는 유용한 단어들
'者': 36쪽

- 而

'而'는 2인칭 대명사(너, 그대, 당신)나 종결사로 쓰이지만, 기본적으로 술어와 술어를 연결하는 접속사이다. 따라서 '而'의 앞과 뒤에 술어가 있다는 점에서 술어를 찾는 유용한 단서이다. 다만, 지나치게 술어가 반복되면 부사어(~하고서/~서)처럼 번역하기도 한다. 참고로 명사와 명사를 연결하는 접속사는 '與(여)'와 '及(급)'이다.

- 上老老, 而民興孝: 술어→ 老, 興
- 上長長, 而民興弟: 술어→ 長, 興
- 上恤孤, 而民不倍: 술어→ 恤, 不倍

더 알아보기. 술어를 찾는 데 활용되는 유용한 단어들
'而': 37쪽

- 不: '不+술어', '未+술어' 등은 술어를 찾는 유용한 단서이다.

'不', '未' 등은 술어 앞에서 술어를 부정하는 보조사이므로 술어를 찾는 유용한 단서이다. 다만 술어를 수식하는 부사가 그사이에 놓일 수 있다(不(+부사)+술어). 따라서 문장에서 '不', '未' 등을 접하면, 그 뒤에 위치한 단어는 술어(동사, 형용사)로 번역한다.

- 不+술어(동사, 형용사): 民不倍→ 백성(民)이 등을 지지(倍) 않는다(不)

> **더 알아보기.** 술어를 찾는 데 활용되는 유용한 단어들
> '不+술어', '未+술어': 31쪽

- 有

① 有는 '술어+보어' 구조의 술어로 '~이 있다', '~이 존재하다'로 번역된다. 그리고 그 뒤에 보어의 역할을 할 수 있는 명사가 위치한다. 따라서 有가 술어일 때, 그 뒤에 동사(형용사)처럼 보이는 글자가 있더라도 명사로 번역해야 한다. 만약, 有 뒤에 술어가 위치할 경우 '有以' 형태가 나타난다.

② 有가 '술어+보어' 구조가 아닌 경우, '술어+목적어' 구조로 '~을 가지고 있다'로 번역된다.

- 술어(有)+목적어(絜矩之道): 구(矩, 척도)로 헤아리(絜)는(之) 도(道)를 가지고 있다(有)

> **더 알아보기.** 술어로 활용된 단어들
> '有': 28쪽

- 之

'之'는 문장에서 주격(20%, ~은/는/이/가)·목적격(10%, 을/를)·관형격(40%, ~의/하는/~한/ㄴ) 조사로도 쓰이고, 대명사(25%, 그/그것) 또는 동사(2~5%, 가다) 등으로 쓰인다. 다만, 목적격 조사는 도치(목적어+술어)를 의미하지만, 번역은 목적격 조사(~을/를)만을 붙이기도 한다.

- 君子有絜矩之道也: 之+명사(道)→ 관형격 조사(~의/~하는/~한/~ㄴ)→ 군자(君子)는 구(矩, 척도)로 헤아리(絜)는(之) 도(道)를 가지

고 있는(有) 것이다(也)→ 관형격 조사는 '~의'뿐만 아니라 '~하는 /~한/~ㄴ' 등 명사를 수식하는 의미로 이해해야 한다.

더 알아보기. 정확한 번역을 위한 유용한 Tips
'之': 40쪽

2절.

원문 所惡於上(소오어상), 毋以使下(무이사하), 所惡於下(소오어하), 毋以事上(무이사상), 所惡於前(소오어전), 毋以先後(무이선후), 所惡於後(소오어후), 毋以從前(무이종전), 所惡於右(소오어우), 毋以交於左(무이교어좌), 所惡於左(소오어좌), 毋以交於右(무이교어우). 此之謂絜矩之道(차지위혈구지도).

직역 윗사람(上)에게(於) 싫었던(惡) 바(所), 그것으로써(以) 아랫사람(下)을 부리지(使) 말고(毋), 아랫사람(下)에게(於) 싫었던(惡) 바(所), 그것으로써(以) 윗사람(上)을 섬기지(事) 말며(毋), 앞사람(前)에게(於) 싫었던(惡) 바(所), 그것으로써(以) 뒷사람(後)을 먼저 하게(先) 하지 말며(毋), 뒷사람(後)에게(於) 싫었던(惡) 바(所), 그것으로써(以) 앞사람(前)을 따르지(從) 말며(毋), 오른쪽 사람(右)에게(於) 싫었던(惡) 바(所), 그것으로써(以) 왼쪽 사람(左)과(於) 사귀지(交) 말며(毋), 왼쪽 사람(左)에게(於) 싫었던(惡) 바(所), 그것으로써(以) 오른쪽 사람(右)과(於) 사귀지 말라(毋). 이것(此)은(之) 구(矩)로 헤아리(絜)는(之) 도(道)를 이르는(謂) 것이다.

구조
- ·술어(毋以)+보어(使下)→ 술어(使)+목적어(下)
- ·주어(此之)+술어(謂)+목적어(絜矩之道)

* 앞 문장의 혈구(絜矩) 두 글자의 뜻을 다시 해석한 글이다.

* 惡: 악하다(악), 미워하다(오)

* 毋(무): 말다

* 使(사): 부리다, 하게 하다

* 使(令, 敎, 俾)+명사+동사: 명사로 하여금 동사하게 하다
※ 使(令, 敎, 俾)+동사: 使(令)+(之)+동사→ (之)로 하여금 동사하게 하다
* 대(對)를 이루는 구의 반복을 활용하자. 한문은 유사한 구조를 반복해서 문장을 배열한다. 따라서 앞뒤의 문장과 어구는 술어를 찾는 유용한 단서로 활용할 수 있다. 이는 술어뿐만 아니라 각 단어의 품사와 성분을 빠르게 파악할 수 있는데, 글자의 수와 문장의 형식까지 맞추기 때문이다.

□ 유용한 Tips: 所, 於, 以, 之,

- 所: ~하는 바, ~한 곳, ~한 것(피수식어+수식어)

한문은 '주어+술어+목적어(보어)' 구조이고, 한글은 '주어+목적어(보어)+술어' 구조이다. 그러나 단어는 한문과 한글 모두 '수식어+피수식어'로 결합한다. 그래서 '높은 산'은, '高(높은)山(산)'으로 작문된다. 즉, 형용사가 명사를 수식하고, 부사가 형용사나 동사를 수식하는 구조는 한문과 한글이 같다. 그러나 '所(~하는 바)'는 '於', '于', '乎'의 조사와 같이 단어가 결합하는 예외이다. 물론, 후대에 오면서 숙소(宿所), 해우소(解憂所) 등 하나의 명사로 굳어진 예도 있다. 그러나 '所'는 기본적으로 '피수식어(所)+수식어' 구조의 명사구이다. 그리고 '所'를 꾸며주는 수식어는 동사나 형용사이다. 따라서 문장에서 '所'를 접하면, 그 뒤에 위치한 단어는 동사 혹은 형용사로 번역해야 한다.

- 所+술어(동사, 형용사): 所惡於上→ 윗사람(上)에게(於) 싫었던(惡) 바(所)
- 所+술어(동사, 형용사): 所惡於下→ 아랫사람(下)에게(於) 싫었던(惡) 바(所)
- 所+술어(동사, 형용사): 所惡於前→ 앞사람(前)에게(於) 싫었던(惡) 바(所)
- 所+술어(동사, 형용사): 所惡於後→ 뒷사람(後)에게(於) 싫었던(惡) 바(所)

- 所+술어(동사, 형용사): 所惡於右→ 오른쪽 사람(右)에게(於) 싫었던(惡) 바(所)
- 所+술어(동사, 형용사): 所惡於左→ 왼쪽 사람(左)에게(於) 싫었던(惡) 바(所)

더 알아보기. 정확한 번역을 위한 유용한 Tips
'所': 48쪽

- 於: 어조사(어), 탄식하다(오)

於는 기본적으로 어조사(개사)로 장소·위치·때(~에/~로부터), 사람·대상(~에/에게/을/과), 비교(~보다)로 쓰이지만, 문장 첫머리에서 감탄사(아!)로도 쓰인다. 다만, 감탄사로 쓰일 때는 '오'로 독음한다. 그런데, 어조사 '於'는 번역과 관련하여 술어를 파악하는 유용한 단서이다. 왜냐하면 '於'는 '於+명사(구)'로 연결되어 문장에서 주로 보어의 역할을 하기 때문이다. 따라서 '於+명사(구)'를 접하면, '술어+보어' 혹은 '술어+목적어+보어' 구조에 따라 그 앞에 술어가 위치할 확률이 높다. 다만, '於+명사(구)'는 비교적 문장 내에서 그 위치가 유연하다. 따라서 이 단서는 술어를 찾는 다른 단서와 연결해서 파악해야 한다. 또한, '于' 혹은 '乎'도 '於'와 같이 의미로 문장 중간에 쓰이면 술어를 찾는 단서이다. 결국, '於', '于', '乎'가 명사(구)와 연결되면 그 앞에 술어가 위치하므로, 술어를 찾는 단서라는 점을 기억하고 번역에 적용해야 한다.

- 술어(+목적어)+於+명사(구): 惡於上→ 윗사람(上)에게(於) 싫었다(惡)
- 술어(+목적어)+於+명사(구): 惡於下→ 아랫사람(下)에게(於) 싫었다(惡)
- 술어(+목적어)+於+명사(구): 惡於前→ 앞사람(前)에게(於) 싫었다(惡)

- 술어(+목적어)+於+명사(구): 惡於後→ 뒷사람(後)에게(於) 싫었다(惡)
- 술어(+목적어)+於+명사(구): 惡於右→ 오른쪽 사람(右)에게(於) 싫었다(惡)
- 술어(+목적어)+於+명사(구): 惡於左→ 왼쪽 사람(左)에게(於) 싫었다(惡)

더 알아보기. 술어를 찾는 데 활용되는 유용한 단어들
문장 중간에 쓰인 '於', '于', '乎': 38쪽

- 以 기본형: ~으로/ 로써/~을 가지고→ 사용해서

① 以+명사(구): 명사로써, 명사로, 명사를 가지고

'以+명사(구)'는 '以'의 기본적인 형태이다. 이 때 '以'는 영어의 'with'와 같다.

② 명사(구)+以+동사→ 以+(之)+동사(형용사): 그것(之)으로써(以) ~ 동사(형용사)하다.

이 형태는 두 가지로 해석할 수 있다. 먼저, '명사(A)로써(以) 동사(B)하다'이다. 다음은 대명사 '之'를 넣어서, '명사(A), 그것(之)으로써(以) 동사(B)하다'이다. 필자는 'A, 그것(之)으로써(以) B하다'로 번역할 것을 추천한다. 그 이유는 '명사(A)+以+동사'는 '以+명사(A)+동사'의 도치이기 때문이다. 도치는 강조하기 위한 것이므로, '명사(구)를 강조하고(A), 그것으로써 동사하다'는 의미가 저자의 의도를 반영한 번역이기 때문이다. 여기서 삽입한 之는 A를 대신하는 명사(구)이다.

더 알아보기. 정확한 번역을 위한 유용한 Tips
'以': 42쪽

- 之

'之'는 문장에서 주격(20%, ~은/는/이/가)·목적격(10%, 을/를)·관형격(40%, ~의/하는/~한/ㄴ) 조사로도 쓰이고, 대명사(25%, 그/그것) 또는 동사(2~5%, 가다) 등으로 쓰인다. 다만, 목적격 조사는 도치(목적어+술어)를 의미하지만, 번역은 목적격 조사(~을/를)만을 붙이기도 한다.

- 此之謂絜矩之道: 之謂→ 之+술어: 주격조사(~은), 之道→ 之+명사: 관형격 조사(~의)

더 알아보기. 정확한 번역을 위한 유용한 Tips
'之': 40쪽

3절.

원문 詩云(시운), 樂只君子(낙지군자)! 民之父母(민지부모).
民之所好(민지소호), 好之(호지), 民之所惡(민지소오), 惡之(오지).
此之謂民之父母(차지위민지부모).

직역 시경(詩經) 이르길(云), "즐거운(樂只) 군자(君子)여! 백성(民)의(之) 부모(父母)로다."라고 했다. 백성(民)이(之) 좋아하는(好) 바(所), 그것(之)을 좋아하고(好), 백성(民)이(之) 싫어하는(惡) 바(所), 그것(之)을 싫어한다(惡). 이것(此)은(之) 백성(民)의(之) 부모(父母)를 이르는(謂) 것이다.

구조
- 주어(詩)+술어(云)+보어(樂只君子! 民之父母)
- 주어(民之)+술어(好)+목적어(之=所好), 주어(民之)+술어(惡)+목적어(之=所惡)
- 주어(此之)+술어(謂)+목적어(民之父母)

※ '此之' 목적어의 도치로 볼 수도 있다.

* 詩: 5경(經)의 하나인 시경(詩經). 시경 소아 남산유대편(南山有臺篇)을 인용했다.
* 云은 曰과 그 쓰임이 같다. 다만, 云 문헌을 인용할 때 자주 사용된다.
* 樂: 노래(악), 즐기다(락/낙), 좋아하다(요)
* 只(지): 어조사, 단지, 뿐
* 惡: 악하다(악), 미워하다(오)

□ 유용한 Tips: 之, 所

- 之

'之'는 문장에서 주격(20%, ~은/는/이/가)·목적격(10%, 을/를)·관형격(40%, ~의/하는/~한/ㄴ) 조사로도 쓰이고, 대명사(25%, 그/그것) 또는 동사(2~5%, 가다) 등으로 쓰인다. 다만, 목적격 조사는 도치(목적어+술어)를 의미하지만, 번역은 목적격 조사(~을/를)만을 붙이기도 한다.

- 民之父母: 之+명사(父母)→ 관형격 조사
- 民之所好: 之+所→ 주격 조사
- 好之: 술어+之→ 대명사
- 民之所惡: 之+所→ 주격 조사
- 惡之: 술어+之→ 대명사
- 此之謂民之父母: 此之→ 주격 혹은 도치. 民之父母→ 관형격 조사

더 알아보기. 정확한 번역을 위한 유용한 Tips
'之': 40쪽

- 所: ~하는 바, ~한 곳, ~한 것(피수식어+수식어)

한문은 '주어+술어+목적어(보어)' 구조이고, 한글은 '주어+목적어(보어)+술어' 구조이다. 그러나 단어는 한문과 한글 모두 '수식어+피

수식어'로 결합한다. 그래서 '높은 산'은, '高(높은)山(산)'으로 작문된다. 즉, 형용사가 명사를 수식하고, 부사가 형용사나 동사를 수식하는 구조는 한문과 한글이 같다. 그러나 '所(~하는 바)'는 '於', '于', '乎'의 조사와 같이 단어가 결합하는 예외이다. 물론, 후대에 오면서 숙소(宿所), 해우소(解憂所) 등 하나의 명사로 굳어진 예도 있다. 그러나 '所'는 기본적으로 '피수식어(所)+수식어' 구조의 명사구이다. 그리고 '所'를 꾸며주는 수식어는 동사나 형용사이다. 따라서 문장에서 '所'를 접하면, 그 뒤에 위치한 단어는 동사 혹은 형용사로 번역해야 한다.

- 所+술어(동사, 형용사): 所好→ 좋아하는(好) 바(所)
- 所+술어(동사, 형용사): 所惡→ 싫어하는(惡) 바(所)

더 알아보기. 정확한 번역을 위한 유용한 Tips

'所': 48쪽

4절.

원문 詩云(시운), 節彼南山(절피남산)! 維石巖巖(유석암암).
赫赫師尹(혁혁사윤)! 民具爾瞻(민구이첨).
有國者不可以不愼(유국자불가이불신),
辟則爲天下僇矣(벽즉위천하륙의).

직역 시경(詩經)에 이르길(云), "우뚝 솟은(節) 저(彼) 남산(南山)이여!
바위(維石)가 암암(巖巖)하다. 혁혁(赫赫)한 태사(師) 윤씨(尹)여!
백성(民)이 모두(具) 너(爾)를 본다(瞻)."라고 했다. 나라(國)를 가지고 있는(有) 자(者)는 삼가지(愼) 않을(不) 수(可以) 없으니(不),
편벽되(辟)면(則) 천하(天下)에 죽임(僇)을 당하게 되는(爲) 것이다(矣).

구조 ·주어(詩)+술어(云)+보어(節彼南山! 維石巖巖. 赫赫師尹! 民具爾瞻)
·주어(有國者)+술어(不可以不愼), 술어(辟)+則+술어(爲)+목적어(天下僇)→ 술어(有)+목적어(國)

* 詩: 5경(經)의 하나인 시경(詩經). 시경 소아 절남산편(節南山篇)을 인용했다.
* 云은 曰과 그 쓰임이 같다. 다만, 云 문헌을 인용할 때 자주 사용된다.
* 節(절): 마디, 예절, 절개, 철, 절기(節氣), 명절(名節), 항목(項目), 높고 험하다
* 巖巖(암암): 암암하다, 험준하다, 높고 험하다, 암석을 높이 쌓아올린 모양
* 赫赫(혁혁): 밝게 빛나는 모양
* 不+동사(형용사) ↔ 非+명사
* 愼(신): 삼가다
* 辟: 피하다(피), 임금(벽), 비유하다(비), 그치다(미)
* 僇: 욕보이다(륙/육), 조금(료/요), 죽이다(륙/육)
* 전(傳)에 의하면, 節은 截然高大貌(높고 우뚝한 모양)이고, 師尹은 周太師尹氏也(주나라 태사인 윤씨이다)이며, 辟은 偏也(편벽됨, 치우침이다)이다.
* 民具爾瞻은 한문 구조에 의하면, '民具瞻爾'이다. 다만, 시경은 시의 특성상 생략과 어순의 변화가 있을 수 있다.

□ 유용한 Tips: 有, 者, 不, 可以, 爲

- 有

① 有는 '술어+보어' 구조의 술어로 '~이 있다', '~이 존재하다'로 번역된다. 그리고 그 뒤에 보어의 역할을 할 수 있는 명사가 위치한다. 따라서 有가 술어일 때, 그 뒤에 동사(형용사)처럼 보이는 글자가 있더라도 명사로 번역해야 한다. 만약, 有 뒤에 술어가 위치할 경우 '有以' 형태가 나타난다.

② 有가 '술어+보어' 구조가 아닌 경우, '술어+목적어' 구조로 '~을 가지고 있다'로 번역된다.

• 有A者: 有國者→ 나라(國)를 가지고 있는(有) 자(者)

더 알아보기. 술어로 활용된 단어들
'有': 28쪽

- 者: ~하는 사람, ~하는 것, ~라는 것은, ~은/는

'~者'는 명사구로 문장 끝에서 목적어로도 쓰이지만, 기본적으로 주어 역할로 술어 앞에 위치한다. 따라서 '者' 뒤에 술어가 위치하므로 술어를 찾는 유용한 단서이다. 또, 者는 '수식어+피수식어' 구조이므로 수식하는 말이 수식받는 말 앞에 놓인다는 점도 번역에 유용한 단서이다. 한편, '者'는 한글의 의존명사(~것, ~사람)뿐만 아니라 주격조사(~은/는)로도 사용된다.

• 有國者: 수식어(有國)+피수식어(者)→ 나라(國)를 가지고 있는(有) 자(者)→ 주어부(者)+술어

더 알아보기. 술어를 찾는 데 활용되는 유용한 단어들
'者': 36쪽

- 不: '不+술어', '未+술어' 등은 술어를 찾는 유용한 단서이다.

'不', '未' 등은 술어 앞에서 술어를 부정하는 보조사이므로 술어를 찾는 유용한 단서이다. 다만 술어를 수식하는 부사가 그사이에 놓일 수 있다(不(+부사)+술어). 따라서 문장에서 '不', '未' 등을 접하면, 그 뒤에 위치한 단어는 술어(동사, 형용사)로 번역한다.

• 不+술어(동사, 형용사): 不可以不愼→ 삼가지(愼) 않을(不) 수(可以) 없다(不)

더 알아보기. 술어를 찾는 데 활용되는 유용한 단어들
'不+술어', '未+술어': 31쪽

- 可以: '可(以)+술어', '能(以)+술어', '得(以)+술어', '足(以)+술어'

'可(以)', '能(以)', '得(以)', '足(以)'은 그 의미와 문법적 기능이 서로 통용된다. 이들은 명사나 형용사(동사)와 같이 단독으로 쓰이지 않을 때, 의존명사로 술어 앞에서 그 의미를 보조한다. 따라서 술어를 찾는 유용한 단서이다. 다만, '可(以)', '能(以)', '得(以)', '足(以)'과 술어 사이에 부사가 위치하기도 한다(可(+부사)+술어).

한편, '可以', '能以', '得以', '足以'는 '주어+술어' 구조로만 쓰이나, '可', '能', '得', '足'은 '목적어+술어' 구조로도 쓰일 수 있으므로 번역에 유의해야 한다.

- 可以+술어: 不可以不愼→ 삼가지(愼) 않을(不) 수(可以) 없다(不)

더 알아보기. 술어를 찾는 데 활용되는 유용한 단어들
'可(以)+술어', '能(以)+술어', '得(以)+술어', '足(以)+술어': 32쪽

- 爲: 만능

'爲'는 '되다'의 의미로 기본적으로 술어의 역할을 한다. 그러나 영어의 'do(하다)'와 같이 모든 술어를 대신할 수 있다. 자주 사용되는 표현으로는 '~을 위하다', '~ 때문에'로 쓰이고, '以'와 연결되어 숙어로 '~으로 여긴다(삼는다)'로도 쓰인다. 다만, '爲'가 평서문에서 '~ 때문에'로 쓰일 때는 종결사 '也'와 함께 쓰인다. 그리고 문장에서 술어가 생략된 경우에도 주어와 술어 사이에 '爲'를 넣어 해석할 수 있

다. 본문에서는 피동(~을 당하다)으로 쓰였다.

더 알아보기. 기타

'爲': 53쪽

5절.

원문 詩云(시운), 殷之未喪師(은지미상사), 克配上帝(극배상제), 儀監于殷(의감우은). 峻命不易(준명불이). 道得衆則得國(도득중즉득국), 失衆則失國(실중즉실국).

직역 시경(詩經)에 이르길(云), "은(殷)나라가(之) 아직 무리(師, 백성)를 잃지(喪) 않았을(未) 때에는 상제(上帝)와 짝할(配) 수(克) 있었으니, 은(殷)나라를(于) 의감(儀監, 거울로 삼다)하라. 큰(峻) 명(命)은 (이어가기, 보존하기) 쉽지(易) 않다(不)."라고 했다. 무리(衆)를 얻으(得)면(則) 나라(國)를 얻고(得), 무리(衆)를 잃으(失)면(則) 나라(國)를 잃는다(失)는 것을 말한다(道).

구조
- ·주어(詩)+술어(云)+보어(殷之未喪師, 克配上帝, 儀監于殷. 峻命不易)
  - → 주어(殷之)+술어(未喪)+목적어(師)
  - → 술어(克配)+보어(上帝)
  - → 술어(儀監)+목적어(于殷)
  - → 주어(峻命)+술어(不易)
- ·술어(道)+목적어(得衆則得國, 失衆則失國)→ 술어(得/失)+목적어(衆)+則+술어(得/失)+목적어(國)

* 詩: 5경(經)의 하나인 시경(詩經). 시경 문왕편(文王篇)을 인용했다.

* 云은 曰과 그 쓰임이 같다. 다만, 云 문헌을 인용할 때 자주 사용된다.

* 師(사): 스승→ 군사(軍士), 군대(軍隊), 뭇사람(많은 사람, 또는 여러 사람)

* 전(傳)에 의하면, '師는 衆也(무리, 백성이다)'이다.

* 配(배): 나누다, 짝하다
* 儀監(의감): 거울로 삼다
* 峻(준): 높다, 준엄하다
* 不+동사(형용사) ↔ 非+명사
* 易: 바꾸다(역), 쉽다(이)
* 得(득): 동사
* 대(對)를 이루는 구의 반복을 활용하자. 한문은 유사한 구조를 반복해서 문장을 배열한다. 따라서 앞뒤의 문장과 어구는 술어를 찾는 유용한 단서로 활용할 수 있다. 이는 술어뿐만 아니라 각 단어의 품사와 성분을 빠르게 파악할 수 있는데, 글자의 수와 문장의 형식까지 맞추기 때문이다.

□ 유용한 Tips: 之, 未/不, 于

- 之

'之'는 문장에서 주격(20%, ~은/는/이/가)·목적격(10%, 을/를)·관형격(40%, ~의/하는/~한/ㄴ) 조사로도 쓰이고, 대명사(25%, 그/그것) 또는 동사(2~5%, 가다) 등으로 쓰인다. 다만, 목적격 조사는 도치(목적어+술어)를 의미하지만, 번역은 목적격 조사(~을/를)만을 붙이기도 한다.

- 殷之未喪師: 之+술어(未喪)→ 주격 조사

더 알아보기. 정확한 번역을 위한 유용한 Tips
'之': 40쪽

- 未/不: '不+술어', '未+술어' 등은 술어를 찾는 유용한 단서이다.

'不', '未' 등은 술어 앞에서 술어를 부정하는 보조사이므로 술어를 찾는 유용한 단서이다. 다만 술어를 수식하는 부사가 그사이에 놓일 수 있다(不(+부사)+술어). 따라서 문장에서 '不', '未' 등을 접하면, 그 뒤에 위치한 단어는 술어(동사, 형용사)로 번역한다.

- 未+술어(동사, 형용사): 未喪師→ 아직 무리(師)를 잃지(喪) 않았다(未)
- 不+술어(동사, 형용사): 不易→ 쉽지(易) 않다(不)

더 알아보기. 술어를 찾는 데 활용되는 유용한 단어들
'不+술어', '未+술어': 31쪽

- 于: '於', '于', '乎'

于는 기본적으로 어조사(개사)로 장소·위치·때(~에/~로부터), 사람·대상(~에/에게/을/과), 비교(~보다)의 의미로 쓰인다. 다만, '於'는 문장 첫머리에서 감탄사(아!)로도 쓰인다. 다만, 감탄사로 쓰일 때는 '오'로 독음한다. 그런데, 어조사 '於', '于', '乎'는 번역과 관련하여 술어를 파악하는 유용한 단서이다. 왜냐하면 '어조사+명사(구)'로 연결되어 문장에서 보어의 역할을 하기 때문이다. 따라서 '어조사+명사(구)'를 접하면, '술어+보어' 혹은 '술어+목적어+보어' 구조에 따라 그 앞에 술어가 위치할 확률이 높다. 다만, '어조사+명사(구)'는 비교적 문장 내에서 그 위치가 유연하다. 따라서 이 단서는 술어를 찾는 다른 단서와 연결해서 파악해야 한다. 결국, '於', '于', '乎'가 명사(구)와 연결되면 그 앞에 술어가 위치하므로, 술어를 찾는 단서라는 점을 기억하고 번역에 적용해야 한다.

- 술어(+목적어)+于+명사(구): 술어(儀監)+목적어(于殷)→ 은(殷)나라를(于) 의감(儀監)하라

더 알아보기. 술어를 찾는 데 활용되는 유용한 단어들
문장 중간에 쓰인 '於', '于', '乎': 38쪽

6절.

원문 是故(시고), 君子(군자), 先愼乎德(선신호덕). 有德(유덕), 此有人(차유인), 有人(유인), 此有土(차유토), 有土(유토), 此有財(차유재), 有財(유재), 此有用(차유용).

직역 이런(是) 까닭(故)에 군자(君子)는 먼저(先) 덕(德)을(乎) 삼간다(愼). 덕(德)을 가지고 있으면(有) 이에(此) 사람(人, 백성)을 가질 수 있고(有), 사람(人)을 가질 수 있으면(有) 이에(此) 땅(土)을 가질 수 있고(有), 땅(土)을 가질 수 있으면(有) 이에(此) 재물(財)을 가질 수 있고(有), 재물(財)을 가질 수 있으면(有) 이에(此) 씀(用)을 가질 수 있다(有).

구조 ·주어(君子)+술어(愼)+목적어(乎德)
·술어(有)+목적어(德), 술어(有)+목적어(人), 술어(有)+목적어(土), 술어(有)+목적어(財), 술어(有)+목적어(用)

* 愼(신): 삼가다
* 此(차): 이에

□ 유용한 Tips: 先, 乎, 有

- 先: '欲+술어', '先+술어', '必+술어', '敢+술어'

'欲', '必', '敢', '先' 등 한글의 부사 혹은 보조사는 술어 앞에 위치하므로 술어를 찾는 유용한 단서이다. 부사는 형용사나 동사를 수식하기도 하고 문장 전체를 수식하며, 다른 부사를 수식하기도 한다. 결국, '수식어+피수식어' 구조에 따라 부사는 술어 앞에 위치할 확률이 높다. 또 '欲'은 술어(동사, 형용사) 앞에 놓여서 술어를 보조하므로 술어를 찾는 유용한 단서이다.

- 先+술어: 先愼乎德→ 먼저(先) 덕(德)을(乎) 삼간다(愼)

더 알아보기. 술어를 찾는 데 활용되는 유용한 단어들
'欲+술어', '先+술어', '必+술어', '敢+술어': 34쪽

- 乎: '於', '于', '乎'

乎는 기본적으로 어조사(개사)로 장소·위치·때(~에/~로부터), 사람·대상(~에/에게/을/과), 비교(~보다)의 의미로 쓰인다. 다만, '於'는 문장 첫머리에서 감탄사(아!)로도 쓰인다. 다만, 감탄사로 쓰일 때는 '오'로 독음한다. 그런데, 어조사 '於', '于', '乎'는 번역과 관련하여 술어를 파악하는 유용한 단서이다. 왜냐하면 '어조사+명사(구)'로 연결되어 문장에서 보어의 역할을 하기 때문이다. 따라서 '어조사+명사(구)'를 접하면, '술어+보어' 혹은 '술어+목적어+보어' 구조에 따라 그 앞에 술어가 위치할 확률이 높다. 다만, '어조사+명사(구)'는 비교적 문장 내에서 그 위치가 유연하다. 따라서 이 단서는 술어를 찾는 다른 단서와 연결해서 파악해야 한다. 결국, '於', '于', '乎'가 명사(구)와 연결되면 그 앞에 술어가 위치하므로, 술어를 찾는 단서라는 점을 기억하고 번역에 적용해야 한다.

- 술어(+목적어)+乎+명사(구): 愼乎德→ 덕(德)을(乎) 삼간다(愼)

더 알아보기. 술어를 찾는 데 활용되는 유용한 단어들
문장 중간에 쓰인 '於', '于', '乎': 38쪽

- 有

① 有는 '술어+보어' 구조의 술어로 '~이 있다', '~이 존재하다'로 번역된다. 그리고 그 뒤에 보어의 역할을 할 수 있는 명사가 위치한다. 따라서 有가 술어일 때, 그 뒤에 동사(형용사)처럼 보이

는 글자가 있더라도 명사로 번역해야 한다. 만약, 有 뒤에 술어가 위치할 경우 '有以' 형태가 나타난다.

② 有가 '술어+보어' 구조가 아닌 경우, '술어+목적어' 구조로 '~을 가지고 있다'로 번역된다.

- 有德: 덕(德)을 가지고 있다(有)

더 알아보기. 술어로 활용된 단어들
'有': 28쪽

7절.

원문	德者(덕자), 本也(본야), 財者(재자), 末也(말야).
직역	덕(德)이라는 것(者)은 근본(本)이며(也), 재물(財)이라는 것(者)은 말단(末)이다(也).
구조	주어(德者)+술어(생략)+보어(本), 주어(財者)+술어(생략)+보어(末)

□ 유용한 Tips: 者

- 者: ~하는 사람, ~하는 것, ~라는 것은, ~은/는

'~者'는 명사구로 문장 끝에서 목적어로도 쓰이지만, 기본적으로 주어 역할로 술어 앞에 위치한다. 따라서 '者' 뒤에 술어가 위치하므로 술어를 찾는 유용한 단서이다. 또, 者는 '수식어+피수식어' 구조이므로 수식하는 말이 수식받는 말 앞에 놓인다는 점도 번역에 유용한 단서이다. 한편, '者'는 한글의 의존명사(~것, ~사람)뿐만 아니라 주격조사(~은/는)로도 사용된다.

- 德者: 수식어(德)+피수식어(者)→ 주어부(者)+술어

- 財者: 수식어(財)+피수식어(者)→ 주어부(者)+술어

더 알아보기. 술어를 찾는 데 활용되는 유용한 단어들

'者': 36쪽

8절.

원문 外本內末(외본내말), 爭民施奪(쟁민시탈).

직역 근본(本)을 밖(外)으로 하고 말단(末)을 안(內)으로 하면, 백성(民)을 다투게(爭)해서 빼앗는(奪) 것을 시행하는(施) 것이다.

구조 술어(外)+목적어(本), 술어(內)+목적어(末), 술어(爭)+목적어(民), 술어(施)+목적어(奪)

* 奪(탈): 빼앗다

9절.

원문 是故(시고), 財聚則民散(재취즉민산), 財散則民聚(재산즉민취).

직역 이런(是) 까닭(故)에 재물(財)이 모이(聚)면(則) 백성(民)이 흩어지고(散), 재물(財)이 흩어지(散)면(則) 백성(民)이 모인다(聚).

구조 주어(財)+술어(聚)+則+주어(民)+술어(散),
주어(財)+술어(散)+則+주어(民)+술어(聚)

* 是故(시고): 이 때문에

* 聚(취): 모으다

10절.

원문 是故(시고), 言悖而出者(언패이출자), 亦悖而入(역패이입), 貨悖而入者(화패이입자), 亦悖而出(역패이출).

직역 이런(是) 까닭(故)에 말(言)이 어그려져(悖)서(而) 나간(出) 것(者)은 또한(亦) 어그려져(悖)서(而) 들어오고(入), 재물(貨)이 어그려져(悖) 서(而) 들어온(入) 것(者)은 또한(亦) 어그려져(悖)서(而) 나가는(出) 것이다.

구조 주어(言悖而出者)+술어(悖而入), 주어(貨悖而入者)+술어(亦悖而出)
→ 주어(言)+술어(悖)+而+술어(出)
→ 술어(悖)+而+술어(入)

* 是故(시고): 이 때문에
* 悖(패): 거스르다→ 어그러지다

□ 유용한 Tips: 而, 者

- 而

'而'는 2인칭 대명사(너, 그대, 당신)나 종결사로 쓰이지만, 기본적으로 술어와 술어를 연결하는 접속사이다. 따라서 '而'의 앞과 뒤에 술어가 있다는 점에서 술어를 찾는 유용한 단서이다. 다만, 지나치게 술어가 반복되면 부사어(~하고서/~서)처럼 번역하기도 한다.

- 言悖而出: 말(言)이 어그려져(悖)서(而) 나가다(出)
- 亦悖而入: 또한(亦) 어그려져(悖)서(而) 들어오다(入)
- 貨悖而入: 재물(貨)이 어그려져(悖)서(而) 들어오다(入)
- 亦悖而出: 또한(亦) 어그려져(悖)서(而) 나가다(出)

더 알아보기. 술어를 찾는 데 활용되는 유용한 단어들
'而': 37쪽

- **者: ~하는 사람, ~하는 것, ~라는 것은, ~은/는**

'~者'는 명사구로 문장 끝에서 목적어로도 쓰이지만, 기본적으로 주어 역할로 술어 앞에 위치한다. 따라서 '者' 뒤에 술어가 위치하므로 술어를 찾는 유용한 단서이다. 또, 者는 '수식어+피수식어' 구조이므로 수식하는 말이 수식받는 말 앞에 놓인다는 점도 번역에 유용한 단서이다. 한편, '者'는 한글의 의존명사(~것, ~사람)뿐만 아니라 주격조사(~은/는)로도 사용된다.

- 言悖而出者: 수식어(言悖而出)+피수식어(者)→ 주어부(者)+술어
- 貨悖而入者: 수식어(貨悖而入)+피수식어(者)→ 주어부(者)+술어

더 알아보기. 술어를 찾는 데 활용되는 유용한 단어들
'者': 36쪽

11절.

원문 康誥(강고), 曰, 惟命(유명), 不于常(불우상).
道善則得之(도선즉득지), 不善則失之矣(불선즉실지의).

직역 강고(康誥)에 이르길(曰), "오직(惟) 명(命)은 일정한 곳(常)에(于) 있지 않다(不)."라고 했다. (이는) 선하(善)면(則) 그것(之, 명)을 얻고(得), 선하지(善) 않으면(不) 그것(之)을 잃는(失)다(矣)는 것을 말한다(道).

구조 · 주어(康誥)+술어(曰)+보어(惟命, 不于常)
· 술어(道)+목적어(善則得之, 不善則失之)→ 술어(善)+則+술어(得)+목적어(之), 술어(不善)+則+술어(失)+목적어(之)

* 康誥(강고): 서경(書經)의 58편명(篇名) 중 하나이다. 서경은 공자가 요순(堯舜)시대부터 주(周)나라에 이르기까지 정치에 관한 것을 수집하고 기록하여

편찬한 책이다.

* A曰, B: ①A가 말하길, "B"라고 했다, ②A가 B라고 말했다
☞ 확장. 謂(語)A曰B: A에게 일러 B라고 말했다, / A를 평하여 B라고 말했다
* 不+동사(형용사) ↔ 非+명사
* 常(상): 떳떳하다, 항구(恒久)하다, 영원(永遠)하다, 일정(一定)하다

□ 유용한 Tips: 不, 于, 之

- 不: '不+술어', '未+술어' 등은 술어를 찾는 유용한 단서이다.

'不', '未' 등은 술어 앞에서 술어를 부정하는 보조사이므로 술어를 찾는 유용한 단서이다. 다만 술어를 수식하는 부사가 그사이에 놓일 수 있다(不(+부사)+술어). 따라서 문장에서 '不', '未' 등을 접하면, 그 뒤에 위치한 단어는 술어(동사, 형용사)로 번역한다.

- 不+술어(동사, 형용사): 不于常→ '于常' 술어 의미 부여→ 일정한 곳(常)에(于) 있지 않다(不)
- 不+술어(동사, 형용사): 不善→ 선하지(善) 않다(不)

더 알아보기. 술어를 찾는 데 활용되는 유용한 단어들
'不+술어', '未+술어' 31쪽

- 于: '於', '于', '乎'

于는 기본적으로 어조사(개사)로 장소·위치·때(~에/~로부터), 사람·대상(~에/에게/을/과), 비교(~보다)의 의미로 쓰인다. 다만, '於'는 문장 첫머리에서 감탄사(아!)로도 쓰인다. 다만, 감탄사로 쓰일 때는 '오'로 독음한다. 그런데, 어조사 '於', '于', '乎'는 번역과 관련하여 술어를 파악하는 유용한 단서이다. 왜냐하면 '어조사+명사(구)'로 연결되어 문장에서 보어

의 역할을 하기 때문이다. 따라서 '어조사+명사(구)'를 접하면, '술어+보어' 혹은 '술어+목적어+보어' 구조에 따라 그 앞에 술어가 위치할 확률이 높다. 다만, '어조사+명사(구)'는 비교적 문장 내에서 그 위치가 유연하다. 따라서 이 단서는 술어를 찾는 다른 단서와 연결해서 파악해야 한다. 결국, '於', '于', '乎'가 명사(구)와 연결되면 그 앞에 술어가 위치하므로, 술어를 찾는 단서라는 점을 기억하고 번역에 적용해야 한다.

- 술어(+목적어)+于+명사(구): 不于常→ 일정한 곳(常)에(于) 있지 않다(不)

> **더 알아보기.** 술어를 찾는 데 활용되는 유용한 단어들.
> 문장 중간에 쓰인 '於', '于', '乎': 38쪽

- 之

'之'는 문장에서 주격(20%, ~은/는/이/가)·목적격(10%, 을/를)·관형격(40%, ~의/하는/~한/ㄴ) 조사로도 쓰이고, 대명사(25%, 그/그것) 또는 동사(2~5%, 가다) 등으로 쓰인다. 다만, 목적격 조사는 도치(목적어+술어)를 의미하지만, 번역은 목적격 조사(~을/를)만을 붙이기도 한다.

- 得之: 술어+之→ 대명사→ 그것(之)을 얻다(得)
- 失之: 술어+之→ 대명사→ 그것(之)을 잃다(失)

> **더 알아보기.** 정확한 번역을 위한 유용한 Tips
> '之': 40쪽

12절.

원문 楚書(초서), 曰, 楚國(초국), 無以爲寶(무이위보), 惟善(유선), 以爲寶(이위보).

직역 초서(楚書)에 이르길(曰), "초나라(楚國)는 보배(寶)로 삼을 만한(以爲) 것이 없으니(無), 오직(惟) 선(善, 선한 사람)을 보배(寶)로 삼는다(以爲)."라고 했다.

구조 주어(楚書)+술어(曰)+보어(楚國, 無以爲寶, 惟善, 以爲寶)
→ 주어(楚國)+술어(無以爲)+보어(寶),
목적어(惟善)+술어(以爲)+보어(寶)

* A曰, B: ①A가 말하길, "B"라고 했다, ②A가 B라고 말했다
  ☞ 확장. 謂(語)A曰B: A에게 일러 B라고 말했다, / A를 평하여 B라고 말했다
* 無(무): ~이 없다→ ~이 아니다(아니하다)→ ~말라→ 무시하다(업신여기다)
* A以爲B: A를 B로 여기다(삼다). 또한 A를(以) B로 삼다(爲, 여기다)는 문장구조의 예외이다. 한문은 '술어+목적어+보어' 구조이나 以爲는 '목적어+술어+보어' 구조이다. 다만, 이는 以爲(~으로 삼다)의 숙어처럼 사용되는 표현으로 문장구조의 예외라는 점이 잘 인식되지 않는다.
  · 善以爲寶: 선(善)을(以) 보배(寶)로 삼는다(爲)→ 목적어(善)+술어(爲)+보어(寶)

13절.

원문 舅犯(구범), 曰, 亡人(망인), 無以爲寶(무이위보), 仁親(인친), 以爲寶(이위보).

직역 구범(舅犯)이 이르길(曰), "망인(亡人, 망명한 사람)은 보배(寶)로 삼을 만한(以爲) 것이 없고(無), 부모(親)를 사랑하는(仁) 것을 보배(寶)로 삼아야(以爲) 한다."라고 했다.

구조 주어(舅犯)+술어(曰)+보어(亡人, 無以爲寶, 仁親, 以爲寶).
→ 주어(亡人)+술어(無以爲)+보어(寶),
목적어(仁親)+술어(以爲)+보어(寶)

* 舅犯(구범): 전(傳)에 의하면, '舅犯, 晉文公舅狐偃, 字子犯'이라 했다. 이는 구범은 진(晉)나라 문공(文公)의 외삼촌(舅) 호언(狐偃)으로 자(字)는 자범(子犯)이라는 의미이다.
* A曰, B: ①A가 말하길, "B"라고 했다, ②A가 B라고 말했다
  ☞ 확장. 謂(語)A曰B: A에게 일러 B라고 말했다, / A를 평하여 B라고 말했다
* 亡人(망인): 장사(葬事)를 치르는 동안에 '죽은 사람'을 일컫는 말이다. 다만, 이 글에서는 망명 생활을 의미한다.
* 無(무): ~이 없다→ ~이 아니다(아니하다)→ ~말라→ 무시하다(업신여기다)
* A以爲B: A를 B로 여기다(삼다). A를(以) B로 삼다(爲, 여기다)는 문장구조의 예외이다. 한문은 '술어+목적어+보어' 구조이나 以爲는 '목적어+술어+보어' 구조이다. 다만, 이는 以爲(~으로 삼다)의 숙어처럼 사용되는 표현으로 문장구조의 예외라는 점이 잘 인식되지 않는다.

14절.

원문 秦誓(진서), 曰(왈), 若有一个臣(약유일개신), 斷斷兮(단단혜),
無他技(무타기), 其心(기심), 休休焉(휴휴언), 其如有容焉(기여유용언),
人之有技(인지유기), 若己有之(약기유지), 人之彦聖(인지언성),
其心好之(기심호지), 不啻若自其口出(불시약자기구출), 寔能容之(식능용지).
以能保我子孫黎民(이능보아자손여민), 尙亦有利哉(상역유리재).
人之有技(인지유기), 娼疾以惡之(모질이오지), 人之彦聖(인지언성),
而違之(이위지), 俾不通(비불통), 寔不能容(식불능용),
以不能保我子孫黎民(이불능보아자손여민), 亦曰殆哉(역왈태재).

직역 진서(秦誓)에 이르길(曰), "만약(若) 어떤(有) 일개(一个) 신하(臣)가 단단(斷斷)하여(兮) 다른(他) 재주(技)는 없으나, 그(其) 마음(心)이 거기(焉)에 휴휴(休休, 아름답고 아름다워)하여 아마도(其) 용인(容)함이 거기(焉)에 있는(有) 것 같아서(如), 남(人)이(之) 재주(技)를 가지고 있으면(有) 마치(若) 자기(己)가 그것(之)을 가지고 있는(有) 듯하고, 남(人)이(之) 훌륭하고(彦) 성스러우면(聖), 그(其) 마음(心)으로 그것(之)을 좋아하여(好), 그(其) 입(口)에서부터(自) 나온(出) 것 같이(若) 여길 뿐만 아니라(不啻), 진실로(寔) 그것(之)을 용인할(容) 수(能) 있다면, 그것으로써(以) 나(我)의 자손(子孫)과 여민(黎民)을 보호할(保) 수(能) 있을 것이니, 또한(尙亦) 이로움(利)을 가지고 있을(有) 것이다(哉). (그런데) 남(人)이(之) 재주(技)를 가지고 있는데(有), 강샘(娼)과 시샘(疾), 그것으로써(以) 그것(之)을 미워하고(惡), 남(人)이(之) 훌륭하고(彦) 성스로운(聖)데(而) 그것(之)을 거슬러 하여(違) 통하지(通) 않게(不) 하여(俾), 진실로(寔) 용납할(容) 수(能) 없다면(不), 그것으로써(以) 자손(子孫)과 여민(黎民)을 보호할(保) 수(能) 없을(不) 것이니, 또한(亦) 말하자면(曰) 위태롭다(殆) 할 것이다(哉)."라고 했다.

구조 · 주어(秦誓)+술어(曰)+보어(若有一个臣 ~ 亦曰殆哉)
→ 주어(若有一个臣)+술어(如有)+목적어(容)+보어(焉)
→ 주어(人之)+술어(有)+목적어(技)
→ 주어(己)+술어(有)+목적어(之)
→ 술어(能容)+목적어(之), 술어(能保)+목적어(我子孫黎民)

* A曰, B: ①A가 말하길, "B"라고 했다, ②A가 B라고 말했다

☞ 확장. 謂(語)A曰B: A에게 일러 B라고 말했다, / A를 평하여 B라고 말했다

* 若(약): 만약, (만약) ~와 같다
* 斷斷(단단): 전(傳)에 '誠一之貌'이라 했으니, 이는 '정성스럽고 한결같은 모양'이라는 의미이다
* 兮(혜): 어조사, 감탄사
* 無(무): ~이 없다→ ~이 아니다(아니하다)→ ~말라→ 무시하다(업신여기다)
* 如(여): 마치 ~와 같다
* 彦(언): 선비, 훌륭한 사람→ 훌륭하다
* 不+동사(형용사) ↔ 非+명사
* 寔(식): 이, 진실로
* 黎民(여민): 서민, 백성 ← 머리에 관을 쓰지 않았으므로 검은 머리칼이 보인다는 뜻에서 유래
* 娼(모): 강샘하다(지나치게 시샘하다), 노려보다
* 疾(질): 질병, 해롭다→ 시기하다, 시샘하다
* 惡: 악하다(악), 미워하다(오)
* 違(위): 어긋나다, 어기다, 지키지 않고 거스르다, 다르다
* 俾(비): 더하다, 시키다
* 殆(태): 위태롭다, 대부분
* 不啻(불시): ~뿐만 아니라, ~와 같다

□ 유용한 Tips: 其, 焉, 有, 之, 自, 不, 能, 以

- 其: ①그, 그것, ②곧, ③아마도, 참으로

'其'는 사람이나 사물을 받는 ①대명사(그, 그것)와 ②시간 부사(곧)의 의미이다. 그런데, '其'는 대명사와 시간 부사 이외에 추측의 의미인 ③'아마도'로 쓰일 때도 있다. 문장에서 '其'를 접하면, 먼저 대명사로 번역하고, 어색할 경우 시간 혹은 추측의 의미로 번역한다. 본문에서는 대명사와 부사로 사용되었다.

- 其如有容焉: 아마도(其) 용인(容)함이 거기(焉)에 있는(有) 것 같다(如)

더 알아보기. 기타

'其': 54쪽

- 焉

焉은 의문대명사, 의문부사, 접속사로도 쓰이고, '也', '矣'와 같이 종결사로도 쓰인다. 그러나 종결사로 쓰일 때, '也', '矣'과 달리 '於是', '於此', '於之'의 준말로, '거기에', '여기에서', '이것에', '그것을' 등의 의미를 포함하고 있다.

- 其心, 休休焉: 그(其) 마음(心)이 거기(焉)에 휴휴(休休, 아름답고 아름답다)하다
- 其如有容焉: 아마도(其) 용인(容)함이 거기(焉)에 있는(有) 것 같다(如)

더 알아보기. 정확한 번역을 위한 유용한 Tips

'焉': 51쪽

- 有

① 有는 '술어+보어' 구조의 술어로 '~이 있다', '~이 존재하다'로 번역된다. 그리고 그 뒤에 보어의 역할을 할 수 있는 명사가 위치한다. 따라서 有가 술어일 때, 그 뒤에 동사(형용사)처럼 보이는 글자가 있더라도 명사로 번역해야 한다. 만약, 有 뒤에 술어가 위치할 경우 '有以' 형태가 나타난다.

② 有가 '술어+보어' 구조가 아닌 경우, '술어+목적어' 구조로 '~을 가지고 있다'로 번역된다. 본문에서는 이 구조로 쓰였다.

- 有+목적어: 남(人)이(之) 재주(技)를 가지고 있다(有)

더 알아보기. 술어로 활용된 단어들
'有': 28쪽

-之

'之'는 문장에서 주격(20%, ~은/는/이/가)·목적격(10%, 을/를)·관형격(40%, ~의/하는/~한/ㄴ) 조사로도 쓰이고, 대명사(25%, 그/그것) 또는 동사(2~5%, 가다) 등으로 쓰인다. 다만, 목적격 조사는 도치(목적어+술어)를 의미하지만, 번역은 목적격 조사(~을/를)만을 붙이기도 한다.

- 人之有技: 之+술어→ 주격 조사→ 남(人)이(之) 재주(技)를 가지고 있다(有)
- 若己有之: 술어+之→ 대명사→ 마치(若) 자기(己)가 그것(之)을 가지고 있는(有) 듯하다
- 人之彦聖: 之+술어→ 주격 조사→ 남(人)이(之) 훌륭하고(彦) 성스럽다(聖)
- 其心好之: 술어+之→ 대명사→ 그(其) 마음(心)으로 그것(之)을 좋아하다(好)
- 寔能容之: 술어+之→ 대명사→ 진실로(寔) 그것(之)을 용인(容)할 수(能) 있다
- 媢疾以惡之: 술어+之→ 대명사→ 강샘(媢)과 시샘(疾), 그것으로써(以) 그것(之)을 미워하다(惡)
- 違之: 술어+之→ 대명사→ 그것(之)을 거슬려 하다(違)

더 알아보기. 정확한 번역을 위한 유용한 Tips
'之': 40쪽

- 自: ①자기, 자신, ②스스로, 저절로, 몸소, ③~로부터, 自~(以)至

더 알아보기. 기타
'自': 55쪽

- 不: '不+술어', '未+술어' 등은 술어를 찾는 유용한 단서이다.

'不', '未' 등은 술어 앞에서 술어를 부정하는 보조사이므로 술어를 찾는 유용한 단서이다. 다만 술어를 수식하는 부사가 그사이에 놓일 수 있다(不(+부사)+술어). 따라서 문장에서 '不', '未' 등을 접하면, 그 뒤에 위치한 단어는 술어(동사, 형용사)로 번역한다.

- 不+술어(동사, 형용사): 不通→ 통하지(通) 않다(不)
- 不+술어(동사, 형용사): 不能容→ 용납할(容) 수(能) 없다(不)
- 不+술어(동사, 형용사): 不能保→ 보호할(保) 수(能) 없다(不)

더 알아보기. 술어를 찾는 데 활용되는 유용한 단어들
'不+술어', '未+술어': 31쪽

- 能: '可(以)+술어', '能(以)+술어', '得(以)+술어', '足(以)+술어'

'可(以)', '能(以)', '得(以)', '足(以)'은 그 의미와 문법적 기능이 서로 통용된다. 이들은 명사나 형용사(동사)와 같이 단독으로 쓰이지 않을 때, 의존명사로 술어 앞에서 그 의미를 보조한다. 따라서 술어를 찾는 유용한 단서이다. 다만, '可(以)', '能(以)', '得(以)', '足(以)'과 술어 사이에 부사가 위치하기도 한다(可(+부사)+술어).

한편, '可以', '能以', '得以', '足以'는 '주어+술어' 구조로만 쓰이나, '可', '能', '得', '足'은 '목적어+술어' 구조로도 쓰일 수 있으므로 번역에 유의해야 한다.

- 能+술어: 能容之→ 그것(之)을 용인(容)할 수(能) 있다
- 能+술어: 能保我子孫黎民→ 자손(子孫)과 여민(黎民)을 보호할(保) 수(能) 있다
- 能+술어: 不能容→ 용납할(容) 수(能) 없다(不)
- 能+술어: 不能保我子孫黎民→ 자손(子孫)과 여민(黎民)을 보호할(保) 수(能) 없다(不)

더 알아보기. 술어를 찾는 데 활용되는 유용한 단어들
'可(以)+술어', '能(以)+술어', '得(以)+술어', '足(以)+술어': 32쪽

- 以 기본형: ~으로/ 로써/~을 가지고→ 사용해서

① 以+명사(구): 명사로써, 명사로, 명사를 가지고

'以+명사(구)'는 '以'의 기본적인 형태이다. 이 때 '以'는 영어의 'with'와 같다.

② 명사(구)+以+동사→ 以+(之)+동사(형용사): 그것(之)으로써(以) ~ 동사(형용사)하다.

이 형태는 두 가지로 해석할 수 있다. 먼저, '명사(A)로써(以) 동사(B)하다'이다. 다음은 대명사 '之'를 넣어서, '명사(A), 그것(之)으로써(以) 동사(B)하다'이다. 필자는 'A, 그것(之)으로써(以) B하다'로 번역

할 것을 추천한다. 그 이유는 '명사(A)+以+동사'는 '以+명사(A)+동사'의 도치이기 때문이다. 도치는 강조하기 위한 것이므로, '명사(구)를 강조하고(A), 그것으로써 동사하다'는 의미가 저자의 의도를 반영한 번역이기 때문이다. 여기서 삽입한 之는 A를 대신하는 명사(구)이다.

더 알아보기. 정확한 번역을 위한 유용한 Tips
'以': 42쪽

15절.

원문 唯仁人(유인인), 放流之(방류지), 迸諸四夷(병저사이), 不與同中國(불여동중국). 此謂唯仁人(차위유인인), 爲能愛人(위능애인), 能惡人(능오인).

직역 오직(唯) 어진(仁) 사람(人)만이 그(之)를 추방하여(放流), 그(諸)를 사방(四)의 오랑캐(夷)로 달아나게 하여(迸) 중국(中國)에서 함께(同) 더불지(與) 못하게 한다(不). 이것(此)은 오직(唯) 어진(仁) 사람(人)만 사람(人)을 사랑할(愛) 수(能) 있으며, 사람(人)을 미워할(惡) 수(能) 있다고 하는(爲) 것을 이른다(謂).

구조
- 주어(仁人)+술어(放流)+목적어(之), 술어(迸)+목적어(諸)+보어(四夷), 술어(不與)+보어(同中國)
- 주어(此)+술어(謂)+목적어(唯仁人, 爲能愛人, 能惡人)
  → 주어(仁人)+술어(爲)+목적어(能愛人, 能惡人)
  → 술어(能愛)+목적어(人), 술어(能惡)+목적어(人)

* 迸(병): 흩어져 달아나다
* 不+동사(형용사) ↔ 非+명사
* 惡: 악하다(악), 미워하다(오)

□ 유용한 Tips: 之, 諸, 不, 能

- 之

'之'는 문장에서 주격(20%, ~은/는/이/가)·목적격(10%, 을/를)·관형격(40%, ~의/하는/~한/ㄴ) 조사로도 쓰이고, 대명사(25%, 그/그것) 또는 동사(2~5%, 가다) 등으로 쓰인다. 다만, 목적격 조사는 도치(목적어+술어)를 의미하지만, 번역은 목적격 조사(~을/를)만을 붙이기도 한다.

- 放流之: 술어(放流)+之→ 대명사→ 그(之)를 추방하다(放流)

더 알아보기. 정확한 번역을 위한 유용한 Tips
'之': 40쪽

- 諸

'諸'의 기본 의미는 '모두'이다. 그러나 문장 중간에 쓰인 '諸'는 '之於'의 준말로도 쓰이며, 독음도 '제'가 아니라 '저'이다. 문장에서 '諸'를 접하면 '모두' 혹은 '여럿'으로 번역하고, 그 번역이 어색할 경우 '之於'로 바꾸어서 번역하면 된다.

- 迸諸四夷: 迸之於四夷→ 그(諸)를 사방(四)의 오랑캐(夷)로 달아나게 하다(迸)

더 알아보기. 정확한 번역을 위한 유용한 Tips
'諸': 52쪽

- 不: '不+술어', '未+술어' 등은 술어를 찾는 유용한 단서이다.

'不', '未' 등은 술어 앞에서 술어를 부정하는 보조사이므로 술어를 찾는 유용한 단서이다. 다만 술어를 수식하는 부사가 그사이에 놓일 수 있다(不(+부사)+술어). 따라서 문장에서 '不', '未' 등을 접하면, 그 뒤에 위치한 단어는 술어(동사, 형용사)로 번역한다.

- 不+술어(동사, 형용사): 不與→ 더불지(與) 못한다(不)

더 알아보기. 술어를 찾는 데 활용되는 유용한 단어들
'不+술어', '未+술어': 31쪽

- 能: '可(以)+술어', '能(以)+술어', '得(以)+술어', '足(以)+술어'

'可(以)', '能(以)', '得(以)', '足(以)'은 서로 의미와 문법적 기능이 통용된다. 이들은 명사나 형용사(동사)로 단독으로 쓰이지 않을 때, 의존명사로 술어 앞에서 그 의미를 보조한다. 따라서 문장에서 술어를 찾는 중요한 단서이다. 다만, '可(以)', '能(以)', '得(以)', '足(以)'과 술어 사이에 부사가 위치하기도 한다(可(+부사)+술어).

한편, '可以', '能以', '得以', '足以'는 '주어+술어' 구조로만 쓰이나, '可', '能', '得', '足'은 '목적어+술어' 구조로도 쓰일 수 있으므로 해석할 때 유의해야 한다.

- 能+술어: 能愛人→ 사람(人)을 사랑할(愛) 수(能) 있다
- 能+술어: 能惡人→ 사람(人)을 미워할(惡) 수(能) 있다

더 알아보기. 술어를 찾는 데 활용되는 유용한 단어들
'可(以)+술어', '能(以)+술어', '得(以)+술어', '足(以)+술어': 32쪽

16절.

원문 見賢而不能擧(견현이불능거), 擧而不能先(거이불능선), 慢也(만야).
見不善而不能退(견불선이불능퇴), 退而不能遠(퇴이불능원),
過也(과야).

직역 어진 사람(賢)을 보고(見)도(而) 등용할(擧) 수(能) 없고(不)
등용해(擧)도(而) 먼저할(先) 수(能) 없으면(不), 태만이다(慢也).
선하지(善) 못한(不) 사람을 보고(見)도(而) 물리칠(退) 수(能) 없고(不)
물리쳐(退)도(而) 멀리할(遠) 수(能) 없다면(不), 잘못이다(過也).

구조
- 술어(見)+목적어(賢)+而+술어(不能擧), 술어(擧)+而+술어(不能先), 술어(慢也)
- 술어(見)+목적어(不善)+而+술어(不能退), 술어(退)+而+술어(不能遠), 술어(過也)

* 不+동사(형용사) ↔ 非+명사

□ 유용한 Tips: 之, 諸, 不, 能

- 而

'而'는 2인칭 대명사(너, 그대, 당신)나 종결사로 쓰이지만, 기본적으로 술어와 술어를 연결하는 접속사이다. 따라서 '而'의 앞과 뒤에 술어가 있다는 점에서 술어를 찾는 유용한 단서이다. 다만, 지나치게 술어가 반복되면 부사어(~하고서/~서)처럼 번역하기도 한다. 참고로 명사와 명사를 연결하는 접속사는 '與(여)'와 '及(급)'이다.

- 見賢而不能擧: 술어(見, 不能擧)→ 어진 사람(賢)을 보고(見)도(而) 등용할(擧) 수(能) 없다(不)
- 擧而不能先: 술어(擧, 不能先)→ 등용해(擧)도(而) 먼저할(先) 수(能) 없다(不)

- 見不善而不能退: 술어(見, 不能退)→ 선하지(善) 못한(不) 사람을 보고(見)도(而) 물리칠(退) 수(能)없다(不)
- 退而不能遠: 술어(退, 不能遠)→ 물리쳐(退)도(而) 멀리할(遠) 수(能) 없다(不)

더 알아보기. 술어를 찾는 데 활용되는 유용한 단어들

'而': 37쪽

- 不: '不+술어', '未+술어' 등은 술어를 찾는 유용한 단서이다.

'不', '未' 등은 술어 앞에서 술어를 부정하는 보조사이므로 술어를 찾는 유용한 단서이다. 다만 술어를 수식하는 부사가 그사이에 놓일 수 있다(不(+부사)+술어). 따라서 문장에서 '不', '未' 등을 접하면, 그 뒤에 위치한 단어는 술어(동사, 형용사)로 번역한다.

- 不+술어(동사, 형용사): 不能擧→ 등용할(擧) 수(能) 없다(不)
- 不+술어(동사, 형용사): 不能先→ 먼저할(先) 수(能) 없다(不)
- 不+술어(동사, 형용사): 不能退→ 물리칠(退) 수(能) 없다(不)
- 不+술어(동사, 형용사): 不能遠→ 멀리할(遠) 수(能) 없다(不)

더 알아보기. 술어를 찾는 데 활용되는 유용한 단어들

'不+술어', '未+술어': 31쪽

- 能: '可(以)+술어', '能(以)+술어', '得(以)+술어', '足(以)+술어'

'可(以)', '能(以)', '得(以)', '足(以)'은 서로 의미와 문법적 기능이 통용된다. 이들은 명사나 형용사(동사)로 단독으로 쓰이지 않을 때, 의존명사로 술어 앞에서 그 의미를 보조한다. 따라서 문장에서 술어를

찾는 중요한 단서이다. 다만, '可(以)', '能(以)', '得(以)', '足(以)'과 술어 사이에 부사가 위치하기도 한다(可(+부사)+술어).

한편, '可以', '能以', '得以', '足以'는 '주어+술어' 구조로만 쓰이나, '可', '能', '得', '足'은 '목적어+술어' 구조로도 쓰일 수 있으므로 해석할 때 유의해야 한다.

- 能+술어: 不能擧→ 등용할(擧) 수(能) 없다(不)
- 能+술어: 不能先→ 먼저할(先) 수(能) 없다(不)
- 能+술어: 不能退→ 물리칠(退) 수(能) 없다(不)
- 能+술어: 不能遠→ 멀리할(遠) 수(能) 없다(不)

더 알아보기. 술어를 찾는 데 활용되는 유용한 단어들
'可(以)+술어', '能(以)+술어', '得(以)+술어', '足(以)+술어': 32쪽

17절.

원문 好人之所惡(호인지소오), 惡人之所好(오인지소호),
是謂拂人之性(시위불인지성). 菑必逮夫身(재필체부신).

직역 남(人)이(之) 싫어하는(惡) 것(所)을 좋아하고(好), 남(人)이(之) 좋아하는(好) 것(所)을 싫어하면(惡), 이(是)는 사람(人)의(之) 성(性)을 거스르는(拂) 것을 말한다(謂). 재앙(菑)이 반드시(必) 그(夫) 몸(身)에 이르게 된다(逮).

구조
· 술어(好)+목적어(人之所惡), 술어(惡)+목적어(人之所好)
· 주어(是)+술어(謂)+목적어(拂人之性)→ 술어(拂)+목적어(人之性)
· 주어(菑)+술어(逮)+보어(夫身)

* 惡: 악하다(악), 미워하다(오)

* 拂(불): 떨치다, 털다, 거스르다
* 菑: 묵정밭(치), 재앙(재)
* 逮: 잡다(체), 타다(태)→ 미치다
* 夫(부): 3인칭 대명사, 저, 그

□ 유용한 Tips: 之, 所, 必

- 之

'之'는 문장에서 주격(20%, 은/는/이/가)·목적격(10%, 을/를)·관형격(40%, 의/하는/ㄴ) 조사로도 쓰이고, 대명사(25%, 그/그것) 또는 동사(2~5%, 가다) 등으로 쓰인다. 다만, 목적격 조사는 실제 도치를 의미하지만, 번역은 목적격 조사(~을/를)만을 붙이기도 한다.

- 好人之所惡: 之+所→ 주격 조사→ 남(人)이(之) 싫어하는(惡) 것(所)을 좋아하다(好)
- 惡人之所好: 之+所→주격 조사→ 남(人)이(之) 좋아하는(好) 것(所)을 싫어하다(惡)
- 是謂拂人之性: 之+명사(구)→ 이(是)는 사람(人)의(之) 성(性)을 거스르는(拂) 것을 말한다(謂)

더 알아보기. 정확한 번역을 위한 유용한 Tips
'之': 40쪽

- 所: ~하는 바, ~한 곳, ~한 것(피수식어+수식어)

한문은 '주어+술어+목적어(보어)' 구조이고, 한글은 '주어+목적어(보어)+술어' 구조이다. 그러나 단어는 한문과 한글 모두 '수식어+피수식어'로 결합한다. 그래서 '높은 산'은, '高(높은)山(산)'으로 작문된다. 즉, 형용사가 명사를 수식하고, 부사가 형용사나 동사를 수식하는 구조는 한문과 한글이 같다. 그러나 '所(~하는 바)'는 '於', '于', '乎'의 조사와 같이 단어가 결합하는 예외이다. 물론, 후대에 오면서 숙소(宿所), 해우소(解憂所) 등 하나의 명사로 굳어진 예도 있다. 그러나 '所'는 기본적으로 '피수식어(所)+수식어' 구조의 명사구이다. 그리고 '所'를 꾸며주는 수식어는 동사나 형용사이다. 따라서 문장에서 '所'를 접하면, 그 뒤에 위치한 단어는 동사 혹은 형용사로 번역해야 한다. 한편, '所'와 같이 한글의 의존명사 역할을 하는 '~者'도 있다. 그런데, '者'는 '수식어+피수식어' 구조로 명사화한다는 점에서 '所'와 차이가 있다.

- 所+술어(동사, 형용사): 所惡→ 싫어하는(惡) 것(所)
- 所+술어(동사, 형용사): 所好→ 좋아하는(好) 것(所)

더 알아보기. 정확한 번역을 위한 유용한 Tips
'所': 48쪽

- 必: '欲+술어', '先+술어', '必+술어', '敢+술어'

'欲', '必', '敢', '先' 등 한글의 부사 혹은 보조사는 술어 앞에 위치하므로 술어를 찾는 유용한 단서이다. 부사는 형용사나 동사를 수식하기도 하고 문장 전체를 수식하며, 다른 부사를 수식하기도 한다. 결국, '수식어+피수식어' 구조에 따라 부사는 술어 앞에 위치할 확률이 높다. 또 '欲'은 술어(동사, 형용사) 앞에 놓여서 술어를 보조하므로 술어를 찾는 유용한 단서이다.

• 必+술어: 必逮夫身→ 반드시(必) 그(夫) 몸(身)에 이른다(逮)

더 알아보기. 술어를 찾는 데 활용되는 유용한 단어들
'欲+술어', '先+술어', '必+술어', '敢+술어': 34쪽

18절.

원문 是故(시고), 君子有大道(군자유대도), 必忠信以得之(필충신이득지), 驕泰以失之(교태이실지).

직역 이(是) 때문(故)에 군자(君子)는 대도(大道)를 가지고 있는데(有), 반드시(必) 충(忠)과 신(信), 그것으로써(以) 그것(之)을 얻고(得), 교만(驕泰), 그것으로써(以) 그것(之)을 잃어버린다(失).

구조 주어(君子)+술어(有)+목적어(大道), 술어(得)+목적어(之), 술어(失)+목적어(之)

* 驕泰(교태): 두 단어 모두 '교만'을 뜻함. 단, 각각 교만과 방자로 번역하기도 한다.

□ 유용한 Tips: 有, 必, 以, 之

- 有

① 有는 '술어+보어' 구조의 술어로 '~이 있다', '~이 존재하다'로 번역된다. 그리고 그 뒤에 보어의 역할을 할 수 있는 명사가 위치한다. 따라서 有가 술어일 때, 그 뒤에 동사(형용사)처럼 보이는 글자가 있더라도 명사로 번역해야 한다. 만약, 有 뒤에 술어가 위치할 경우 '有以' 형태가 나타난다.

② 有가 '술어+보어' 구조가 아닌 경우, '술어+목적어' 구조로 '~을 가지고 있다'로 번역된다.

- 有+목적어: 君子有大道→ 군자(君子)는 대도(大道)를 가지고 있다(有)

더 알아보기. 술어로 활용된 단어들

'有': 28쪽

- 必: '欲+술어', '先+술어', '必+술어', '敢+술어'

'欲', '必', '敢', '先' 등 한글의 부사 혹은 보조사는 술어 앞에 위치하므로 술어를 찾는 유용한 단서이다. 부사는 형용사나 동사를 수식하기도 하고 문장 전체를 수식하며, 다른 부사를 수식하기도 한다. 결국, '수식어+피수식어' 구조에 따라 부사는 술어 앞에 위치할 확률이 높다. 또 '欲'은 술어(동사, 형용사) 앞에 놓여서 술어를 보조하므로 술어를 찾는 유용한 단서이다.

- 必+술어: 必(忠信以)得之→ 반드시(必) 충(忠)과 신(信), 그것으로써(以) 그것(之)을 얻는다(得)

더 알아보기. 술어를 찾는 데 활용되는 유용한 단어들

'欲+술어', '先+술어', '必+술어', '敢+술어': 34쪽

- 以 기본형: ~으로/ 로써/~을 가지고→ 사용해서

① 以+명사(구): 명사로써, 명사로, 명사를 가지고

'以+명사(구)'는 '以'의 기본적인 형태이다. 이 때 '以'는 영어의 'with'와 같다.

② 명사(구)+以+동사→ 以+(之)+동사(형용사): 그것(之)으로써(以) ~

동사(형용사)하다.

이 형태는 두 가지로 해석할 수 있다. 먼저, '명사(A)로써(以) 동사(B)하다'이다. 다음은 대명사 '之'를 넣어서, '명사(A), 그것(之)으로써(以) 동사(B)하다'이다. 필자는 'A, 그것(之)으로써(以) B하다'로 번역할 것을 추천한다. 그 이유는 '명사(A)+以+동사'는 '以+명사(A)+동사'의 도치이기 때문이다. 도치는 강조하기 위한 것이므로, '명사(구)를 강조하고(A), 그것으로써 동사하다'는 의미가 저자의 의도를 반영한 번역이기 때문이다. 여기서 삽입한 之는 A를 대신하는 명사(구)이다.

- 忠信以得之: 충(忠)과 신(信), 그것으로써(以) 그것(之)을 얻는다(得)
- 驕泰以失之: 교만(驕泰), 그것으로써(以) 그것(之)을 잃어버린다(失)

더 알아보기. 정확한 번역을 위한 유용한 Tips

'以': 42쪽

- 之

'之'는 문장에서 주격(20%, ~은/는/이/가)·목적격(10%, 을/를)·관형격(40%, ~의/하는/~한/ㄴ) 조사로도 쓰이고, 대명사(25%, 그/그것) 또는 동사(2~5%, 가다) 등으로 쓰인다. 다만, 목적격 조사는 도치(목적어+술어)를 의미하지만, 번역은 목적격 조사(~을/를)만을 붙이기도 한다.

- 得之: 술어+之→ 대명사→ 그것(之)을 얻는다(得)
- 失之: 술어+之→ 대명사→ 그것(之)을 잃어버린다(失)

더 알아보기. 정확한 번역을 위한 유용한 Tips

'之': 40쪽

19절.

원문　生財有大道(생재유대도), 生之者衆(생지자중), 食之者寡(식지자과), 爲之者疾(위지자질), 用之者舒(용지자서), 則財恒足矣(즉재항족의).

직역　재물(財, 재화)을 낳는(生, 생산하는) 데 대도(大道)가 있으니(有), 그것(之)을 생산하는(生) 자(者)가 많고(衆), 그것(之)을 먹는(食) 자(者)가 적으며(寡), 그것(之)을 하는(爲, 만드는) 자(者)가 빠르게 하고(疾), 그것(之)을 쓰는(用) 자(者)가 천천히 하(舒)면(則), 재물(財)은 항상(恒) 풍족할(足) 것이다(矣).

구조
· 술어(生)+목적어(財), 술어(有)+보어(大道)
· 주어(生之者)+술어(衆), 주어(食之者)+술어(寡), 주어(爲之者)+술어(疾), 주어(用之者)+술어(舒)
· 주어(財)+술어(足矣)

* 疾(질): 병, 질병, 시기하다, 빠르다
* 舒(서): 펴다, 퍼지다, 천천히 하다

□ 유용한 Tips: 有, 之, 者, 爲

- 有

① 有는 '술어+보어' 구조의 술어로 '~이 있다', '~이 존재하다'로 번역된다. 그리고 그 뒤에 보어의 역할을 할 수 있는 명사가 위치한다. 따라서 有가 술어일 때, 그 뒤에 동사(형용사)처럼 보이는 글자가 있더라도 명사로 번역해야 한다. 만약, 有 뒤에 술어가 위치할 경우 '有以' 형태가 나타난다.

- 有+보어: 有大道→ 대도(大道)가 있다(有)

② 有가 '술어+보어' 구조가 아닌 경우, '술어+목적어' 구조로 '~을 가지고 있다'로 번역된다.

더 알아보기. 술어로 활용된 단어들
'有': 28쪽

- **之**

'之'는 문장에서 주격(20%, ~은/는/이/가)·목적격(10%, 을/를)·관형격(40%, ~의/하는/~한/ㄴ) 조사로도 쓰이고, 대명사(25%, 그/그것) 또는 동사(2~5%, 가다) 등으로 쓰인다. 다만, 목적격 조사는 도치(목적어+술어)를 의미하지만, 번역은 목적격 조사(~을/를)만을 붙이기도 한다.

- 술어+之사: 之(대명사)→ '生之', '食之', '爲之', '用之'의 '之': 대명사로써 목적어

더 알아보기. 정확한 번역을 위한 유용한 Tips
'之': 40쪽

- **者: ~하는 사람, ~하는 것, ~라는 것은, ~은/는**

'~者'는 명사구로 문장 끝에서 목적어로도 쓰이지만, 기본적으로 주어 역할로 술어 앞에 위치한다. 따라서 '者' 뒤에 술어가 위치하므로 술어를 찾는 유용한 단서이다. 또, 者는 '수식어+피수식어' 구조이므로 수식하는 말이 수식받는 말 앞에 놓인다는 점도 번역에 유용한 단서이다. 한편, '者'는 한글의 의존명사(~것, ~사람)뿐만 아니라 주격조사(~은/는)로도 사용된다.

- 生之者: 수식어(生之)+피수식어(者)→ 주어부(者)+술어: 生之者(주어)+衆(술어)
- 食之者: 수식어(食之)+피수식어(者)→ 주어부(者)+술어: 食之者(주

어)+寡(술어)

- 爲之者: 수식어(爲之)+피수식어(者)→ 주어부(者)+술어: 爲之者(주어)+疾(술어)
- 用之者: 수식어(用之)+피수식어(者)→ 주어부(者)+술어: 用之者(주어)+舒(술어)

더 알아보기. 술어를 찾는 데 활용되는 유용한 단어들
'者': 36쪽

- 爲: 만능

'爲'는 '되다'의 의미로 기본적으로 술어의 역할을 한다. 그러나 영어의 'do(하다)'와 같이 모든 술어를 대신할 수 있다. 자주 사용되는 표현으로는 '~을 위하다', '~ 때문에'로 쓰이고, '以'와 연결되어 숙어로 '~으로 여긴다(삼는다)'로도 쓰인다. 다만, '爲'가 평서문에서 '~ 때문에'로 쓰일 때는 종결사 '也'와 함께 쓰인다. 그리고 문장에서 술어가 생략된 경우에도 주어와 술어 사이에 '爲'를 넣어 해석할 수 있다.

- 爲之: 그것(之)을 하다(爲)→ 그것(之)을 만들다(爲)

더 알아보기. 기타
'爲': 53쪽

20절.

원문 仁者(인자), 以財發身(이재발신), 不仁者(불인자), 以身發財(이신발재).

직역 인자(仁者)는 재물(財, 재화)로써(以) 몸(身, 자신)을 열고(發), 불인자(不仁者, 어질지 못한 자)는 몸(身)으로써(以) 재물(財)을 연다(發).

구조 주어(仁者)+술어(發)+목적어(身), 주어(不仁者)+술어(發)+목적어(財)

* 不+동사(형용사) ↔ 非+명사

* 인자는 재물을 나누어 주면서 자신을 열고, 불인자는 자신을 망쳐가면서 재물을 연다는 의미.

□ 유용한 Tips: 者, 以, 不

- 者

'~者'는 명사구로 문장 끝에서 목적어로도 쓰이지만, 기본적으로 주어 역할로 술어 앞에 위치한다. 따라서 '者' 뒤에 술어가 위치하므로 술어를 찾는 유용한 단서이다. 또, 者는 '수식어+피수식어' 구조이므로 수식하는 말이 수식받는 말 앞에 놓인다는 점도 번역에 유용한 단서이다. 한편, '者'는 한글의 의존명사(~것, ~사람)뿐만 아니라 주격조사(~은/는)로도 사용된다.

- 仁者: 수식어(仁)+피수식어(者)→ 주어부(者)+술어: 仁者(주어부)+(以財)+發(술어)
- 不仁者: 수식어(不仁)+피수식어(者)→ 주어부(者)+술어: 不仁者(주어부)+(以身)+發(술어)

더 알아보기. 술어를 찾는 데 활용되는 유용한 단어들

'者': 36쪽

- 以 기본형: ~으로/ 로써/~을 가지고→ 사용해서

① 以+명사(구): 명사로써, 명사로, 명사를 가지고

'以+명사(구)'는 '以'의 기본적인 형태이다. 이 때 '以'는 영어의 'with'와 같다.

- 以財發身: 財로써(以) 身을 發하다
- 以身發財: 身으로써(以) 財를 發하다

② 명사(구)+以+동사→ 以+(之)+동사(형용사): 그것(之)으로써(以) ~ 동사(형용사)하다.

더 알아보기. 정확한 번역을 위한 유용한 Tips

'以': 42쪽

- 不: '不+술어', '未+술어' 등은 술어를 찾는 유용한 단서이다.

'不', '未' 등은 술어 앞에서 술어를 부정하는 보조사이므로 술어를 찾는 유용한 단서이다. 다만 술어를 수식하는 부사가 그사이에 놓일 수 있다(不(+부사)+술어). 따라서 문장에서 '不', '未' 등을 접하면, 그 뒤에 위치한 단어는 술어(동사, 형용사)로 번역한다.

- 不+술어(동사, 형용사): 不仁→ 어질지(仁) 못하다(不)

더 알아보기. 술어를 찾는 데 활용되는 유용한 단어들

'不+술어', '未+술어': 31쪽

21절.

원문 未有上好仁(미유상호인), 而下不好義者也(이하불호의자야).
未有好義(미유호의), 其事不終者也(기사부종자야)
未有府庫財(미유부고), 非其財者也(비기재자야).

직역 윗 사람(上)이 인(仁)을 좋아하는(好)데(而), 아랫 사람(下)이 의(義)를 좋아하지(好) 않는(不) 경우(者)는 아직 있지(有) 않았(未)다(也). 의(義)를 좋아하는데(好), 그(其) 일(事)이 마무리되지(終) 않는(不) 경우(者)는 아직 있지(有) 않았(未)다(也). 부고(府庫)의 재물(財)이 그(其) 재물(財)이 아닌(非) 경우(者)는 아직 있지(有) 않았(未)다(也).

구조 '未有A者' 구문→ 술어(未有)+보어(者)

* 未有A者: (아직) A한 자가 있지 않았다, (아직) A한 경우는 있지 않았다
* 不+동사(형용사) ↔ 非+명사
* 府庫(부고): 문서(文書)나 재물(財物)을 넣어 곳간으로 지은 집

□ 유용한 Tips: 未/不, 有/者, 而, 其

- 未/不: '不+술어', '未+술어' 등은 술어를 찾는 유용한 단서이다.

'不', '未' 등은 술어 앞에서 술어를 부정하는 보조사이므로 술어를 찾는 유용한 단서이다. 다만 술어를 수식하는 부사가 그사이에 놓일 수 있다(不(+부사)+술어). 따라서 문장에서 '不', '未' 등을 접하면, 그 뒤에 위치한 단어는 술어(동사, 형용사)로 번역한다.

- 未+술어(동사, 형용사): 未有→ 아직 ~있지(有) 않았다(未)
- 不+술어(동사, 형용사): 不好→ 좋아하지(好) 않는다(不)

더 알아보기. 술어를 찾는 데 활용되는 유용한 단어들
'不+술어', '未+술어': 31쪽

- **未有A者: (아직) A한 자가 있지 않았다. (아직) A한 경우는 있지 않았다.**

더 알아보기. 술어로 활용된 단어들
'有': 28쪽

더 알아보기. 술어를 찾는 데 활용되는 유용한 단어들
'者': 36쪽

- **而**

'而'는 2인칭 대명사(너, 그대, 당신)나 종결사로 쓰이지만, 기본적으로 술어와 술어를 연결하는 접속사이다. 따라서 '而'의 앞과 뒤에 술어가 있다는 점에서 술어를 찾는 유용한 단서이다. 다만, 지나치게 술어가 반복되면 부사어(~하고서/~서)처럼 번역하기도 한다.

- 술어+而+술어: 上好仁, 而下不好義→ 윗 사람(上)이 인(仁)을 좋아하는(好)데(而), 아랫 사람(下)이 의(義)를 좋아하지(好) 않는다(不)

더 알아보기. 술어를 찾는 데 활용되는 유용한 단어들
'而': 37쪽

- **其: ①그, 그것, ②곧, ③아마도, 참으로**

'其'는 사람이나 사물을 받는 ①대명사(그, 그것)와 ②시간 부사(곧)의 의미이다. 그런데, '其'는 대명사와 시간 부사 이외에 추측의 의미인 ③'아마도'로 쓰일 때도 있다. 문장에서 '其'를 접하면, 먼저 대명사로 번역하고, 어색할 경우 시간 혹은 추측의 의미로 번역한다. 본문에서는 대명사로 사용되었다.

더 알아보기. 기타

'其': 54쪽

22절.

원문 孟獻子曰(맹헌자왈), 畜馬乘(휵마승), 不察於鷄豚(불찰어계돈), 伐氷之家(벌빙지가), 不畜牛羊(불휵우양), 百乘之家(백승지가), 不畜聚斂之臣(불휵취렴지신). 與其有聚斂之臣(여기유취렴지신), 寧有盜臣(영유도신). 此謂國(차위국), 不以利爲利(불이리위리), 以義爲利也(이의위리야).

직역 맹헌자(孟獻子)가 이르길, "네 필의 말(馬乘)을 기르는(畜) (정도의 집에서는) 닭(鷄)이나 돼지(豚)를(於) 살피지(察, 생각하지) 않아야 하고(不, 말아야 하고), 얼음을 쓸(伐氷) 정도의(之) 집(家)에서는 소(牛) 양(羊)을 기르지(畜) 않아야 하고(不), 백승(百乘)의(之) 집(家)에서는 취렴(聚斂)하는(之) 신하(臣)를 기르지(畜) 않아야 한다(不). 취렴(聚斂)하는(之) 신하(臣)를 가지고 있기(有) 보다는(與其) 차라리(寧) (내 재물을) 도둑질하는 신하(盜臣)를 가지고 있는(有) 것이 낫다(與其~寧)." 라고 했다. 이(此)는 나라(國)에서는 이(利)를(以) 이(利)로 여기지(爲) 않고(不), 의(義)를(以) 이(利)로 여기는(爲) 것(也)을 이른다(謂).

구조
- 주어(孟獻子)+술어(曰)+보어(畜馬乘, 不察於鷄豚, 伐氷之家, 不畜牛羊, 百乘之家, 不畜聚斂之臣. 與其有聚斂之臣, 寧有盜臣)
  → 술어(畜)+목적어(馬乘), 술어(不察)+목적어(於鷄豚)
  → 술어(不畜)+목적어(牛羊)
  → 술어(不畜)+목적어(聚斂之臣)
- 주어(此)+술어(謂)+목적어(國, 不以利爲利, 以義爲利也)

* 孟獻子(맹헌자): 중국 춘추시대 노(魯)나라의 어진 대부(大夫) 중손멸(仲孫蔑)을 말한다.

* A曰, B: ①A가 말하길, "B"라고 했다, ②A가 B라고 말했다

☞ 확장. 謂(語)A曰B: A에게 일러 B라고 말했다. / A를 평하여 B라고 말했다
* 畜: 짐승(축), 쌓다(축), 기르다(휵)
* 馬乘(마승): 네 필의 말
* 不+동사(형용사) ↔ 非+명사
* 鷄豚(계돈): 닭과 돼지
* 伐氷(벌빙): 보관해 두었다가 쓰려고 강(江)이나 못 따위에서 얼음장을 떠 냄, 얼음을 채취하는 일
* 聚斂(취렴): 백성의 전곡(錢穀)을 함부로 거두어 들임
* 與其~寧: 하기 보다는, …하느니 (차라리) ~하는 것이 낫다
* 盜臣(도신): 도둑질하는 신하(臣下)
* 以A爲B: A를(以) B로 삼다(爲, 여기다). A를(以) B로 삼다(爲, 여기다)는 문장구조의 예외이다. 한문은 '술어+목적어+보어' 구조이나 以爲는 '목적어+술어+보어' 구조이다. 다만, 이는 以爲(~으로 삼다)의 숙어처럼 사용되는 표현으로 문장구조의 예외라는 점이 잘 인식되지 않는다.
* 畜馬乘- 大夫, 伐氷之家- 卿

□ 유용한 Tips: 不, 於, 之, 有

- 不: '不+술어', '未+술어' 등은 술어를 찾는 유용한 단서이다.

'不', '未' 등은 술어 앞에서 술어를 부정하는 보조사이므로 술어를 찾는 유용한 단서이다. 다만 술어를 수식하는 부사가 그사이에 놓일 수 있다(不(+부사)+술어). 따라서 문장에서 '不', '未' 등을 접하면, 그 뒤에 위치한 단어는 술어(동사, 형용사)로 번역한다.

- 不+술어(동사, 형용사): 不察→ 살피지(察, 생각하지) 않는다(不)
- 不+술어(동사, 형용사): 不畜→ 기르지(畜) 않는다(不)

더 알아보기. 술어를 찾는 데 활용되는 유용한 단어들
'不+술어', '未+술어': 31쪽

- 於: 어조사(어), 탄식하다(오)

於는 기본적으로 어조사(개사)로 장소·위치·때(~에/~로부터), 사람·대상(~에/에게/을/과), 비교(~보다)로 쓰이지만, 문장 첫머리에서 감탄사(아!)로도 쓰인다. 다만, 감탄사로 쓰일 때는 '오'로 독음한다. 그런데, 어조사 '於'는 번역과 관련하여 술어를 파악하는 유용한 단서이다. 왜냐하면 '於'는 '於+명사(구)'로 연결되어 문장에서 주로 보어의 역할을 하기 때문이다. 따라서 '於+명사(구)'를 접하면, '술어+보어' 혹은 '술어+목적어+보어' 구조에 따라 그 앞에 술어가 위치할 확률이 높다. 다만, '於+명사(구)'는 비교적 문장 내에서 그 위치가 유연하다. 따라서 이 단서는 술어를 찾는 다른 단서와 연결해서 파악해야 한다. 또한, '于' 혹은 '乎'도 '於'와 같이 의미로 문장 중간에 쓰이면 술어를 찾는 단서이다. 결국, '於', '于', '乎'가 명사(구)와 연결되면 그 앞에 술어가 위치하므로, 문장 구조를 파악하는 데 유용하다.

- 술어(+목적어)+於+명사(구): 不察於鷄豚→ 닭(鷄)이나 돼지(豚)를(於) 살피지(察) 않는다(不)

더 알아보기. 술어를 찾는 데 활용되는 유용한 단어들.
문장 중간에 쓰인 '於', '于', '乎': 38쪽

- 之

'之'는 문장에서 주격(20%, ~은/는/이/가)·목적격(10%, 을/를)·관형격(40%, ~의/하는/~한/ㄴ) 조사로도 쓰이고, 대명사(25%, 그/그것) 또는 동사(2~5%, 가다) 등으로 쓰인다. 다만, 목적격 조사는 도치(목적어+술어)를 의미하지만, 번역은 목적격 조사(~을/를)만을 붙이기도 한다.

- 之+명사(구): 之(관형격)→ 伐氷之家, 百乘之家, 聚斂之臣의 '之'는 관형격 조사(~의)이다.

더 알아보기. 정확한 번역을 위한 유용한 Tips
'之': 40쪽

- **有**

① 有는 '술어+보어' 구조의 술어로 '~이 있다', '~이 존재하다'로 번역된다. 그리고 그 뒤에 보어의 역할을 할 수 있는 명사가 위치한다. 따라서 有가 술어일 때, 그 뒤에 동사(형용사)처럼 보이는 글자가 있더라도 명사로 번역해야 한다. 만약, 有 뒤에 술어가 위치할 경우 '有以' 형태가 나타난다.

② 有가 '술어+보어' 구조가 아닌 경우, '술어+목적어' 구조로 '~을 가지고 있다'로 번역된다.

- 有聚斂之臣: 취렴(聚斂)하는(之) 신하(臣)를 가지고 있다(有)
- 有盜臣: 도둑질하는 신하(盜臣)를 가지고 있다(有)

더 알아보기. 술어로 활용된 단어들
'有': 28쪽

23절.

원문 長國家而務財用者(장국가이무재용자), 必自小人矣(필자소인의). 小人之使爲國家(소인지사위국가), 菑害竝至(재해병지), 雖有善者(수유선자), 亦無如之何矣(역무여지하의). 此謂國(차위국), 不以利爲利(불이리위리), 以義爲利也(이의위리야). 右(우), 傳之十章(전지십장).

직역 국가(國家)에 장이 되어(長)서(而) 재용(財用)에 힘쓰는(務) 자(者)는, 반드시(必) 소인(小人)으로부터(自) (비롯한) 것이리라(矣). 소인(小人)이(之) 국가(國家)를 다스리게(爲) 하면(使) 재앙(菑)과 해(害)가 나란히(竝) 이르니(至), 비록(雖) 선(善)을 가지고 있는(有) 자(者)라도, 또한(亦) 어떻게 할 것(如之何)이 없(無)다(矣). 이(此)는 나라(國)에서 이(利)를(以) 이(利)로 여기지(爲) 않고(不), 의(義)를(以) 이(利)로 여긴(爲)다(也)는 것을 이른다(謂). 우(右)는 전(傳)의(之) 10장(十章)이다.

구조
- 주어(長國家而務財用者)+술어(必自)+보어(小人)
  - → 長國家: 술어(長)+보어(國家)
  - → 務財用: 술어(務)+보어(財用)
- 주어(小人之)+술어(爲)+목적어(國家), 주어(菑害)+술어(竝至)
- 주어(有善者)+술어(無)+보어(如之何)
- 주어(此)+술어(謂)+목적어(國, 不以利爲利, 以義爲利也)
- 주어(右)+술어(생략)+보어(傳之十章)

* 菑: 묵정밭(치), 재앙(재) cf) 묵정밭: 묵어서 잡초가 우거진 밭
* 有A者: A한 자가 있다, A한 경우가 있다
* 無(무): ~이 없다→ ~이 아니다(아니하다)→ ~말라→ 무시하다(업신여기다)
* 如之何: 1. 어찌, 어떻게, 2. 어떠한가, 어찌하랴
* 원문에서는 '必自小人矣'과 '小人之使爲國家'의 사이에 '彼爲善之' 포함되어 있는데, 이는 연문(衍文, 잘못하여 글 속에 들어간 글귀)이다.
* 使(사): 부리다, 하게 하다
* 使(令, 敎, 俾)+명사+동사: 명사로 하여금 동사하게 하다
※ 使(令, 敎, 俾)+동사: 使(令)+(之)+동사→ (之)로 하여금 동사하게 하다

* 以~爲: 유형. A以爲B, 以A爲B. A를 B로 여기다(삼다)
* 不+동사(형용사) ↔ 非+명사
* 右(우): 오늘날 대부분의 글은 왼쪽에서 오른쪽으로 가로쓰기한다. 그러나 전통시대 한문이나 옛 한글은 ①오른쪽에서 왼쪽으로, ②위에서 아래로 글을 써 내려갔다. 따라서 우(右)라는 표현은 오늘날 '위' 혹은 '앞'에 쓴 글을 의미한다.

□ 유용한 Tips: 而, 者, 之, 不

- 而

'而'는 2인칭 대명사(너, 그대, 당신)나 종결사로 쓰이지만, 기본적으로 접속사로서 술어인 동사(형용사)와 동사(형용사)를 연결한다. 따라서 '而'의 앞과 뒤에 술어가 있으므로 술어를 찾는 단서이기도 하다. 다만, 지나치게 술어가 반복되면 부사어(~하고서/~서)처럼 번역하기도 한다.

① 원문: 長國家而務財用者

② 단서확대: '而'앞에 '長國家'에 술어가 있다. '而'뒤에 '務財用者'에 술어가 있다.

③ 술어찾기

- 長國家: 술어 '長'→ 술어+보어→ 국가(國家)에 장이 되다(長)
- 務財用: 술어 '務'과 '用' 가능→ 대(對)를 이루는 구조→ 술어+보어→ 재용(財用)에 힘쓰다(務)

④ 직역: 국가(國家)에 장이 되어(長)서(而) 재용(財用)에 힘쓰는(務) 자(者)는

더 알아보기. 술어를 찾는 데 활용되는 유용한 단어들
'而': 37쪽

- 者: ~하는 사람, ~하는 것, ~라는 것은, ~은/는

'~者'는 명사구로 문장 끝에서 목적어로도 쓰이지만, 기본적으로 주어 역할로 술어 앞에 위치한다. 따라서 '者' 뒤에 술어가 위치하므로 술어를 찾는 유용한 단서이다. 또, 者는 '수식어+피수식어' 구조이므로 수식하는 말이 수식받는 말 앞에 놓인다는 점도 번역에 유용한 단서이다. 한편, '者'는 한글의 의존명사(~것, ~사람)뿐만 아니라 주격조사(~은/는)로도 사용된다.

- 務財用者: 수식어(務財用)+피수식어(者)→ 주어부(者)+술어
- 有善者: 수식어(有善)+피수식어(者)→ 주어부(者)+술어

더 알아보기. 술어를 찾는 데 활용되는 유용한 단어들
'者': 36쪽

- 之

'之'는 문장에서 주격(20%, ~은/는/이/가)·목적격(10%, 을/를)·관형격(40%, ~의/하는/~한/ㄴ) 조사로도 쓰이고, 대명사(25%, 그/그것) 또는 동사(2~5%, 가다) 등으로 쓰인다. 다만, 목적격 조사는 도치(목적어+술어)를 의미하지만, 번역은 목적격 조사(~을/를)만을 붙이기도 한다.

- 小人之使爲國家: 之+술어→ 주격 조사(~이)
- 無如之何矣: 술어+之→ 대명사(그것)
- 傳之十章: 之+명사(구)→ 관형격 조사(~의)

더 알아보기. 정확한 번역을 위한 유용한 Tips
'之': 40쪽

- 不: '不+술어', '未+술어' 등은 술어를 찾는 유용한 단서이다.

'不', '未' 등은 술어 앞에서 술어를 부정하는 보조사이므로 술어를 찾는 유용한 단서이다. 다만 술어를 수식하는 부사가 그사이에 놓일 수 있다(不(+부사)+술어). 따라서 문장에서 '不', '未' 등을 접하면, 그 뒤에 위치한 단어는 술어(동사, 형용사)로 번역한다.

- 不以利爲利: 不+(以利)爲利→ (이(利)를(以)) 이(利)로 여기지(爲) 않는다(不)

더 알아보기. 술어를 찾는 데 활용되는 유용한 단어들

'不+술어', '未+술어': 31쪽

부록.

大學章句序

(대학장구서)

大學之書, 古之大學, 所以敎人之法也.

대학(大學)이라 하는(之) 책(書)은 옛날(古)에(之) 태학(大學)에서 사람(人)을 가르치(敎)던(之) 법(法)에 관한 것(所以)이었다(也).

· 之+명사: 관형격→ 之書(~하는 책), 之法(~던 법)

· 시간(명사)+之: 부사→ 古之(옛날에)

蓋自天降生民, 則旣莫不與之以仁義禮智之性矣.

대개(蓋) 하늘(天)이 생민(生民)을 내릴(降) 때부터(自), 곧(則) 이미(旣) 그들(之)에게 인의예지(仁義禮智)의(之) 성(性)을(以) 주지(與) 않은(不) 것이 없었다(莫).

*生民: 백성

· 술어+之: 대명사→ 與之(그들에게 주다)

· 以+명사(구): 명사(구)로써→ 以仁義禮智之性(인의예지의 성으로서, 인의예지의 성을)

· 之+명사(구): 관형격→ 之性(~의 성)

然其氣質之稟, 或不能齊.

그러나(然) 그(其) 기질(氣質)을(之) 준(稟) 것이 간혹(或) 가지런할(齊) 수(能)는 없었다(不).

· 之+술어: 주격 혹은 목적격→ 之稟(~을 주다)

· 不+술어: 不能齊(가지런할 수 없다)

· 能+술어: 能齊(가지런할 수 있다)

是以不能, 皆有以知其性之所有, 而全之也.

이(是) 때문(以)에 모두(皆)에게 그(其) 성(性)이(之) 가지고 있는(有) 바(所, 인의예지)를 알아(知)서(而) 그것(之)을 온전하게 할(全) 방법이 있을(有以) 수(能) 없었(不)다(也).

· 有以: ~할 방법이 있다, ~할 수가 있다, ~한 것이 있다
· 不+술어: 不能(할 수 없다)
· 之+所: 주격조사→ 之所有(~이 가지고 있는 바)
· 술어+之: 대명사→ 全之(그것을 온전하게 하다)

一有聰明睿智, 能盡其性者, 出於其間, 則天必命之, 以爲億兆之君師, 使之治而敎之, 以復其性, 此 伏羲神農黃帝堯舜, 所以繼天立極, 而司徒之職, 典樂之官, 所由設也.

한 사람(一)이라도 총명하고(聰明) 예지하여(睿智) 그(其) 성(性)을 다할(盡) 수(能) 있는(有) 사람(者)이 그(其) 사이(間)에서(於) 나온다(出)면(則), 하늘(天)은 반드시(必) 그(之)에게 명하여(命) 억조(億兆) (백성)의(之) 군사(君師)로 삼아서(以爲) 그(之)로 하여금(使) 그들(之)을 다스리(治)고(而) 가르쳐서(敎) 그렇게 함으로써(以) 그(其) 성(性)을 회복시켰으니(復), 이것(此)은 복희(伏羲), 신농(神農), 황제(黃帝), 요(堯), 순(舜)께서 하늘(天)을 이어(繼) 극(極)을 세운(立) 까닭이되(所以)고(而), 사도(司徒)의(之) 직(職)과 전악(典樂)의(之) 관(官)을 설치한(設) 이유가 된(所由)다(也).

*億兆: 아주 많은 수효(數爻)
*司徒: 순(舜) 임금 때 교육(敎育)을 맡았던 관직명
· 수식어+者→ 주어부→ 주어부+술어
· 술어(+목적어)+於+명사(구): 出於其間(그 사이에서 나오다)
· 술어+之: 대명사→ 命之(그에게 명하다)
· 之+명사(구): 관형격→之君師(~의 군사), 之職(~의 직), 之官(~의 관)
· 술어+之: 대명사→ 使之(그에게 ~하게 하다), 敎之(그을 가르치다)
· 以+술어: 以+之+술어→ 以復(그렇게 함으로써 ~을 회복하다)

三代之隆, 其法, 寖備, 然後王宮國都, 以及閭巷, 莫不有學.

삼대(三代)가(之) 융성할(隆) 때, 그(其) 법(法)이 점점(寖) 갖춰졌는데(備),

그런(然) 뒤(後)로는 왕궁(王宮)과 도읍(國都)에서 여항(閭巷)에 이르기까지(以及) 학교(學)가 있지(有) 않은(不) 곳이 없었다(莫).

*三代: 중국 상대(上代)의 하(夏)·은(殷)·주(周)의 세 왕조

*閭巷: 인가(人家)가 모여 있는 곳, 서민이 모여 사는 마을, 여리(閭里)

·之+술어: 주격 혹은 목적격→ 之隆(~이 융성하다)

人生八歲, 則自王公以下至於庶人之子弟, 皆入小學, 而敎之以灑掃應對進退之節, 禮樂射御書數之文.

사람(人)이 태어나(生) 8세(八歲)가 되면(則), 왕공(王公)으로부터(自) 이하(以下)로 서인(庶人)의(之) 자제(子弟)에(於) 이르기까지(至) 모두(皆) 소학(小學)에 들어가(入, 입학시켜)서(而) 그들(之)에게 물뿌리고(灑) 쓸며(掃), 호응하고(應) 대답하며(對), 나아가고(進) 물러나(退)는(之) 예절(節)과 예법(禮), 음악(樂), 활쏘기(射), 말몰기(御), 육서법(書), 셈하기(數)의(之) 문(文)을(以) 가르쳤다(敎).

*庶人: 庶民(서민)

·술어+之: 대명사→ 敎之(그를(그에게) 가르치다)

·之+명사(구): 관형격→之節(~의 예절/절차), 之文(~의 문)

及其十有五年, 則自天子之元子衆子, 以至公卿大夫元士之適子, 與凡民之俊秀, 皆入大學, 而敎之以窮理正心修己治人之道, 此又學校之敎, 大小之節, 所以分也.

그(其)들이 열(十)하고 또(有) 다섯(五) 살(年)에 이르러(及), 천자(天子)의(之) 원자(元子)와 여러 아들(衆子)로부터(自) 공(公), 경(卿), 대부(大夫), 원사(元士)의(之) 적자(適子)와(與) 모든(凡) 백성(民)의(之) 빼어난 자식(俊秀)에 이르기까지(以至), 모두(皆) 태학(大學)에 들어가(入, 입학시켜)서(而), 그들(之)에게 궁리(窮理), 정심(正心), 수기(修己), 치인(治人)의(之) 도(道)를

(以) 가르쳤으니(敎), 이것(此)이 또한(又) 학교(學校)의(之) 가르침(敎)에, 크고(大) 작(小)은(之) 절목(節)이 나누어진(分) 까닭이다(所以).

· 之+명사(구): 관형격→之元子(~의 원자), 之適子(~의 적자), 之俊秀(~의 준수(한 자식)), 之道(~의 도), 之敎(~의 가르침), 之節(~의 절목)
· 술어+之: 대명사→ 敎之(그를(그에게) 가르치다)

夫以學校之設, 其廣如此, 敎之之術, 其次第節目之詳, 又如此, 而其所以爲敎, 則又皆本之人君躬行心得之餘, 不待求之民生日用彝倫之外.

무릇(夫) 이 때문(以)에 학교(學校)의(之) 설치(設)는 그(其) 넓이(廣)가 이(此)와 같았고(如), 그들(之)을 가르치(敎)는(之) 방법(術)은 그(其) 차례(次第)와 절목(節目)의(之) 상세함(詳)이 또한(又) 이(此)와 같았으(如)나(而) 그(其) 가르침(敎)을 삼는(爲) 방법(所以)은 즉(則) 또(又) 모두(皆) 그것(之)을 임금(人君)이 몸소(躬) 행하고(行) 마음(心)에서 얻(得)은(之) 나머지(餘)에 근본하니(本), 그것(之)을 백성(民)이 일상생활(日用)하는 이륜(彝倫)의(之) 밖(外)에서 구하기(求)를 기다리지(待) 않았다(不).

*彝倫: 인간으로서 지켜야 할 떳떳한 도리, 인륜(人倫), 천륜(天倫), 윤리(倫理)
· 之+명사(구): 관형격→ 之設(~의 설치), 之術(~하는 방법), 之詳(~의 상세함), 之餘(~하는 나머지), 之外(~의 밖)
· 술어+之: 대명사→ 敎之(그를 가르치다), 本之(그것에 근본하다), 求之(그것을 구하다)

是以當世之人, 無不學, 其學焉者, 無不有以, 知其性分之所固有, 職分之所當爲, 而各俛焉以盡其力.

이(是) 때문(以)에 당시(當世)의(之) 사람(人)들은 배우지(學) 않는(不) 이가 없었고(無), 그(其) 학교(學)에서 배운 사람은(焉者) 그(其) 성분(性分)이(之) 본래(固) 가지고 있는(有) 바(所)와 직분(職分)이(之) 당연히(當) 해야 할(爲) 바(所)를 알(知) 수 있어(有以)서(而) 각각(各) 그것(焉)에 부지런히 힘쓰고(俛),

그렇게 함으로써(以) 그(其) 힘(力)을 다하지(盡) 않은(不) 것이 없었다(無).

· 之+명사(구): 관형격→ 之人(~의 사람)
· 不+술어: 不學(배우지 않다)
· 之+所: 주격→ 之所固有(~이/가 본래 가지고 있는 바), 之所當爲(~이/가 당연히 해야 할 바)
· 以+술어: 以+之+술어→以盡(그것으로써 다하다)

此, 古昔盛時, 所以治隆於上, 俗美於下, 而非後世之所能及也.

이것(此)이 옛날(古昔) 성대했던(盛) 때(時)에 다스림(治)이 위(上)에서(於) 융성하고(隆), 풍속(俗)이 아래(下)에서(於) 아름다워(美)서(而), 후세(後世)가(之) 미칠(及) 수(能) 있는 바(所)가 아니(非)었던 까닭(所以)이다(也).

· 술어(+목적어)+於+명사(구): 隆於上(위에서 융성하다), 美於下(아래에서 아름답다)
· 之+所: 주격→ 之所能及(~이/가 미칠 수 있는 바)

及周之衰, 賢聖之君不作, 學校之政不修, 敎化陵夷, 風俗頹敗, 時則有若孔子之聖, 而不得君師之位, 以行其政敎.

주(周)나라가(之) 쇠퇴한(衰) 때에 이르러(及), 현성(賢聖)의(之) 임금(君)이 나오지(作) 않고(不), 학교(學校)의(之) 정책(政)이 닦이지(修) 않아서(不) 교화(敎化)가 무너지고(陵夷), 풍속(風俗)이 퇴패(頹敗)하니, 때(時)는 곧(則) 공자(孔子)와 같(若)은(之) 성인(聖)이 있었지(有)만(而), 임금(君)과 스승(師)의(之) 자리(位)를 얻어서(得) 그것으로써(以) 그(其) 정사(政)와 교화(敎)를 시행하지(行) 못했다(不).

*陵夷: 능(陵)은 구릉을, 이(夷)는 평하(平下)를 뜻함, 처음에는 성(盛)하다가 나중에는 점차 쇠퇴(衰頹)함을 의미함
*頹敗: 쇠퇴(衰退)하여 문란(紊亂)해지는 것
· 之+술어: 주격 혹은 목적격→ 之衰(~이/가 쇠하다)
· 之+명사(구): 관형격→ 之君(~의 임금), 之政(~의 정책), 之聖(~의 성인), 之位(~의 자리)

· 不+술어: 不作(짓지 못하다), 不修(닦지 못하다), 不得(얻지 못하다)
· 以+술어: 以+之+술어→以行(그것으로써 행하다)

於是, 獨取先王之法, 誦而傳之, 而詔後世,
若曲禮·少儀·內則·弟子職諸篇, 固小學之支流餘裔, 而此篇者,
則因小學之成功, 以著大學之明法, 外有以極其規模之大,
而內有以盡其節目之詳者也.

이에(於是) 다만(獨) 선왕(先王)의(之) 법(法)을 취하여(取) 암송하(誦)고(而) 그것(之)을 전하여(傳)서(而) 후세(後世)에 알렸으니(詔), 곡례(曲禮), 소의(少儀), 내칙(內則), 제자직(弟子職)과 같은(若) 여러 편(諸篇)은 진실로(固) 소학(小學)의(之) 지류(支流)이고 말류(餘裔)인데(而), 이(此) 편(篇)은(者) 곧(則) 소학(小學)의(之) 성공(成功)으로 인하여(因) 그렇게 함으로써(以) 태학(大學)의(之) 밝은(明) 법(法)을 드러내었으니(著), 밖으로(外)는 그(其) 규모(規模)의(之) 큼(大)을 지극히 한(極) 것이 있(有以)고(而), 안으로(內)는 그(其) 절목(節目)의(之) 상세함(詳)을 다한(盡) 것(者)이 있다(有以).

*餘裔: 말류(末流)
· 之+명사(구): 관형격→ 之法(~의 법), 之支流(~의 지류), 之成功(~의 성공), 之明法(~의 밝은 법), 之大(~의 큼), 之詳(~의 상세함)
· 술어+之: 대명사→ 傳之(그것을 전하다),
· 以+술어: 以+之+술어→ 以著(그렇게 함으로써 드러내다)

三千之徒, 蓋莫不聞其說, 而曾氏之傳, 獨得其宗.

삼천(三千)의(之) 무리(徒, 공자의 제자)가 대개(蓋) 그(其) 설(說)을 듣지(聞) 못한(不) 이가 없었겠지(莫)만(而), 증자(曾氏)가(之) 전한(傳) 것이 홀로(獨) 그(其) 종(宗)을 얻었다(得).

· 不+술어: 不聞(듣지 못하다)
· 之+술어: 주격 혹은 목적격→ 之習(~이/가 전하다)

於是, 作爲傳義, 以發其意, 及孟子沒, 而其傳, 泯焉, 則其書, 雖存, 而知者, 鮮矣.

이에(於是) 전의(傳義)를 지어서(作爲) 그렇게 함으로써(以) 그(其) 뜻(意)을 드러내었는데(發), 맹자(孟子)가 죽음(沒)에 이르러(及)서(而) 그(其) 전(傳)이 거기서(焉)에서 없어지게(泯) 된, 즉(則) 그(其) 책(書)은 비록(雖) 남아(存) 있으나(而) 아는(知) 사람(者)은 드물었(鮮)다(矣).

· 以+술어: 以+之+술어→ 以發(그렇게 함으로써 발하다)

自是以來, 俗儒記誦詞章之習, 其功, 倍於小學而無用, 異端虛無寂滅之敎, 其高, 過於大學而無實, 其他權謀術數, 一切以就功名之說, 與夫百家衆技之流, 所以惑世誣民, 充塞仁義者, 又紛然雜出乎其間.

이(是) 때부터(自) 이래(以來)로 속유(俗儒)의 기송(記誦)과 사장(詞章)의(之) 학습(習)은 그(其) 공(功)이 소학(小學)보다(於) 배가 되(倍)었으나(而) 쓸모(用)가 없었고(無), 이단(異端)의 허무(虛無)와 적멸(寂滅)의(之) 가르침(敎)은 그(其) 높이(高)가 대학(大學)보다(於) 지나(過)쳤으나(而) 실제(實)가 없었고(無), 기타(其他) 권모술수(權謀術數), 일체(一切)로써(以) 공명(功名)의 설(說)을 취하여(就) 저(夫) 백가(百家), 중지(衆技)의(之) 무리(流)와(與) 혹세무민(惑世誣民)하는 것(所以)으로 인의(仁義)를 막는(充塞) 것(者)들이 또(又) 분연(紛然)히 그(其) 사이(間)에서(乎) 뒤섞여(雜) 나왔다(出).

*俗儒: 지식(知識)이나 견문(見聞) 또는 식견(識見) 등(等)이 변변치 못한 선비

*記誦: 기억(記憶)하여 암송(暗誦)함

*詞章: 문장(文章)과 시가(詩歌)

· 之+명사(구): 관형격→ 之習(~의 학습), 之敎(~의 가르침), 之說(~의 설), 之流(~의 무리)

· 술어(+목적어)+於+명사(구): 倍於小學(소학에 배가 되다), 過於大學(대학보다 지나치다)

· 술어(+목적어)+乎+명사(구): 出乎其間(그 사이에서 나온다)

使其君子，不幸而不得聞大道之要，其小人，不幸而不得蒙至治之澤，晦盲否塞，反覆沈痼，以及五季之衰而壞亂極矣.

그(其) 군자(君子)로 하여금(使) 불행하게(不幸)도(而) 대도(大道)의(之) 요체(要)를 들을(聞) 수(得) 없고(不), 그(其) 소인(小人)으로 (하여금) 불행하게(不幸)도(而) 지치(至治)의(之) 은택(澤)을 입을(蒙) 수(得) 없게(不) 하여, 보이지 않아(晦盲) 답답하고(否塞) 반복되고(反覆) 고질이 되어(沈痼) 다섯 왕조(五季)의(之) 쇠퇴함(衰)에 이르러(以及)서(而) 붕괴하고(壞) 혼란(亂)이 극에 달했(極)다(矣).

*晦盲: 어두워 보이지 않음

*否塞(비색): 운수(運數)가 꽉 막힘

· 不+술어: 不得聞(들을 수 없다)

· 得+술어: 得聞(들을 수 있다)

· 之+명사(구): 관형격→ 之要(~의 요체), 之澤(~의 은택), 之衰(~의 쇠퇴함)

天運循環，無往不復，宋德隆盛，治敎休明.

천운(天運)이 순환(循環)하니, 가서(往) 돌아오지(復) 않는(不) 것이 없고(無), 송(宋)나라의 덕(德)이 융성(隆盛)하여 다스림(治)과 교화(敎)가 아름답고(休) 밝아졌다(明).

· 不+술어: 不復(돌아오지 않다)

於是，河南程氏兩夫子出，而有以接乎孟氏之傳，實始尊信此篇，而表章之，旣又爲之次其簡編，發其歸趣.

이에(於是) 하남(河南) 정씨(程氏) 두(兩) 부자(夫子)가 나와(出)서(而) 맹씨(孟氏)의(之) 전(傳)을(乎) 접할(接) 수 있었으니(有以), 진실로(實) 처음으로(始) 이(此) 편(篇)을 높이고(尊) 믿어(信)서(而) 그것(之)을 표장(表章)하고, 이미(旣) 또(又) 이(之)를 위하여(爲) 그(其) 책(簡編)을 순서잡아(次) 그(其)

귀착되는(歸) 취지(趣)를 드러냈다(發).

*簡編: 서적, 책

· 술어(+목적어)+乎+명사(구): 接乎孟氏之傳(맹씨의 전을 접하다)

· 之+명사(구): 관형격→ 之傳(~의 전)

· 술어+之: 대명사→ 表章之(그것을 표장하다), 爲之(그것을 위하다)

然後古者大學敎人之法, 聖經賢傳之指, 粲然復明於世, 雖以熹之不敏, 亦幸私淑而與有聞焉.

그러한 뒤(然後)에 옛날(古者)에 태학(大學)에서 사람(人)을 가르치(敎)는(之) 법(法)과 성인(聖)이 지은 경(經)과 현인(賢)이 풀이한 전(傳)의(之) 뜻(指)이 환하게(粲然) 세상(世)에(於) 다시(復) 밝혀졌으니(明), 비록(雖) 희(熹, 주희)가(之) 영민하지(敏) 못하나(不) 또한(亦) 다행히(幸) 사숙하(私淑)고(而) 참여해서(與) 그것(焉)을 들을(聞) 수 있었다(有).

· 之+명사(구): 관형격→ 之法(~하는 법), 之指(~의 뜻)

· 술어(+목적어)+於+명사(구): 明於世(세상에 밝혔다)

· 之+술어: 주격 혹은 목적격 조사→ 之不敏(~이/가 영민하지 못하다)

顧其爲書, 猶頗放失, 是以忘其固陋, 采而輯之, 間亦竊附己意, 補其闕略, 以俟後之君子, 極知僭踰, 無所逃罪.

돌아보니(顧), 그(其) 책(書) 된(爲) 것이 여전히(猶) 자못(頗) 흩어져(放) 잃어버렸으니(失), 이 때문에(是以) 그(其) 고루함(固陋)을 잊고(忘), 뽑아(采)서(而) 그것(之)을 모았으며(輯), 사이(間)에 또(亦) 내(己) 뜻(意)을 나름대로(竊) 붙여서(附) 그(其) 빠지고(闕) 생략된(略) 것을 보충하고(補) 그렇게 함으로써(以) 후세(後)의(之) 군자(君子)를 기다리니(俟), 분수를 넘어(僭踰) 죄(罪)를 피할(逃) 곳(所)이 없다는(無) 것을 잘(極) 안다(知).

· 술어+之: 대명사→ 輯之(그것을 모으다)

· 以+술어: 以+之+술어→ 以俟(그렇게 함으로써 기다리다)
· 之+명사(구): 관형격→ 之君子(~의 군자)
· 所+동사(형용사): 所逃(피할 곳)

然於國家化民成俗之意, 學者修己治人之方, 則未必無小補云.

그러나(然) 나라(國家)에서(於) 백성(民)을 교화하고(化) 풍속(俗)을 이루려(成)는(之) 뜻(意)과 학자(學者)가 자기(己)를 닦고(修) 남(人)을 다스리(治)는(之) 방법(方)에는 곧(則) 반드시(必) 작은(小) 보탬(補)이 없지(無)는 않을 것이라(未) 이른다(云).

· 之+명사(구): 관형격→ 之方(~의 방법)
· 未+술어: 未必無(반드시 없지는 않다)

淳熙己酉二月甲子, 新安朱熹, 序.

순희(淳熙) 기유년(己酉) 2월(二月) 갑자일(甲子)에 신안(新安) 주희(朱熹)가 서문을 쓰다(序).

하루 만에 문리나기

한문 해석의 비밀

대학大學편

1판1쇄 2023년 8월 30일

저자 우승하
발행인 이경화

발행처 디자인21
주소 04560 서울특별시 중구 퇴계로 293-1 3층
전화 02-2269-6561(대)
팩스 02-2269-6568
e-mail 21publish@naver.com

등록번호 제1-1128호
등록일자 1991.2.12

ISBN 978-89-6131-118-2 03700

정가 25,000원

http://21publish.co.kr
https://blog.naver.com/publish21